Rosalina Neumann

Die Wiener Köchin

Rosalina Neumann

Die Wiener Köchin

ISBN/EAN: 9783944350264

Auflage: 1

Erscheinungsjahr: 2013

Erscheinungsort: Bremen, Deutschland

Die

wirthschaftliche und geschickte
Wiener-Köchin.

Ein durch vieljährige persönliche Ausübung und Erfahrung erprobtes

Kochbuch
für bürgerliche Haushaltungen.

Enthält die gründliche Anleitung,

sowohl vornehme Tafeln delikat, zierlich und elegant zu bereiten,

als auch die

Oesterreichische Hausmannskost

für mittlere Haushaltungen in theuren Zeiten billig
und schmackhaft herzustellen.

Ein unentbehrliches Handbuch

für

Frauen, Mädchen und angehende Köchinnen,

Von

Rosalia Neumann,

durch 30 Jahre Mundköchin bei einer Herrschaft.

☛ Fünfte, ☚

gänzlich umgearbeitete und sehr vermehrte Auflage.

Wien, 1873.
Verlag von Jakob Dirnböck's Buchhandlung (Georg Draudt).

Vorrede.

Der Umstand, daß dieses Kochbuch bereits in seiner fünften Auflage dem Publikum übergeben wird, spricht zur Genüge für dessen Brauchbarkeit und stellt zugleich jede weitere Anpreisung von meiner Seite, welche ohnehin leicht eine ungünstige Deutung erfahren könnte — als überflüssig dar.

Es lag aber auch — ich wiederhole es hier nochmals — mir Nichts ferner, als diese Vorrede zu einer Lobrede gestalten zu wollen, nur als Einbegleitung sollte sie dienen, zugleich aber auch auf jene Veränderungen und Zusätze aufmerksam machen, welche bei dieser neuen Ausgabe sich als nothwendig herausstellten.

Die früher sechs Druckbogen umfassende Einleitung, welche hier „Vorbereitungen zum Kochen" überschrieben ist, wurde in Anbetracht des vielen Ueberflüßigen in ihrer ursprünglichen Fassung auf nicht ganz zwei Bogen zusammengedrängt ohne deshalb des Nothwendigen, Wissenswerthen und Unterrichtenden zu entbehren, zugleich aber ist diese neugestaltete Einleitung um ein Capitel bereichert, welches von allen angehenden und fertigen Kochkünstlerinnen sowie von allen Hauswirthinnen als eine höchst willkommene Beigabe

a*

aufgenommen werden wird, und welches ich hier allem Uebrigen vorangesetzt habe, nämlich eine Darstellung des neuen Maßes und Gewichtes in Bezug auf unsere bisherigen Maß- und Gewichtsverhältnisse, so weit sich eine solche Darstellung für den Zweck dieses Buches als nothwendig herausgestellt hat.

In der eigentlichen Anleitung zum Kochen wurden viele Rezepte, welche sich bereits als mehr oder minder veraltet erwiesen, ausgemerzt und durch neuere und zweckmäßigere ersetzt. Letzteres ist besonders bei den Anweisungen zur Anfertigung verschiedener Gattungen des Gefrornen, der Compots und des Eingesottenen der Fall.

Die den Schluß bildenden Speisezetteln für Tafeln von 8—24 Gedecken sind gleichfalls neu und den gegenwärtigen Anforderungen entsprechend zusammengestellt.

Und so möge denn die Wiener-Köchin auch in ihrem neuen Gewande eine willkommene und nützliche Rathgeberin vieler Familien werden.

Die Verfasserin.

In demselben Verlage ist erschienen:

Der 2. Theil der „Wiener-Köchin" unter dem Titel:

Die

wirthschaftliche und geschickte

österreichische Hausfrau,

oder:

Die Kunst, in kurzer Zeit wohlhabend zu werden.

Gründliche Darstellung

des jeder Hausfrau vorzuzeichnenden Wirkungskreises in ihrer Eigenschaft als ökonomische Leiterin des Hauswesens, als Lehrerin, Arzt und Wohlthäterin ihrer Angehörigen, wie ihrer Untergebenen; begleitet von mehr als 300 Recepten, deren Befolgung unzweifelhaft zur Quelle künftiger Wohlhabenheit werden muß.

Von

Rosalia Neumann,

durch 30 Jahre herrschaftliche Wirthschafterin und Köchin.

Vierte Auflage.

Preis 50 kr.

Aus diesem Buche soll die zukünftige Hauswirthin lernen, selbst die geringfügigsten Erzeugnisse von Feld und Garten möglichst zu verwerthen, die Geflügelzucht, so wie die Kellerwirthschaft tüchtig zu warten und durch Förderung ihres häuslichen Wohlstandes die segenspendende Mutter ihrer Familie und Untergebenen zu werden.

Das neue Maß und Gewicht in Bezug auf die bisherigen Maß- und Gewichts-Verhältnisse.

Statt einem Seidel- und einem Viertelseidel-Ciment wird man künftig neuer Maßgefäße zu $\frac{1}{2}$ Liter und zu $\frac{1}{10}$ Liter benöthigen, mit welchen man alle Abtheilungen einer alten Maß zu 4 Seidel darstellen kann.

Die Theilung des neuen Hohlmaßes in Zehntel (Deciliter) und Hundertel (Centiliter), macht das Rechnen damit sehr bequem. Das Anschreiben der Zahl geschieht folgender-massen: Zwischen der Zahl, welche die Einheit Liter anzeigt und den kleinen Theilen (Deciliter und Centiliter) macht man einen Punkt. Wenn es aber weniger als einen Liter ausmacht, so setzt man vor dem Punkt eine Null und schreibt zur Zahl die Bezeichnung „Liter" oder L., z. B. 0.17 L. oder man läßt bei einzelnen Zahlen den Punkt weg und sagt 1 Deciliter und 7 Centiliter.

Da ein Liter ungefähr 11 Viertelseidel, daher um $\frac{1}{4}$ Seidel weniger als 3 Seidel enthält, 1 Maß (zu 4 Seidel) 16 Viertelseidel, so berechnet man größere Zahlen annähernd, wenn man die Maß mit 16 in Viertelseidel auflöst und mit 11 zu Liter theilt.

Ein Deciliter ist um einen Kaffeelöffel mehr als ein Viertelseidel.

Ein Centiliter (der zehnte Theil eines Deciliter ist so viel wie zwei Kaffeelöffel und zwei Centiliter oder der fünfte Theil eines Deciliter so viel wie ein Eßlöffel voll.

			Liter Deciliter Centiliter
4 Seidel	sind daher beinahe gleich $1\frac{1}{2}$ Liter, genau		1.41
3 „	machen etwas weniger als $1\frac{1}{10}$ Liter .		1.06
2 „	sind gleich 7 Deciliter		0.70
$1\frac{1}{2}$ „	(ein Krügel) ist etwas mehr als $\frac{1}{2}$ Liter		0.53
1 „	macht $3\frac{1}{2}$ Deciliter		0.35
$\frac{3}{4}$ „	sind gleich $2\frac{2}{3}$ Deciliter		0.27
$\frac{1}{2}$ „	ist um 2 Kaffeelöffel weniger als 2 Decilit.		0.17
$\frac{1}{3}$ „	ist um 1 Eßlöffel voll mehr als 1 Deciliter		0.13
$\frac{1}{4}$ „	ist um 1 Kaffeelöffel weniger als 1 Deciliter		0.08

Zum Wägen bedarf man in Zukunft der neuen Theil=gewichte eines Kilogrammes (1000 Gramm), welches 57 Loth, daher um etwas mehr als $1\frac{3}{4}$ Pfund schwer ist und statt des Pfundes dient.

Da somit ein halbes Kilogramm (500 Gramm) $28\frac{1}{2}$ Loth, ein österreichisches Pfund zu 32 Loth, jedoch 560 Gramm beträgt, so ist ein österreichisches Loth $17\frac{1}{2}$ Gramm schwer, 16 Gramm machen ein Zoll=Loth aus.

Je 10 Gramm nennt man ein Decagramm, daher die Bezeichnungen 500, 200, 100, 50, 20, 10 Gramm gleich=bedeutend sind mit 50, 20, 10, 5, 2, 1 Decagramm.

Die Decagramme bilden gleichsam Ersatz für das Loth und sind etwas weniger als $\frac{2}{3}$ Loth, d. h. 3 Decagramm sind nicht ganz 2 Loth.

Das Anschreiben der Zahl geschieht wie beim Hohlmaße. Wenn man Decagramm und Gramm anschreibt, so macht man zwischen beiden einen Punkt und setzt die Bezeichnung Decagramm oder Dg. hinzu, auf welche Weise man es in allen Rechnungstabellen findet. Oder man schreibt die Zahl der Gramme ohne Punkt an und setzt nur das Zeichen G. für Gramm dazu; z. B. 22.5 Dg. oder 225 G.

Wenn sich bei einer Umrechnung ½ Gramm als Theilung ergibt, so kann dieser als der fünfunddreißigste Theil eines Lothes und daher unbedeutend, ohne Nachtheil weggelassen werden. Man kann demnach die Zehntel und Hundertel weglassen, welche bei genauer Umrechnung in den Tabellen zu finden sind, z. B.

Pfund	Loth	Gramm	Pfund	Loth	Gramm	Pfund	Loth	Gramm	Pfund	Loth	Gramm
	¼	4		12	210		26	455	1	8	700
	½	8		13	227		27	472	1	9	717
	¾	13		14	245		28	490	1	10	735
	1	17		15	262		29	507	1	11	751
	2	35	½	16	280		30	525	1	12	770
	3	52		17	297		31	542	1	13	785
	4	70		18	315	1	32	560	1	14	805
	5	87		19	332	1	1	577	1	15	822
	6	105		20	350	1	2	595	1	16	840
	7	122		21	367	1	3	612	1	17	857
⅓	8	140		22	385	1	4	630	1	18	875
	9	157		23	402	1	5	647	I	19	892
	10	175	¾	24	420	1	6	665	1	20	910
	11	192		25	437	1	7	682	1	21	927

Die Längenmaße, welche in diesem Buche fast gar nie angewendet sind, genügt ein kleiner Vergleich mit dem Centimeter. Dieser ist bekanntlich etwas länger als 1¼ Wiener-Elle und 2 Zoll länger als ½ Klafter.

1 Fuß oder 12 Zoll macht bei 32 Centimeter oder . 0.31

8 Zoll sind 21 Centimeter 0.21

1½ Zoll bei 4 Centimeter 0.39

1 Zoll 2 Centi= und 6 Millimeter 0.26

Vorbereitungen zum Kochen.

———

Das Kochen, das ist Verfahren, mittelst welchem die von der Natur, nämlich die aus dem Thier= Pflanzen= und Mineralreiche gelieferten Producte, oder die durch Kunst erzeugten Stoffe zu gesunden, nahrhaften und dem Geschmackssinne schmeichelnden Speisen und Gerichten verarbeitet werden, ist als ein mächtiger Lebensfactor zu betrachten und verdient, wenn es denn aus seinem Wesen hervorgehenden Regeln entsprechend ausgeübt wird, auch den Namen einer Kunst. — Daß aber dieselbe auch ihrer Bestimmung entsprechend betrieben werde, hängt vornehmlich von Derjenigen ab, die sich derselben gewidmet, sei sie nun Köchin schlechtweg, Haushälterin oder die Hauswirthin in eigener Person und von der Beschaffenheit und Instandhaltung der Werkstätte in welcher sie ausgeübt wird, der Küche ab.

Die erste Eigenschaft der Köchin sei vor Allem die Reinlichkeit in Bezug auf ihre Person. Sie wasche sich daher jedesmal am frühen Morgen, bevor sie in der Küche das mindeste berührt, vollkommen rein, hüthe sich bei ihren Arbeiten möglichst vor Beschmutzung, und wasche, wenn eine solche nicht zu vermeiden war, sich jedesmal sogleich wieder rein. Besonders nothwendig ist es, die Hände zu waschen, wenn verschieden riechende Gegenstände berührt wurden, deren Eigenschaft leicht zum Nachtheil auf andere Speisen übertragen werden kann, wie z. B. der Geruch von Häringen oder Sardellen auf süße Speisen.

Eine reinliche Köchin kämmt sich die Haare nie in der Küche und hält den Kopf stets rein und mit einem netten Häub=

chen bedeckt. Auch der übrige Anzug sei reinlich, nett, einfach, ohne Putz, aus Stoffen, die leicht gereinigt werden können. Unverläßlich sind reine, weiße Küchenschürzen.

Die Sorgfalt hinsichtlich der Reinlichkeit hat die Köchin nebst ihrer eigenen Person, auch auf das ihr untergeordnete oder beigegebene Küchenpersonale auszudehnen.

Unzertrennlich von der Reinlichkeit ist die Ordnung. Diese soll sich jede Köchin selbst vorschreiben, oder mit denen verabreden, die besonders dabei betheiligt sind, doch soll sich dieselbe vornehmlich in 3 Punkten erhalten: 1) Im Frühaufstehen, 2) einer gegliederten Eintheilung aller Geschäfte und 3) in genauer Inventar= und Rechnungsführung.

Hinsichtlich des zuerst erwähnten Punktes bewährt sich das alte Sprichwort: „Morgenstunde hat Gold im Munde" in seiner vollen Kraft.

Nach einer im stärkenden Schlummer vollbrachten Nacht verlasse man das Bett bald nach dem Erwachen, am besten zwischen 5 und 6 Uhr Morgens, da längeres Verweilen auf dem Lager nur abspannend, wenn nicht entkräftigend wirkt. — Nach möglichst schneller Beendigung der einfachen, im Sinne des oben erwähnten Punktes hinsichtlich der Reinlichkeit durch= geführten Morgentoilette, schreite man an die Erledigung jener vorbereitenden Nebenarbeiten, welche sich beinahe täglich als nothwendig herausstellen und deren Vornahme später bei dem eigentlichen Prozesse des Kochens nur hemmend einwirken und einen unnöthigen Aufenthalt verursachen würden.

Bei Befolgung dieser Regel wird die Köchin in den nächsten Vormittagsstunden sich vollständig gesammelt und im Stande finden, ihrem zu fördernden Werke gehörig vorzustehen.

Die gegliederte Eintheilung aller Geschäfte ergibt sich aus dem zuletzt Gesagten beinahe von selbst.

Eine besondere Beachtung jedoch verdient die genaue In= ventar= und Rechnungsführung.

Da es nicht möglich ist, bei einer ausgedehnteren Wirth= schaft alle Inventarstücke der Küche und der Tafel auf längere Zeit im Gedächtnisse zu behalten, so wird der Entwurf eines Inventarverzeichnisses dieser Gegenstände für eine ordnungslie= bende Köchin unerläßlich.

Z. B. Nach umstehender Tabelle:

A. Küchengeräthe-Inventar.

Zuwachs und Abgang.	Häfen und Kasserolen			Pfannen			Schüsseln und Becken			Verschiedene messingene und eiserne Geräthe										Anmerkung
	kupferne	eiserne	irdene	kupferne	messingene	eiserne	Zinnschüsseln	kupferne	irdene	Mörser	Backbleche	Reibeisen	Spritzen	Hohleisen	Dreifüße	Roste	Drahtsiebe	Haarsiebe	Blechseiher	
Stand am 1. Jänner 1872	4	10	20	2	6	9	8	4	12	2	4	2	2	2	8	4	2	3	4	
Zuwachs im Verlaufe des Jahres	—	2	12	—	2	3	—	—	6	—	1	1	—	—	1	1	1	2	2	
zusammen	4	12	32	2	8	12	8	4	18	2	5	3	2	2	9	5	3	5	6	
Abgang Ende 1872	1	1	10	—	1	4	2	—	7	—	2	1	—	—	2	1	1	2	1	
Stand am 1. Jänner 1873	3	11	22	2	7	8	6	4	11	2	3	2	2	2	7	4	2	3	5	

Diefe Tabelle wird nach Bedarf noch weiter ausgeführt, und jährlich durch Zuschreibung des Zuwachses und Abganges fortgesetzt.

Eine ähnliche Tabelle ist für das Tafelgeräthe nach Töpfen, Schüsseln, Tellern, Eßzeug, Tischwäsche u. s. w. zu verfassen.

Noch wichtiger ist die Rechnungsführung in Bezug auf die täglichen Einnahmen und Ausgabe, welche früh gleich nach geschehenem Einkauf, etwa nach Tabelle B aufgezeichnet, und Abends nach Vollendung des Küchengeschäftes ergänzt, summirt und verglichen werden sollen.

B. Küchenrechnung vom Jahre 1873.

Datum	Geld=einnahmen	Ö.W. fl.	Ö.W. kr.	Geldausgaben	Ö.W. fl.	Ö.W. kr.
1. Jänner	Zur Ausgabe erhalten	10	—	für 6 Pf. Rindfleisch, à 38 kr.	2	28
				„ 8 „ Kalbfleisch, à 28 „	2	24
				„ 1 Stück steir. Kapaun	2	35
				„ 6 „ Nesttauben, à 20 kr.	1	20
	zusammen	10	—		8	7
2. Jänner	Rest von ge=stern . .	1	93	für 6½ Pf. Rindfl. à 38 kr	3	41
	erhalten .	5	—	„ 4 „ Lammfl. à 24 „	—	96
				„ 2 Poulards, à 90 „	1	80
				„ Grünspeise	—	35
				„ Essig 4 Maß, à 10 „	—	40
	zusammen	6	93		6	92
3. Jänner	Rest von ge=stern . .	—	1			

Die eigentliche Verrechnung mag übrigens wochen= oder monatweise geschehen. Keine Köchin, Wirthschafterin oder Hausfrau wird diese Rechnungsführung unterlassen, wenn sie darüber auch Niemanden als sich selbst Rechenschaft zn geben hätte.

Fleiß und Emsigkeit ist zu jedem Geschäfte nothwendig, aber wenige erfordern diese Eigenschaften in einem höheren Grade als das Küchengeschäft.

Eine fleißige, umsichtige Köchin wird mit diesen Eigenschaften voranleuchten, um ihre Untergebenen zur unerläßlichen freudigen Mitwirkung anzuspornen und sich besonders durch ein bescheidenes, ernsthumanes Benehmen die Achtung und Zuneigung derselben zu gewinnen.

Sparsamkeit ist gleichfalls das Fundament einer guten Haushaltung.

Es genügt keineswegs, gut kochen zu können, eine kluge, geschickte Köchin muß es auch verstehen, mit geringen Kosten einen Tisch gut und zweckmäßig zu bestellen, und es zu schicken wissen aus Ueberbleibseln und geringfügigen Stoffen, Speisen zu bereiten, welche an Geschmack und Ansehen den theuersten Gerüchten gleichkommen, ja, diese selbst übertreffen.

Eine besondere Aufmerksamkeit wird die Köchin auch auf die Schonung der Geschirre, besonders der irdenen, und auf Holzersparrung richten.

Uebrigens darf die Sparsamkeit nicht bis zur Knickerei getrieben werden, welche eben so wenig zu einer vernünftigen Hausordnung paßt, wie die Verschwendung selbst.

Kenntnisse und Geschmack sind gleichfalls wichtige Eigenschaften einer Köchin.

Erstere erlanget man bei nur einigermassen vorhandenen Anlagen durch praktischen Unterricht, Fleiß und Uebung.

Letzterer bewährt sich hauptsächlich in der äußeren Form und Verzierung der Speisen, sowie in der geschickten Eintheilung und Ordnung derselben an der Tafel.

Wenn die Köchin erkrankt, wird die Tafel schlecht bestellt. Daher muß auch in einem Kochbuche gehörige Rücksicht genommen werden auf die Gesundheit der Köchin.

Eine Köchin ist sehr vielen schädlichen Einflüssen ausgesetzt, welche ihre Gesundheit untergraben und Krankheiten erzeugen.

Jede Küche ist mehr oder weniger dem Luftzuge ausgesetzt, welcher leicht Rheumatismen und bei grellem Temperaturswechsel Katarrh erzeugt. Diese schädlichen Folgen des Luftzuges sind vorzüglich in der kalten Jahreszeit zu fürchten.

Um dieser Schädlichkeit zu begegnen, lasse man im Sommer die Küchenthüre so lange offen, als das Feuer Nahrung braucht, halte aber dabei die Fenster geschlossen, oder öffne diese und halte die Thüre geschlossen. In der kalten Jahreszeit ist die Sache schwieriger, weil die Küche zugleich warm gehalten werden soll.

Zunächst muß die Köchin die Füße schützen, welches am besten durch Filzschuhe geschieht. Wenn der Fußboden steinern ist, sollen Korksohlen in die Schuhe gelegt werden, auch ist es gut, dort, wo die Köchin öfters länger verweilen muß, wie z. B. vor dem Herde, dem Küchentische u. s. w. dünne Holz= bretter zu legen.

Um in der kalten Jahreszeit die Hände vor dem Auf= schwellen, Rothwerden und Aufspringen, sowie vor Frostbeulen (Gefrör) zu schützen, darf die Köchin nie mit nassen Händen herumgehen, sondern muß solche schnell abtrocknen. Bei großer Kälte ist es auch räthlich Handschuhe ohne Finger zu tragen.

Durch gähe Erhitzungen und Abkühlungen, Anstoffen oder Brennen der Fingerspitzen und andern Beschädigungen entsteht leicht eine sehr schmerzhafte Entzündung des einen oder des andern Nagelgliedes, der sogenannte „Wurm" an den Finger= spitzen.

Manche glauben, sich von diesem Uebel im Beginne dadurch zu befreien, wenn sie die Fingerspitze gäh in siedendes Wasser stossen, wodurch sie aber dasselbe nur arg verschlimmern. Am besten sind gleich anfangs kalte Umschläge, wird aber der Schmerz klopfend, so muß der Finger im lauwarmen Wasser oder einem Absud von Kleien öfters gebadet werden. Warme Ueberschläge von Kleienköcheln mildern den heftigsten Schmerz und befördern die gutartige Eiterung. Sehr gut ist es, das Glied dabei immer in ein Schmerhäutel eingewickelt zu halten und nicht ohne Noth der schädlichen Einwirkung der Luft aus= zusetzen. Eiterpunkte, wo sie sich zeigen sind mit der Scheere vorsichtig aufzuzwicken. Wird die Sache aber bösartig oder bedenklich, so ist ein Chirurg zu befragen.

Ein grelles Flammenfeuer schadet besonders den Augen, und Köchinnen werden oft von Augenübeln heimgesucht, bekom= men häufig Triefungen, erblinden sogar, zumal, wenn sie gich= tische Anlagen haben, leicht an dem unheilbaren sogenannten grünem Staar.

Die Hitze eines starken Flammenfeuers bestraft die Holz=
verschleuderei auch mit Kopfschmerzen, Schwindel, Gesichtsroth=
lauf u. s. w.

Brandwunden sowohl die durch Feuer, als die durch
eine heiße Flüssigkeit entstandenen, müssen unverzüglich mit
Baumwollenwatta, welche in einer Küche stets vorhanden sein
soll, ganz, und etwas über den verbrannten Theil hinausbedeckt
und eingewickelt werden. Sind in Folge der Verbrennung oder
Verbrühung Blasen entstanden und brechen dieselben auf, oder
wird die Wunde eiterig, so wird auf die feuchten Stellen frische
Baumwolle gelegt, ohne die alte zu beseitigen. Durch dieses
Verfahren werden die größten Brandwunden ungemein schnell
geheilt.

Sparrherde haben auch mancherlei Nachtheile. Sie
sind der Köchin besonders durch die heiße Luft, welche von den
glühenden Herdplatten aufsteigt und durch den Speisendunst
schädlich und erzeugen Augenübel, Kopfschmerz, Athmungs=
beschwerden und kachektisches Aussehen. Die Köchin soll daher
nie zu anhaltend nahe am Herde stehen, oder gar sich über
denselben hinbücken. Außerdem muß öfters frische Luft eingelas=
sen und das in der Höhe der Küche am Kamin angebrachte
Dunstloch, welches während des Kochens vollkommen offen zu
halten ist, erst dann gänzlich geschlossen werden, wenn bereits
der Herd geräumt und alle Gluth aus demselben entfernt ist.

Die Speisenstoffe (Victualien, Eßwaaren, Speise=materialien).

Speisenstoffe aus dem Thierreiche.

Das eigentliche Rindfleisch, das ist jene Gattung Fleisches,
welches durch das Schlachten des in seiner Jugend verschnit=
tenen Stieres (des Ochsen) gewonnen wird, ist lichtroth, von
zarten Fiebern und zwischen den Muskeln fett. Das Fleisch
des unverschnittenen Stieres und des Büffels (einer besonderen
Gattung des Rindviehes) hat keinen guten Geschmack und einen
widerlichen, bockartigen Geruch. Das Kuhfleisch — obgleich
der Gebrauch desselben nicht gewöhnlich und nicht sehr beliebt
ist — hat, wenn die Kuh anders in guter Mast war, beinahe
einen feineren Geschmack als das eigentliche Rindfleisch.

XVI

An dem Ochsen sind außer der abgezogenen Haut, den Hörnern und den Hufen alle Theile seines Körpers genießbar; selbst der Schweif wird in verschiedenen Zubereitungen bei großen Tafeln gebraucht.

Der Fleischer hackt aus dem geschlachteten Ochsen zwei **Brustkerne**, zwei **Riede** (Rostbraten), zwei **Beiriede** (englische Braten) zwei **Lungenbraten**, zwei **Schwanzel** oder **Tafelstücke** und zwei **Schalen**, die **Schulter** und das übrige **Fleisch** in kleinen Theilen.

Der **Kopf**, die **Wadschinken** sammt dem andern Gebeine werden als Zuwage gegeben. Die **Zunge** wird frisch, eingepöckelt und geräuchert verkauft. Der Obergaumen kann zu allerlei Gerichten verwendet werden. Die **Kuttelflecke** taugen zum Einmachen und können auf vielerlei Art zugerichtet werden. **Milz** und **Leber** erhöhen, mit dem Rindfleische abgesotten den Wohlgeschmack der Suppe und sind gleichfalls auf mancherlei Art zuzurichten.

Das gute **Kalbfleisch** muß weiß, kleinrippig, bei den Nieren mit Fett verwachsen und auf dem Rücken mit einem weißen, gleichfalls fetten Häutchen bedeckt sein.

Die **Zuwagen**, d. i. Kopf, Füße, Bäuschel und Leber, müssen frisch verkauft werden, weil sie kein langes Aufbewahren dulden. — Nierenbraten und Schlegel sind die besten Bratenstücke.

Schöpfenfleisch, sowie das Schaffleisch überhaupt, muß, um als schön und brauchbar zu gelten, dunkelroth von Farbe, kleinknochig und sehr fett sein.

Das **Lammsfleisch** oder das Fleisch des jungen Schafes soll weiß, bei den Nieren fett, und der Rücken mit einem weißen Fetthäutchen überzogen sein.

Das geschlachtete und abgezogene Lamm wird in 4 **Biegeln** getheilt, in zwei **vordere** und zwei **hintere**. Die zwei vorderen theilen sich wieder in das Brüstel, Kerndl und Schulterl, die zwei hintern geben die Vorschlegel und die **Schlegel**. Will man das Lammfleisch auf größere Tafeln verwenden, so läßt man die hintern Biegel beisammen, welches der „lämmerne Hase" genannt wird. Bei einer größeren Hauswirthschaft ist es immer besser, das ganze Lamm zu kaufen.

Ziegen- und Kitzfleisch sind auf dieselbe Art zu benützen, wie Schaf- und Lammfleisch.

Das Bockfleisch hat häufig einen widerlichen Geruch, daher muß es vor dem Gebrauche etwas ausgewässert, dann mit siedenden Wasser abgebrüht und eingepöckelt werden.

Das Schweinefleisch ist am anwendbarsten, zum Genusse am gesündesten und wohlschmeckendsten, wenn es von einem sogenannten Frischling kommt, der höchstens 30 bis 40 Pfund wiegt. Mastschweine werden nur zu Speck und zum geräucherten Fleische benutzt. Leber, Bäuschel, Gedärme und Blut von allem jungen und alten Borstenvieh wird in der Regel fast nur allein zu Würsten verwendet.

Bei dem Einkaufe und dem Auswählen des Schweinfleisches muß genau darauf gesehen werden, daß es nicht finnig ist. Dieses ist zu erkennen, wenn sich in selben und besonders im Bäuschel weiße Flecken wie Hanfkörner zeigen.

Vom Frischling dient das vordere Viertel: Brust, Schulter u. s. w. meistentheils zum Krenfleisch. Der Rücken wird gewöhnlich heiß abgesotten, das Bauchfleisch eingemacht, die Füße gesulzt. Die Schlegel pflegt man zu braten oder zu räuchern, welch Letzteres mit dem größten Theile des Schweinefleisches geschieht.

Das Schweinefett ist ein wichtiger Bestandtheil der meisten Speisen, und besonders ist der Speck wichtig. Dieser wird entweder frisch gebraucht, oder zum Aufbewahren geräuchert, in der Regel aber mit dem übrigen Fett zu Schweineschmalz zerlassen.

Das Spanferkel wird gleich nach dem Abstechen, welches am besten bei einem Alter von 3 bis 6 Wochen geschieht, geputzt, entwindelt, aufgehängt und bald gebraucht werden. Das Putzen geschieht am schnellsten auf folgende Art: Gleich nach dem Stiche, wenn es ausgeblutet, bestreut man es mit gepulverten Binderpech, überbrüht es mit siedenden Wasser und schiebt mit der Hand gegen die Borsten, wodurch sie leicht abgehen. Darauf wird es inwendig gesalzen, dressirt und gewöhnlich gebraten. Bisweilen wird es auch heiß abgesotten, eingemacht, oder auch gesulzt.

Vierfüßiges Wild.

Das Fleisch des Wildes ist schmackhafter, kerniger und gesünder als jenes der zahmen Thiere, doch hat es weniger Gallerte und Fett und taugt auch selten zu Brühen oder Suppen.

Der Hirsch, das Reh, die Gemse und der Hase sind un=

ter den Benennungen „Rothwild" allgemein im Gebrauche. Seltener ist das Wildschwein oder Schwarzwild.

Nothwendig bei jeder Art des Wildes ist ein verhältniß= mäßiges Mürbeliegen, wodurch auch der Geschmack feiner wird.

Der Edelhirsch wird in 2 Theile in das Vordere (Hals, Bruststücke, Schultern, Rücken) und das Hintere (Rückenbraten und Ziemer abgetheilt. Der Ziemer ist eigent= lich nur der obere Theil des Schlegels (beim Rinde das Schwan= zel) und das schönste Tafelstück. Ein schönes Bratenstück ist auch der Jungfernbraten (beim Rind Lungenbraten). Die Schulter wird gewöhnlich gedünstet.

Der Damhirsch ist kleiner, gibt aber ein feineres und schmackhafteres Fleisch.

Das Hirschkalb mit sehr zarten und schmackhaften Fleische wird in allen seinen Theilen wie das Rindkalb ge= braucht.

Reh= und Gemsefleisch werden jenen vom Hirschen gleichgehalten.

Der Hase kann jung gleich nach dem Schusse zubereitet wer= den, alt muß er eine Essigbeize bekommen und gespickt werden. Der vordere Theil des Hasen mit den Rippen (das Junge) wird ge= wöhnlich in Stückchen geschnitten und in brauner, dünner Sauce gemacht; Rücken und Schlegel aber in einem Stücke gebraten.

Das Kaninchen (Küniglhase) kommt sowohl wild als zahm vor. Sein weißes, wohlschmeckendes, etwas süßliches Fleisch wird wie zartes Lammfleisch weiß oder braun eingemacht, auch heiß abgesotten, gebacken und gebraten.

Das Wildschweinfleisch (Schwarzwild) ist feiner im Geschmack und leichter verdaulich als jenes des Hausschweins, setzt aber keinen Speck an. Es wird gewöhnlich eingesalzen und im Wasser mit etwas Weinessig und Gewürz abgesotten, sonst auf verschiedene Art benützt.

Das junge Wildschwein im ersten Jahre Manhastrl im zweiten als Frischling, wird zwar gewöhnlich, nachdem es abgesengt und geputzt worden in guter Brühe heiß abgesotten, sonst auch wie das Spanferkel zugerichtet.

Das Fleisch junger Bären ist angenehm, und beson= ders im Norden beliebt. Bärenschinken werden auch von alten Thieren genossen. An vornehmen Tafeln werden die Tatzen und der Kopf dieses Wildes als Leckerbissen aufgesetzt.

Hausgeflügel.

Alte, magere **Hähner** und **Hühner** werden gewöhnlich nur mit dem Rindfleisch gesotten um die Suppe kräftiger zu machen; das mürb gesottene Fleisch wird dann eingemacht, oder zu verschiedenen kleinen Gerichten verwendet.

Junge ausgewachsene Hühner, deren Fleisch noch zart ist, werden auf verschiedene Arten zugerichtet und geben verschnitten und gemästet die Kapauner und Pouladen, welche gebraten oder gedünstet ein köstliches Gericht geben.

Haustauben werden jung und fett, meistentheils gebraten oder gebacken, sonst wohl auch zu Pasteten verwendet.

Der **Indian** dieses große Bratenstück wird geköpft, sonst aber ganz wie der Kapaun behandelt.

Die **Gans** ist meistens zum Braten bestimmt; Kopf, Flügel, Füße, Magen u. s. w. (das Innge) zum Einmachen oder in die Suppe.

Die köstliche **Gansleber** für deren Großmachen die Gänse besonders gefüttert und geschoppt werden, wird zu verschiedenen Speisen, die schönere immer zu Faschen, Pasteten u. s. w. verwendet.

Die **Ente** wird im Ganzen genommen vollkommen so behandelt wie die Gans, nur werden Kopf und Extremitäten nicht abgeschnitten, um sie besonders zu benützen.

Wildes Geflügel. (Federwild).

Der **Auerhahn** muß alt acht Tage lang aromatisch gebeizt werden, nachdem er früher eben so lange an einem kühlen Orte in der Luft aufgehängt war. Jung ist er schmackhafter als Braten, aber auch in kalter Pastete anwendbar; alt und mürbe gebeizt in einer Sauce gegeben.

Ebenso werden die **Auerhenne**, der **Birkhahn** und der **Trappe** benützt.

Der **Fasan** lebt wild, wird aber auch in Gärten gezogen. Er wird auf sehr verschiedene Art zugerichtet, besonders aber gebraten in Saucen und in Sauerkraut gedünstet. Fast ganz gleiche Verwendung haben auch das **Rebhuhn**, das **Haselhuhn** und die **Wachtel**.

Die **Wildtauben** unterscheiden sich in die große Wildtaube und die Turteltauben. Die alten müssen eingesalzen

b*

einige Tage in der gewöhnlichen Beize liegen und werden meistens zu Pasteten verwendet, wohl auch gespickt und am Spieße gebraten. Die Jungen werden frisch auf dem Roste gebraten.

Die Schnepfen (Wald- und Moosschnepfen) werden am besten gebraten, obwohl sie auch viele andere Bereitungen zulassen. Die Eingeweide sammt deren Inhalt werden besonders (als Schnepfenkoth) zubereitet.

Der Krametsvogel gehört zum Drosselgeschlechte, kommt aber nur im Herbste zu uns und wird gewöhnlich nur gebraten oder geröstet.

Die Feldlerche ist besonders nach der Ernte am fettesten und schmackhaftesten, wo sie sich vorzüglich zum Braten eignet.

Die verschiedenen kleinen Vögel werden auf mancherlei Art zubereitet. Die größeren pflegt man mit Speck und Semmelscheiben am Spieß zu braten, die kleinsten in der Kasserole zu dünsten.

Die Wildgans und die Wildente sind nur sehr jung zum Braten geeignet; alt können sie gut ablegen und einige Tage gebeizt allerdings auch gebraten werden, werden aber besser gesäuert und gedämpft gegeben.

Fische.

Fluß- und Seefische.

Der Karpfe besonders der gemeine ist allgemein bekannt. Teichkarpfen haben einen Lettengeschmack und müssen wenigstens einige Tage vor dem Gebrauche im Flußwasser gehalten werden. Man pflegt sie auf sehr verschiedene Art zuzurichten.

Der Hecht wird wie der Karpfe auf verschiedene Art zugerichtet. Seine Leber, von welcher die Gallenblase vorsichtig abgelöst werden muß, gilt als Leckerbissen. Der Milchner ist besser als der Rogner.

Der Schill (Hechtbürschling), schmackhafter als der Hecht, wird gewöhnlich im Ganzen oder geschnitten im Salzwasser gesotten und in der Buttersauce aufgetischt, wohl auch auf andere Arten wie der Hecht zugerichtet. Gleiche Bereitung erfährt der dem Schille ganz ähnliche Fogosch, welcher vorzüglich in Ungarn vorkommt.

Stör, Hausen, Schaiden und ähnliche große Fische werden gewöhnlich nur als imposante Tafelstücke, die Hausen und Schaiden fast nur in Stücke ausgehackt verwendet und beinahe immer heiß gesotten oder gebraten.

Der Aal darf nicht abliegen und soll womöglich lebend in die Küche gebracht werden. Er wird meistens gebraten, wohl auch mit würzigen Kräutern abgesotten.

Die Aalrute wird nachdem sie gereiniget und ausgeweidet worden, fast immer in Wasser und Essig mit würzigen Kräutern blau gesotten und in einer Sauce ganz aufgetischt; auch wird ihre köstliche Leber beigelegt oder zu Pasteten verwendet.

Der Lachs, die Lachsforelle, der Huchen, der Salbling, die gemeine Forelle, der Asch u. s. w., welche sämmtlich zum Salmengeschlecht gehören, werden vorzugsweise blaugekocht, trocken mit einfacher Verzierung ganz aufgetischt, mit kalten Saucen, meistens aber mit Oel und Essig genossen. Kleine Forellen backt man auch resch in Schmalz.

Kleine Fischeln werden gar nicht aufgemacht, sondern ganz gebacken, heiß abgesotten, oder auf anderer Art zugerichtet.

Die geräucherten Fische werden in laues Wasser gelegt, dann abgehäutet, worauf sie mit einem Kochlöffel voll rohen Finherb und einem Seitel Milchrahm gäh aufgesotten werden. Die Sauce wird kurz eingekocht und bisweilen Sardellenbutter dazu gegeben.

Meerfische.

Der Rhombo, Rorafi, Saroli, Dental, Kalamari, Turino und viele andere sind gewöhnlich schon ausgeweidet und mit Lorbeerblättern und anderen Kräutern ausgefüllt, und sie müssen nur ganz einfach in Salzwasser mit Zwiebel und ganzem Gewürze langsam an einer Seite des Feuers abgesotten werden. — Dann kommen verschiedene Saucen dazu, besonders Buttersauce.

Die Makrele, der Merlan, Kablian, Linquatolo, Broncini können mit Butter, oder Oel und Finherb auf dem Roste gebraten, der Linquatolo auch in Schmalz oder Oel gebacken werden.

Der Stockfisch oder getrocknete Kabeljau ist in allen größeren Ortschaften schon gebeizt zu haben. Er wird gewöhnlich ordinär abgesotten, sonst in verschiedenem zugerichtet aufgetischt.

Der gemeine Häring wird gebraten, als Salat zube=reitet und sonst zu vielen Speisen verwendet.

Die kleine Sardelle, gleichfalls eine Art Häring, werden mehr zur Würze als zur eigentlichen Speise benützt.

Wasservierfüßler.

Die Fischotter wird wie ein Lamm oder Hase ausge=zogen, ausgewässert, eingesalzen und entweder in ganzen Stücken, oder klein geschnitten, in einer Fastenbries gesotten und verschie=den zugerichtet. Die hintern Schlegel kann man auch gut ge=beizt oder marinirt auch auf dem Spieße braten.

Der Biber, dessen Fleisch jenem der Fischotter ähnlich ist, wird auch wie diese zugerichtet. Sein Schweif gibt übrigens noch ein besonderes Leckergericht.

Wassergeflügel.

Rohrhühner, Duckenten, Blasenten (Botzen), welche alle größtentheils im Wasser und von Wasserthieren leben, werden gewöhnlich auf Fischmärkten feilgeboten und wie die Wildenten gedünstet und gebraten, nur mit dem Unterschiede, daß man, weil sie als Fastenspeisen dienen, keine Fleischzusätze gibt.

Amphibien und Schalthiere.

Die Schildkröten, von denen die gemeine Sumpf=schildkröte die häufigste und auch die beste ist, sind im ganzen Jahre zu bekommen. — Bei der Zubereitung schneidet man diesem Thiere Kopf und Füsse, so weit sie aus der Schale reichen ab. Wenn es ausgeblutet hat, und ihm die vorfindigen äußeren schwarzen Schuppen abgelöst sind, kocht man sie in Salzwasser, bis das Fleisch weich ist. Dann werden die beiden Schalen auseinander gebrochen und das Fleisch herausgenommen; die schwarze Haut von den Füßen und übrigen Theilen wird abgezogen und die Leber nachdem die Galle behutsam ausgelöst und die Gedärme beseitigt worden, sammt den gelben Eiern die man manchmal bei den Schildkröten antrifft, zum Gebrauche behuthsam aufbewahrt.

Die Schildkröt: selbst wird in vier Theile zerschnitten und auch ganz, sammt der Schale nachdem sie von der feinen, schwarzen Haut gereinigt worden, in vorhandener Fastensuppe gekocht.

Die Austern müssen möglichst frisch genossen werden. Sie werden geöffnet, nach Beseitigung des oberen Deckels am Rande rein abgewischt und entweder roh mit Limonie aufgetischt, oder sonst verschiedenartig zugerichtet.

Die Muscheln müssen gleichfalls frisch und geschlossen sein. — Sie werden gewaschen mit weißen Wein zum Feuer gebracht, und, wenn sie mit einem einzigen Sude aufgewallt haben, schnell abgeseiht. Man nimmt ihnen dann den obern Deckel und verwendet sie zu einer bestimmten Speise.

Die große Flußmuschel, ja selbst die kleine Kochmuschel können mit Sardellen, Pfeffer und Oel gebraten oder geröstet, wie die Austern mit Limoniensaft genossen werden, und stehen so zugerichtet, dieser im Geschmacke nicht viel nach.

Frösche müssen abgezogen sehr rein weiß sein. Gewöhnlich werden nur die Schenkel mit dem hochvorstehenden Theil des Rückgrathes heiß abgesotten, als Ragout, zu Karbonaden oder gebacken verwendet; jedoch benützt man auch den Vordertheil zu den Fastensuppen oder Saucen.

Schnecken sind vom Spätherbste, nachdem sie sich verschlossen haben bis zum Frühjahre, wo sie sich wieder öffnen genießbar. Sie werden am besten im Getreide aufbewahrt und heiß abgesotten mit Essigkren, im Kasserol und auf. andere Art zugerichtet genossen.

Krebse, besonders Bach= und Flußkrebse geben eine sehr angenehme Speise. Sie sind von Mai bis September am schmackhaftesten und werden auf mancherlei Weise zugerichtet und verwendet.

Der Meerkrebs und die Meerspinne (Hummer, Krabe) kommen gewöhnlich schon abgesotten zu uns und werden fast immer kalt mit Essig und Oehl genossen.

Thierische Producte.

Die Milch der Hausthiere, vorzüglich der Kühe findet das ganze Jahr hindurch die verschiedenartigste Verwendung in der Küche. Sie läßt sich in 3 Hauptbestandtheile scheiden.

1. In Rahm (Sahne, Schmetten, Obers) den festen

Theil der Milch, welcher in die Höhe steigt, wenn diese ruhig steht, weßhalb er in Oesterreich **O b e r s** genannt wird. — Sauer geworden, wird er zu Butter gerührt, aus welcher durch Schmelzen in der Wärme das Rindschmalz gewonnen wird.

2. In **T o p f e n**, den beim gerinnen der Milch zusammenziehenden festen Theil. Dieser wird mit etwas Rahm zu Käse geformt, oder sonst zu manchen Speisen verwendet.

3. In die **M o l k e n**, Käsewasser, welche den sogenannten Milchzucker enthält und ein gesundes Getränk liefert, welches besonders Brustkranken empfolen wird.

Die Eier. Für die Küche werden fast nur Hühnereier verwendet. Sie sind als Zuthat und Beihilfe bei Verfertigung verschiedener Speisen an Fleisch- und Fasttagen sehr nothwendig, ja unentbehrlich und dienen eben so allgemein als eine für sich selbst bestehende Speise. Als Letztere sind sie weichgesotten der Gesundheit am zuträglichsten, hart gesotten oder gebacken, sind sie immer schwer verdaulich.

Der H o n i g wird gern mit Brot genossen, und auch bei Bereitung von mancherlei Gerichten angewendet. Der weiße und hellgelbe wird dem braunen und röthlichen vorgezogen.

Speisen aus dem Pflanzenreiche.

Das M e h l g e t r e i d e, Roggen, Haiden, Mais und Waizen wird für die Küche nur als Mehl und Grütze (Gries) verwendet.

Die K o r n f r ü c h t e, Reis, gerollte Gerste, gerollter Hafer und Brein (gestampfter Hirs) werden von ihrem fest anliegenden Ueberzug befreit, als Körner verwendet.

H ü l s e n f r ü c h t e n. Die vorzüglichsten derselben sind: Bohnen, Erbsen und Linsen, von denen die beiden Ersten sowohl grün als reif, die Letztgenannten aber nur reif genossen werden.

Die K a r t o f f e l findet in äußerst zahlreichen Formen in jeder Küche ihre nützliche Anwendung und ihre feineren Sorten erscheinen noch immer auf den üppigsten Tafeln.

Die E r d b i r n e oder sogenannte **E r d a r t i s c h o c k e** ist über die Kartoffel fast in Vergessenheit gekommen, verdient jedoch ihrer sonstigen Eigenschaft wegen zu Salat und zur Garnirung noch immer verwendet zu werden.

Der W e i ß k o h l gehört zur Familie der Grüngemüse, welche sehr groß ist, da alle zu Speisen gebrauchten Feld- und

Gartengewächse außer den Baumfrüchten (Obst) dazu gerechnet werden. Er ist sowohl frisch (süßes Kraut) als eingesäuert (Sauerkraut) das beliebteste Gemüse.

Der gemeine Kohl hat eine ganz ähnliche Verwendung, nur wird er nicht eingesäuert.

Den blauen Kohl gibt man am liebsten mit Kastanien zugerichtet.

Der Sprossenkohl wird nur zu feineren Gerichten verwendet.

Die Kohlrüben (Kohlrabi) sind halb Kohl, halb Rüben; letztere wachsen theils über, theils in der Erde. Gewöhnlich braucht man nur die Knollen allein.

Die Steckrüben sind von besonders süßem Geschmack und werden wie der Kohlrabi verwendet.

Der Blumenkohl (Karviol, Kauli) hat durch seine großen weißen Rosen ein überaus schönes Aussehen und ist als Zwischenspeise, wie auch als Beleg anderer Gerichte beliebt.

Die Artischocke ist eine unausgebildete Distelblume eigener Art, von welcher besonders der Kern, entweder roh oder nach dem Uebersieden ausgelöst oder zu mancherlei Speisen verwendet wird.

Der Spinat wird auf ähnliche Art, wie der Kohl bereitet und nur ganz klein gehackt. Man gibt ihn unter vielen Gestalten am liebsten zum gepöckelten und geräucherten Fleisch.

Der Spargel, dessen Stamm nur so weit zu genießen ist, als er sich leicht abbrechen läßt, wird eigentlich nur zu Ragouts, Eingemachten und zur Garnierung verschiedener anderer Speisen verwendet.

Salat. Unter dieser Benennung begreift man überhaupt alle Pflanzen, welche roh mit Essig und Oel genossen werden. Besondere Salatarten aber sind: Der Endivien- oder Bundsalat, der gekrauste Zichoriensalat und der Häupel- oder Kopfsalat.

Wurzelgewächse.

Die weiße Rübe wird wie der Weiskohl süß als sauer benützt. Die Möhre (gelbe Rübe) als angenehme Zuspeise und auch als Würze in die Suppe; die Rone (rothe Rübe) mit Essig eingemacht als kaltes Gemüse; der Zeller (Sellerie) als Suppenwürze, und verschiedenartig zugerichtet, besonders als Salat. Der Rettig, zumal der Monatrettig, findet am häufigsten noch als Zuspeise zum Fleisch, öfter noch mit Butter und Salz oder als Salat seine Anwendung.

Fleischigsaftige Gartenfrüchte.

Die Gurken (Umurken), stehen als die allgemein gebräuchlichen oben an. Die kleine und mittlere Art wird in Essig oder auch in Salzwasser eingemacht und so über Winter erhalten. Die sehr großen verwendet man zum Salate, und gesotten zu Saucen und Garnirungen verschiedener Speisen.

Die Melonen werden nur roh, gewöhnlich mit Zucker und Pfeffer, auch mit Wein, die Erdbeeren mit Wein, Zucker und Zimmet, und die Pröbstlinge gewöhnlich ohne Zugabe gennossen. — Kürbisse, noch unreife macht man als Zuspeisesauer. — Paradeisäpfel werden nur zur Sauce verwendet.

Schwämme.

Bei allen Schwämmen, bis auf die Trüffeln, Schampions und Maurachen, ist es nothwendig, sie, nachdem sie geputzt und geschnitten, mit siedendem Wasser zu überbrühen, um dadurch jedem etwa schädlichen Stoff auszuziehen.

Trüffeln werden verschiedenartig zubereitet und auch als Salat verspeist. Der Schampion (Feldtäubling), der Waldtäubling, die Morcheln (Maurachen) werden auf verschiedene Art, zu Suppen, Saucen, Ragouts, Eingemachten, zum Garniren der Speisen u. s. w. verwendet. Der Milchtäubling wird gebraten, und gut gesalzen von Vielen gegessen, schmeckt aber sehr pikant. Die Pilzlinge können zu Eierspeisen und Suppen an Fasttagen, zu Saucen, Fasche und wie die vorgenannten zu verschiedenen anderen Speisen verwenden, wie auch mit Milchrahm und in weißer Sauce oder mit Beschamel vorsetzen. Sie kommen auch wie viele andere Schwammgattungen gedörrt im Handel vor.

Salz und Pfeffer dürfen bei keinen Schwammgericht fehlen.

Das Obst.

Dieses wird der Küche gegenüber zuförderst in frisches und getrocknetes eingetheilt. Das frische Obst bildete schon bei den Römern den Schluß der Tafel. Man pflegt die Gänge derselben vom Ei bis zum Obste einzutheilen. Auch bei uns wird zuletzt gewöhnlich frisches Obst aufgetischt, da jede Gattung desselben eine gewisse Reifezeit hat und daher das ganze Jahr hindurch die eine oder die andere Gattung zu haben ist. In der Küche wird das frische Obst meistens als Mus, süßer Salat (Compot, Marmelad) wohl auch in anderen Formen benützt.

Das getrockene Obst zerfällt wieder in das von Natur trockene und in das künstlich getrocknete. Zu ersterer Gattung gehören zuförderst Nüsse, Kastanien, Mandeln, dann Kaffee und Raker-Bohnen. — Von künstlich getrockneten Obst sind Birnen und Zwetschken die beliebtesten Arten, nach denen die Kirschen an die Reih kommen; weniger gesucht sind die getrockneten Aepfel, Pfirsiche oder andere Obstarten.

Weinbeeren kommen getrocknet als Rosinen, Weinbern, Zibeben mit andern getrockneten Südfrüchten, in Handel vor.

Gewürze.

Diese zerfallen zuförderst in inländische und ausländische. Die erstgenannte Gattung verschaffen uns unsere Gärtner, und außer den bereits bei den Gemüsen erwähnten Möhren und Sellerie gehören folgende Gewächse, Wurzeln und Pflanzen hieher: Kren (Meerrettig) alle Arten von Zwiebeln, Pori, Schalotten, Knoblauch, Schnittlauch, Löffelkraut, türkischer Pfeffer, Bertram, Majoran, Kuttelkraut, Thimian, Annis, Kümmel, Petersilie, Körbelkraut, Satureiblätter, Salbei und Basilienkraut, Kresse, Lorbeerblätter, spanischer Pfeffer (Vogelpfeffer, Paprika), Safran.

Ausländische Gewürze: Kapern, Pfeffer, Neugewürz, Gewürznelken, Ingwer, Muskatnuß und Muskatblüthe, Zimmetrinde.

Gemischte Gewürze: Indisches Pulver, Gewürzpulver, Sepis (Sepice).

Aus Pflanzenstoffe ausgezogene und bereitete Producte.

Das Pflanzenöhl. Von diesem werden die fetten Gattungen häufig verwendet, die ätherischen, aber nur insofern, als sie in den Gewürzen enthalten sind.

Das Mandelöhl als das edelſte und theuerſte wird nur
ſelten zu den feinſten Speiſen gebraucht, im allgemeinen aber das
Olivenöhl und von deſſen verſchiedenen Sorten vorzüg=
lich das feine Tafelöhl und das friſche Baumöhl.
— Die heimiſchen Oehle, wie das Madiaöhl, das
Leinöhl, Kürbisöhl, Mohnöhl u. d. gl. können
friſch als Speiſeöhle mit Vortheil verwendet werden, laſſen
ſich auch, wenn ſie gut gepreßt und gereinigt ſind in luftdicht
abgeſchloſſener Verwahrung ziemlich lange halten, werden aber
leicht ranzig und für die Küche unbrauchbar.

Die weiteren aus dem Pflanzenreiche gezogenen Producte
ſind: der Zucker, der Moſt, Wein, Bier, Meth,
Weingeiſt und Eſſig.

Speiſenſtoffe aus dem Mineralreiche.

Der Schooß der Erde gibt für unſere Küchen das unent=
behrlichſt Gewürz, das Kochſalz, welches wir entweder als
Sudſalz (in Stöcken). Steinſalz (in Klumpen) oder Meer=
ſalz (in Kriſtallen) erhalten. Es wird vorzüglich zur Würze
der Speiſen und zum Einſalzen des Fleiſches, um ſolches vor
Fäulniß zu bewahren und mürbe zu machen, verwendet. —
Zum Beizen des Fleiſches wird auch der Salpeter verwen=
det. — Am wichtigſten aber iſt das allgemeine Haupt=Vehikel
und Auflöſungsmittel der Naturſtoffe, das Waſſer, von wel=
chem nur jene Gattungen ſich zum Kochen eignen, welche mög=
lichſt rein, klar und geſchmacklos, nicht zu viele erdige Be=
ſtandtheile mit ſich führen, oder nach dem Kunſtausdrucke nicht
zu hart ſind.

Vorbehandlungen bei manchen Speiſeſtoffen beſonders des Fleiſches.

Das Spicken macht alle mehr trockenen oder herben
Fleiſchgattungen, wohlſchmeckend, zierlich und anſehnlich.

Das Dreſſiren, bezweckt eine ſchöne Form des Gerich=
tes und wird beſonders beim Geflügel nothwendig.

Das Bandiren des Geflügels, Wildpret u. dgl. vor=
züglich der Bratenſtücke, geſchieht mit fingerdicken Speckblättern,
die mit Bindfäden umwunden werden.

Das Blanſchiren von Fleiſch, Geflügel, auch Grün=
zeug u. dgl. geſchieht durch Ueberſieden im Waſſer und dann
wieder durch Abkühlen im friſchen Waſſer.

Das Fleisch bekommt dadurch ein besseres Aussehen, und das Grüne wird frischer.

Das Bräsiren (Braisiren) besteht im Weichsieden des Fleisches, Geflügels, Grünzeuges u. dgl., nachdem es früher in Speck eingeschlagen und mit Zwiebel, Gewürz und Wurzelwerk belegt worden.

Das Flariren besteht in dem Absengen des haarigen Fleisches über dem Kohlenfeuer.

Fricassiren heißt ein Ragout oder Eingemachtes vom Geflügel oder anderem Fleische, oder auch eine Sauce mit abgeschlagenen Eierdottern binden, wobei vorzüglich die gehörige Dicke zu beobachten ist. Diese hat eine solche Fricase, wenn sie sich an den Löffel hängt.

Das Glasiren (Glaciren) oder glänzend (gewöhnlich braun) Bestreichen der Speisen geschieht mit zerlassenen Suppenglas (Suppenzelten) u. dgl., worauf gewöhnlich die Bräunung im Ofen vorgenommen wird.

Die Glas (Glace) ist eine aus dick und kurz eingekochtem Fleischsaft, oder aus kurz eingegangener Rindsuppe bereitete Substanz. Fertig und ausgekühlt wird sie in Zelten geformt und besonders häufig auf Reisen gebraucht.

Paniren heißt, gesottenes oder rohes Geflügel entweder ganz oder zertheilt, erst in Butter oder geschlagene Eier tauchen und dann in geriebene Semmelbröseln oder in Mehl werfen.

Das Passiren besteht im Anlaufen= oder Anschwitzenlassen eines Speisenstückes in Butter, Schmalz oder Speck.

Rouletten sind dünn geschnittene, mit Fasche belegte, zusammengerollte und mit Bindfaden umwundene Scheiben vom frischen Fleische, welches dann auf verschiedene Arten zugerichtet zu werden pflegt.

Stoffad (Estonfade) nennt man geklopftes, gesalzenes, mit Mehl oder Bröseln bestreutes, in gebräuntem Butter oder in Speck geröstetes und mit guter Schü oder mit anderem Safte ausgekochtes Geflügel oder anderes Fleisch.

Vorbereitung verschiedener Hilfsspeisen.

Allgemeine Fleischbrühe (Fleischsuppe).

Man kocht Knochen und andere Fleischabfälle gut aus. Ein Pfund solcher Abfälle gibt 1½ Maß guter Brühe, die

man zum Nachfüllen, Begießen u. s. w. bei andern Speisen
braucht. Gewöhnliche Rindsuppe thut dieselben Dienste.

Consommé.

Mehrere Pfunde Rind- und Kalbfleisch, alte Hühner,
Fleischabfälle u. dgl. werden mit feinen Kräutchen, 1 Zwiebel
und etlichen Gewürznelken belegt, mit allgemeiner Fleischbrühe
mehrere Stunden lang gekocht, stark eingesotten, darauf abgeseiht und abgefettet; zu verschiedenen Speisen gebraucht. Bis
zum Spinnen eingekocht, nennt man die Consommé auch Re-
duktion.

Glas (Glace, Suppenzelten)

wird so wie Consommé, und ungesalzen zubereitet, zur Reduk-
tion eingedickt, durchgeseiht und gebraucht. Zum Aufbewahren
(als Suppenzelten) muß diese sich dick spinnende Flüssigkeit unter fortwährendem schnellen Umrühren noch weiter eingedickt,
in Schokoladeform gegossen, gesulzt und an der Luft getrocknet
werden. Durch Beimischung schwarzer Brühe bekommt man
schwarze Zelten. (Von der schwarzen oder braunen Brühe wird
bei den Suppen die Rede sein.)

Liäson (Liaison)

oder Eierdotterflüssigkeit. Man quirlt etliche Eidotter mit ein
paar Eßlöffel voll Wasser gut ab, und läßt sie durch ein Haarsieb durchlaufen.

Beschamell

ist ein allgemeines Koch für verschiedene Speisen. Drei Kochlöffel voll Mehl rührt man mit 3 Seitel guten süßen Rahm
(Obers) sehr fein ab, und läßt es bis znr gehörigen Dicke verkochen, worauf es durch ein Sieb gestrichen wird, und zu seiner Bestimmung gebraucht werden kann Soll es zu Fleisch-
brühen dienen, so wirft man während dem Kochen eine halbe
spanische Zwiebel und ein Stück Schneideschinken darein, und
will man dieses, mit solchen Beimischungen Fleischbeschamell
genannt, recht stark haben, so kann man noch etwas Glaß dazu
geben.

Einfach bereitet man das Beschamell auch durch gelind
Anlaufenlassen (Passiren) von etwas Mehl in Schmalz, und

Aufkochen mit einer verhältnißmäßigen Menge neu gemolkener Milch zur gehörigen Dicke.

Gelbe Butter.

Gute Butter wird mit aufgelöstem Safran (mit Wasser im Mörser) abgerieben und durchgeseiht und gekochten Eierdottern in beliebiger Menge fein abgerieben, und, wenn man will, mit Limoniensaft gesäuert.

Grüne Butter

wird auf dieselbe Art bereitet, wie die gelbe, nur nimmt man statt des Safrans etwas Spinattopfen.

Kränterbutter.

Verschiedene würzige Kräuter mit etwas grüner Zwiebel und Schnittlauch werden fein geschnitten, etwas gewürzt und gesalzen, dann mit Butter gut abgerieben.

Krebsbutter.

Die Abfälle von Krebsen, nämlich Brust, Füße, Schalen u. s. w. ganz kleine Krebse (nach Beseitigung des Eingeweides und des Magens und nach Auslösung der Scheeren und Schweife zu anderweitigem Gebrauche), wohl auch die Schalen der gekochten Krebse allein, werden gut zusammengestoßen, mit etwas Wasser geröstet, dann heiß mit der Hälfte Butter gemischt, durch ein Seihetuch gedrückt und stocken gelassen.

Ein anderes Verfahren ist, die zusammengestoßenen Krebse mit Butter gemischt, mit Wasser sieden, durchzuseihen und auskühlen zu lassen, wornach die Krebsbutter obenauf stockt und abgenommen werden kann.

Sardellenbutter.

Feingehackte Sardellen mit der doppelten oder dreifachen Menge Butter abgerieben und durch ein Haarsieb gestrichen. Sie wird zu verschiedenen Speisen, besonders zu Saucen und Faschen verwendet. — Zum selbstständigen Gebrauche muß bei der Bereitung auch etwas Oehl und Essig beigemischt werden.

Senfbutter.

Einige gekochte Eierdotter, gesalzen und gepfeffert, werden mit einer verhältnißmäßigen Menge Butter flaumig abgetrieben, und zuletzt einige Eßlöffel voll Kremsersenf dazugemischt.

Chokoladebutter.

auch schwarzer Butter genannt, wird bereitet, wenn man Butter mit einigen gesottenen Eierdottern und abgeriebener Chokolade mischt, dann mit etwas Essig und Oel fein abtreibt.

Finherb (Finsherbes).

Eine Mischung von mehreren Schampions, grüner Petersilie und Zwiebel sehr fein zusammengeschnitten, wird mit etwas Butter gemengt, ein wenig anpassirt, dann bei verschiedenen Speisen nach Vorschrift verwendet.

Spinattopfen.

Der Spinat wird rein gewaschen, fein zusammen gestoßen und durch ein Tuch gepreßt, der Rückstand mit etwas Wasser befeuchtet, wieder gestossen und ausgepreßt, der ganze Saft in eine kleine Menge siedendes Wasser gegeben, und ein wenig aufwallen gelassen.

Der sich bildende Topfen muß dann auf einem umgekehrten Sieb schnell abgeseiht und mit frischem Wasser abgespült werden. Man verwendet ihn, mancherlei Speisen damit grün zu färben.

Erster Abschnitt.

Von der Bereitung der Suppenspeisen.

Jede bürgerliche Tafel wird mit einer Suppe eröffnet. Sie legt gleichsam den Grund zu den darauffolgenden Speisen, und muß daher mit besonderer Sorgfalt bereitet werden. Hauptsächlich ist zu vermeiden, daß die Suppe trüb und schwach werde, oder gar einen unangenehmen Geschmack bekomme. Die gemeine Suppe wird zu jedem Gemüse, zu jeder Sos und zu vielen anderen Speisen verwendet.

Man hat weiße und braune Suppen. Sie theilen sich in zwei Hauptklassen, in Fleisch- und Fastensuppen.

Erste Klasse.

Fleischsuppen.

1. Ordnung.

Dünnsuppen.

1. Erste Gattung. Grundsuppe.

Diese ist die einfache Rindsuppe oder dünne Fleischbrühe. Sie bildet den Grundstoff zu allen Fleischsuppen. Man nimmt eine bestimmte Menge Rindfleisch, nachdem es etwas abgelegen ist, klopft es nach Maßgabe seiner natürlichen Zähigkeit oder Mürbheit mehr oder weniger, trocknet es gut ab, gibt es mit einigen reinen, zerhackten Knochen und einem Stück Leber in einen gut gereinigten Topf, und füllt diesen mit gutem Brunn- und Quellwasser voll, so daß das Fleisch ganz bedeckt ist, damit es nicht anbrenne.

1

Auf ein Pfund Fleisch und Knochen wird eine Maß Wasser gerechnet. (Soll das Fleisch schnell sieden, so nimmt man gleich siedendes Wasser). So angefüllt stelle man den Topf an das Feuer und unterhalte das Wasser in einem langsamen Sude, woraus ein Schaum auftreibt, der so lange abgeschöpft werden muß, bis sich gar keine Spur mehr von dieser Unreinlichkeit zeigt.

Nun wird erst das Wurzelwerk hinzugethan, als: 1 gelbe Rübe, 1 Stück Sellerie, Pore und Petersilie. Dadurch wird der Topf auch wieder voll gefüllt, weil durch die längere Verdünstung viel von der Flüssigkeit verloren geht.

Gewöhnlich pflegt man das Fleisch auch jetzt erst zu salzen. Manche thun es gleich Anfangs. Die letzten Zuthaten sind ein wenig Gewürz, wie Muskatblüthe, Pfeffer, Ingwer, eine Gewürznelke, Lorbeerblätter u. dgl. Doch darf nie zu viel Gewürz genommen werden, so daß man dieses beim Genusse nur vermuthen, und nicht wirklich schmecken darf. In der Regel ist es ganz überflüssig.

Soll die Suppe noch kräftiger sein, so kann man eine alte Henne dazu geben.

Eine sparsame Köchin wird das auf der Suppe schwimmende Fett fleißig abschöpfen, um es zum Einbrennen der Gemüse und zu anderen Zwecken zu verwenden.

Wo überhaupt auch Abends viel Suppe gebraucht wird, gießt man, sobald sie für den Mittagsbedarf hinreichend gut ist, zu diesem Zwecke so viel man braucht ab, übergießt das Fleisch wieder mit Wasser, und bereitet so für den Abend noch eine gute, wenn auch etwas leichtere Suppe.

Zweite Gattung. Kraftsuppen (Schü).

2. Lichtbraune Schü.

Man belegt eine Kasserole oder ein Reindl mit Speckschnitten, Abschöpffett oder Kernfett, gibt einige flach geschnittene, sehr gut geklopfte Stücke Rindfleisch, einige Schnitten Kalbsleber, etwas Milz mit zerhackten Kalbsknochen, einen in Streifen geschnittenen Zwiebel, gelbe Rüben, Petersilie- und Selleriewurzeln dazu, dünstet dieses Alles auf der Glut schön gelb, gießt dann weiße Fleischbrühe darauf, gibt etwas Ingwer, einige Pfefferkörner, Gewürznelken und etwas Muskatblüthe daran, läßt es gut aufsieden, und seihet es durch ein Haarsieb. Diese Suppe kann nach Belieben klar gegeben, oder auch über geröstete Semmel= schnitten, gebackene Knödeln, Erbsennudeln u. dgl. angerichtet werden.

3. Dunkelbraune Schü.

Die Kasserole wird wie bei der lichtbräunen Schü belegt. Auf die Speckschnitten kommen Scheiben von Zwiebel, darauf wieder Speck oder Kernfett, daneben werden zolldicke Schnit= ten von stark geklopftem, mageren Rindfleisch sammt einigen Schnitten Kalbfleisch gethan, und darauf verschiedenes Wur= zelwerk; auch einige Abfälle von Karbonaden=Knochen u. dgl. wenn man sie eben hat.

Nun gießt man einen halben Zoll hoch, und nicht mehr, Wasser daran, daß es nur den Boden verhüllt, und läßt das Ganze bei einem gelinden Feuer langsam und unzugedeckt ein= dünsten, bis sich der Saft am Boden dunkelbraun zum Ramel anlegt. Ist diese Verkochung so weit gediehen, so gibt man die nöthige Menge Rindsuppe darauf, läßt sie gut versieden, seiht sie sodann durch, um sie nach Belieben zu verwenden.

4. Grüne Schü.

Es werden etliche geschwellte Pistazien, 2—3 Eidotter, geschnittenes gedünstetes Kalbfleisch, und einige Schnitten ge= pfarzte Semmel mit Spinattopfen in eine Kasserol gedünstet, dann mit Rindsuppe ein wenig aufgekocht.

Die wohlschmeckende grüne Suppe wird sodann über gebähtes Brot geseiht, oder auf andere Art verwendet.

5. Weiße Schü.

In einer Kasserole werden einige Löffel voll guter Rind= suppe, dann ein Biegel von einer alten Henne, 1 Sellerie= köpfel, gelbe Rüben, Petersilwurzel, Kohlrabi, ein halbes Happel Kohl, Limonienschalen, etliche Blätter Basilienkraut gegeben, und zwar dieß alles gewürfelt geschnitten. Während es auf der Glut schön weich dünstet, sä't man einen Löffel voll Mehl daran, und läßt es noch weiter dünsten, gibt zu= letzt nach Bedarf gute Rindsuppe darauf, und läßt das Ganze (entweder in der Kasserol oder in einem Hafen) eine Stunde

1*

sieben. Durch ein Sieb geseiht, wird diese Suppe wie jede andere Schü gebraucht.

6. Steirische Olio-Suppe.

Gut gehacktes saftiges Rindfleisch und Kalbfleisch, eine geklopfte alte Henne, gehackte Kalbsknochen, Wurzelwerk, Zwiebel u. s. w. (wie bei der Schüsuppe überhaupt, alles klein gehackt wird) in eine mit Speckschnitten belegte Kasserolle (Rein oder Pfanne) gethan, braun gedünstet, darauf mit Rindsuppe vergossen, gut abgesotten und etwas gewürzt durchgetrieben. Diese schmackhafte Suppe pflegt man auf Semmelschnitten anzurichten, und mit gebackenen Lämmerfüßen, Hendeln und dergl. zu garniren.

7. Wohlfeile Kraftsuppe.

Es läßt sich eine Kraftsuppe eben so gut aus dem Zwerchfelle, den Nieren, der Milz oder der Leber eines fetten Ochsen, als auch aus irgend einem anderen Stücke Fleisch bereiten, wenn man selbe in Stücke geschnitten, mit Speckblättchen, Zwiebel und anderen Kräutern und Wurzeln röstet, mit Fleischsuppe vergossen abkocht, würzt, und das Flüssige, so wie jede andere Schü durchgetrieben über eine beliebige Unterlage anrichtet. Auch können Knochen und allerhand Fleischabfälle dazu verwendet werden. Die zusammengehackten Knochen müssen aber besonders und lange sieden.

Dritte Gattung. Dünnsuppen mit verschiedenen thierischen Bestandtheilen.

8. Gehirnsuppe (Marksuppe).

Das Gehirn von einem Kalbe wird übersotten, abgehäutet, mit grüner Petersilie fein zusammen gehackt, und in Butter oder Schmalz gedünstet. Dann gibt man es mit $1/2$ Viertel Pfund abgehäuteter und fein gestoßener Mandeln und einigen gebackenen Semmelschnitten in anderthalb Maß guter Rindsuppe, läßt sie gut aufsieden, und schlägt sie durch ein Sieb über geröstete oder gebackene Semmel.

Man kann das Gehirn auch in Stücke geschnitten, in abgeschlagene Eier getaucht, und mit Semmelbrösel bestreut, zugleich mit einigen Semmelschnitten in Schmalz backen, beides gut zusammenstoßen, mit Fleischsuppe abkochen, und durch ein Sieb treiben.

9. Kraft-Gehirnsuppe.

Man gibt in eine Kasserole etwas geschnittenes Mark, zerhackte und in Mehl gewälzte Kälberknochen, dann Zwiebel, Petersilie, Sellerie, gelbe Rüben und ähnliche Wurzeln, Alles gewürfelt geschnitten, etwas Wasser dazu, läßt Alles gut dünsten, aber nicht braun werden, gießt dann gute Rindsuppe dazu, läßt es eine halbe Stunde sieden, seiht die Suppe durch, um sie wie eine andere Suppe zu verwenden.

10. Milzsuppe.

Es wird eine Milz mit grünem Petersilkraut, etwas Schalotten und einem Stücke Mark fein gehackt, dann in eine Kasserole mit Butter und einigen Semmeltheilen zugedeckt gedünstet. Wenn es auf dem Boden anfängt braun zu werden, stäubt man ein Paar Kochlöffel voll Mehl daran, gibt es nebst einigen in Schmalz gebackenen Semmelschnitten in einen Mörser, und stößt es fein. Diese Masse wird nun mit guter Fleischbrühe aufgegossen, gut verkocht, und durch ein Sieb über geröstete Semmelschnitte, auch auf überbackene Erbsennudeln u. dgl. angerichtet.

11. Lebersuppe.

Man schneidet etwa ein Pfund Kalbsleber in Stücke, stäubt sie mit Mehl ein, pfarzt sie mit Semmelschnitten und etwas Zwiebel heiß aus Schmalz, stößt in einem Mörser Alles klein zusammen, kocht es mit guter Rindsuppe, gibt etwas Ingwer und Safran dazu, und rührt die Suppe durch ein Sieb (gewöhnlich über Leberknödel oder gebähte Semmelschnitte) an.

Die Leber kann auch mit Zwiebel und Speck gedünstet, dann gestoßen und zur Suppe verkocht werden.

12. Lebersuppe auf eine andere Art.

Nimm Kalbfleisch, Rindfleisch, auch Kalbs- und Rindsknochen, Petersil- und anderes Kräutel, dünste es zusammen gut ab, gib in eine andere Rein Möhren, Sellerie, Kohl und

Kohlrabi fein zusammengeschnitten, und dünste dies ebenfalls recht gut. Wenn das Erstere schon braun und weich ist, so gieße gute Rindsuppe darauf, lasse es wieder sieden, seihe es dann auf das in der zweiten Rein Gedünstete, und richte die Suppe durch ein Sieb über länglich geschnittene Semmel an.

13. Hühnersuppe.

Von einer alten Henne schneidet man das Brustfleisch weg, und siedet es in der Rindsuppe weich. Alles Uebrige gibt man klein geschnitten in eine Kasserole mit einem Stückchen Kernfett, ein wenig Petersilwurzel, gelber Rüben und Sellerie, dünstet es, daß es schön braun wird, gibt es in einen Mörser, stoßt es mit ein Paar Eidottern, etlichen Mandelkernen, ein wenig gepfarztem Brot schön fein zusammen, gibt das Ganze in einen Hafen, gießt die Suppe der Henne dann darauf, läßt sie gut sieden, und seiht sie endlich durch ein Sieb über das gekochte, in Stückchen zerschnittene Brustfleisch.

Man kann die Henne, wenn sie fett ist, auch früher braten, nach ausgeschnittenem Brustfleisch, zusammengehackt mit Mandeln, etwas Citronschalen und Zimmt zusammenstoßen, wie oben kochen, und durch ein Sieb über das Brustfleisch anrichten.

14. Hendlsuppe.

Man stoße ein gebratenes Hendl mit etlichen in Schmalz gebackenen Semmelschnitten in einem Mörser klein, lasse in einem Reindl Butter zerschleichen, lege Petersilie- und Pastinakwurzeln, Sellerie, gelbe Rüben- und Citronenschnittchen darein, lasse es bräunlich dünsten, rühre das Gestoßene darunter, lasse es mitsammen noch ein wenig dünsten, gieße gute Fleischbrühe darüber, lasse es gut aussieden, und passire sie durch ein Haarsieb über gebackene Knödeln oder dergleichen.

15. Taubensuppe.

Eine geputzte alte Taube theile man in vier Stücke, walze sie in Mehl, und pfarze sie aus dem Schmalz; siede drei Eier, stoße die Taube mit den Eidottern und ein wenig Petersilkräutel klein zusammen, gibt Alles in einen Hafen, schütte eine Maß gute Rindsuppe darüber, lasse sie eine Viertelstunde fieden, und seihe sie durch ein Haarsieb über Reis oder über Mehlwandeln u. dgl. Sie genügt für 6 Personen.

16. Jung-Suppe.

Man hacke das Junge von einer Ente oder Gans, näm=lich: Flügel, Füße, Hals, Kopf und den Magen in kleine Stücke und siede es in guter Fleischsuppe weich. Nun lasse man etwas Mehl in Butter anlaufen, gebe einige klein ge=hackte Schampions und etwas grünes Petersilkräutel darein, gieße dieses mit der Suppe von dem Jungen auf, lasse sie gut versieden, und richte sie über das Junge und geröstete Semmelschnitten an. Es können auch Semmelknödeln hinein=gegeben, und eine Garnitur von gebackener Leber herumge=legt werden.

17. Vögelsuppe.

Man putzt und salzt etwa 10 kleine Vögerl, bratet sie mit Speckblättchen braun, stäubt dann 2 Kochlöffel voll Mehl daran, läßt sie noch eine Weile rösten, stoßt Alles in einem Mörser zusammen, gibt das Gestoßene in ein Häfen, schüttet ein und eine halbe Maß gute Rindsuppe daran, läßt es eine halbe Stunde gut aufsieden, und seiht die Suppe durch ein Haarsieb und über ein gepfarztes Brot oder eine andere beliebige Unterlage.

18. Krebssuppe.

Man siede 10—15 kleine Krebse (oder auch Brust und Füße von großen) in gesalzenem Wasser und stoße sie mit eben so viel ungesottenen (nachdem früher die Galle wegge=nommen worden) fein zusammen, pfarze drei oder vier Eier und Zwiebelhäuppel heiß aus dem Schmalz, wie auch 6 oder 8 Semmelschnittel, stoße es mit einem Stück Butter sehr fein unter die Krebse, gebe sie in ein Häfen, eine nicht fette Rindsuppe darauf, und lasse sie eine halbe Stunde sieden. Diese Suppe pflegt man durch ein Haarsieb über ein Krebs=pfanzel anzureichten.

Man kann auch von den gesottenen Krebsen die Scheeren und Schweife auslösen, und mit diesen die über geröstete Semmelschnitten angerichtete Suppe garniren.

19. Gehirn-Kräutersuppe.

Man nehme etliche Goldmöhren, 1 Stück Sellerie, etwas Paschkonad, putze solches schön und rein, schneide es länglich wie die Nudeln, gebe Alles in einen Hafen, dann gute Rindsuppe darüber, und lasse es schön weich sieden, schneide auch Kohlblätter und Winterendiviensalat dazu, gebe inzwischen in ein Reindl ein Stück Butter oder Abschöpffette, Petersilkräutel und 2 bis 3 Löffel Mehl, lasse das Alles so lange rösten, bis es semmelfarb wird, rühre es dann mit der klaren Suppe ab; nehme zwei halbe Kälbergehirn, lasse sie im heißen Wasser liegen, ziehe die schwarze Haut davon weg, siede sie in der Suppe eine halbe Stunde lang, und richte diese substantiöse Suppe über eine beliebige Unterlage an.

Vierte Gattung. Dünnsuppen mit vegetabilischen Hauptbestandtheilen.

20. Frühlings-Kräutersuppe.

Rein ausgewaschene Sauerampfen, Körbelkraut, Gartenkresse, Gundelreben, Spinat, grüne Petersilie und etwas grüne Zwiebeln schneide man mit dem Wiegenmesser fein zusammen. Inzwischen wird eine Kasserole mit Butter oder Abschöpffett heiß gemacht, die Kräuter darein gegeben, etwas gedünstet, mit ein Paar Kochlöffel voll Mehl gestäubt, und nachdem es etwas angelaufen, mit guter Fleischsuppe aufgegossen und nicht zu lange gesotten. Zuletzt quirlt man auf die Maß Suppe einige Eidotter in kalter Suppe ab, und gießt sie unter beständigem Umrühren in die heiße Suppe, welche durch ein gröberes Sieb über geröstete Semmelschnitten, oder auch ohne Unterlage begeben werden kann.

21. Prager-Suppe.

Sellerie, Goldmöhren, weiße Rüben, Petersilie, Kohlrabi, etwas weißer Kohl, Alles in dünne Streifen geschnitten, wird mit Butter in einer Kasserole gut zugedeckt, weich gedünstet (jedoch darf es nicht im Geringsten braun werden); dann mit guter Fleischbrühe aufgegossen, gut versotten, und über gebackene Semmelschnitten durch ein Sieb angerichtet.

Wenn man eben eine Schü hat, so können auch davon einige Löffel voll dazu kommen.

Auf Gratzer Art wird zu dieser Suppe Schweinschmalz statt Butter genommen, und das Wurzelwerk, wenn es weich gedünstet hat, mit weißem Mehl bestäubt.

22. Scherrübensuppe.

Man belege eine Kasserol mit Speckblättchen oder Kernfett, schneide etwa 10 Scherrüben länglich, gebe sie in die Kasserol dazu, ein halbes Pfund Kälberknochen und gestoßenen Zucker, lasse es langsam dünsten, bis es braun wird, dann lege man noch einige Schnittchen gebähte Semmel dazu, und lasse das Ganze noch ein wenig rösten, schütte zuletzt so viel Rindsuppe, als nöthig ist, darauf, lasse es gut sieden, und seihe es durch ein Sieb über eine beliebige Unterlage; am passendsten über gebähtes Brot oder ein Schöberl.

23. Schaumsuppe.

Für anderthalb Maß Suppe schlägt man 1 Löffel voll sehr feines Waizenmehl in frischem Wasser recht gut ab, und drei Eier darunter, gibt ein klein wenig Safran hinzu, und rührt alles zusammen so lange ab, bis es recht schäumet.

Nun schütte man die Fleischsuppe siedheiß darein, lasse sie noch eine Viertelstunde fortsieden, rühre sie dabei öfters um, und richte sie über gebähte Semmelschnitten oder eine andere Unterlage an.

24. Trink-Panadel.

Man gebe in ein Reindl ein Stück Butter, lasse ihn zerschleichen, gebe 1 Paar Händvoll fein geriebene Semmelbrösel hinein, röste sie, bis sie gelblich werden, schütte eine gute Rindsuppe darauf, lasse sie eine halbe Stunde kochen, gebe ein wenig Muskatblüthen und Safran dazu, lasse es noch ein wenig kochen, daß es in der Dicke wie eine Buttersos, oder noch etwas dünner ist. Wäre es zu dick, so darf man vor dem Durchseihen nur etwas Suppe nachgießen.

25. Brust-Suppe.

Man gebe 2 Löffel voll gerollte Gerste, 2 Löffel voll Reis, und eben so viel Sago, ein halbes Köpfel Sellerie,

1 gelbe Rübe, Petersilwurzel, ein wenig Pore, 2 Löffel voll gerollten Haber, von einer alten Henne ein Viegel, dann zerhackte Kälberknochen, die Füßeln von einem Lamm u. dgl. mit etwas Safran und Salz in einen Hafen, gieße schwache Rindsuppe darauf, lasse es längere Zeit sieden, und seihe diese Trinksuppe durch ein Sieb.

26. Erdäpfelsuppe.

Es werden 10—12 mittelgroße Erdäpfel geschält, und in Scheiben geschnitten, in einer Rein oder Kasserole mit Fett, einer spanischen Zwiebel, Petersilkraut, und 1 Paar Schampions gut zusammen gedünstet, und mit einem Löffel voll Mehl bestäubt. Dieses Alles wird mit guter, weißer Suppe oder mit Schü angefüllt, gut verkocht, durch ein Sieb getrieben, und über gewürfelte Semmel gegeben.

27. Reis-, Haber-, oder Gerstenschleim.

Reis, Habergrütze oder Gerste wird gut geklaubt, gewaschen und in Rindsuppe, in die man ebenfalls auch eine Henne geben kann, gesotten, bis die Suppe schleimig wird. Diese seiht man zum Gebrauche durch ein Haarsieb als Schleim, und verwendet den Rückstand zu einer beliebigen passenden Speise.

2. Ordnung.
Suppen mit größerem Inhalt.

Erste Gattung. Suppen mit Fleischinhalt.

28. Bratwurstsuppe.

Man gebe etwa 8 Bratwürste in einen Hafen, dazu ein wenig klein geschnittene Limonienschalen, ein wenig gestoßenen Koriander, von einer Limonie den Saft, dann eine gute Rindsuppe, lasse es eine halbe Stunde gut sieden, bereite inzwischen eine lichte Buttereinbrenn, mache die Suppe damit an, gebe die Bratwürste in einen Suppentopf, und seihe die Suppe durch ein Haarsieb darüber.

29. Briesel-Suppe.

Man wasche ein Kalbsbries gut aus, gebe ein Stück Butter in ein Reindl, lasse das Bries darin nicht gar zu weich dünsten, schneide es zu dünnen Plätteln, walze sie in Semmelbröseln, gebe in eine Rein oder Kasserol ein Stück Butter, lasse diese Plätteln darin anlaufen, daß sie ein wenig Farbe bekommen, dann schütte man eine gute Rindsuppe daran, gebe etwas Safran, ein wenig klein geschnittenes Petersilkräutel dazu, lasse es gut dünsten, und richte die gut verkochte Suppe über gebähte Semmelschnitten an. Es können auch Semmelbröselknödel dazu gegeben werden.

Noch besser wird die Suppe, wenn man vor dem Anrichten ein paar mit Wasser abgeschlagene Eidotter einrührt.

30. Flecksuppe.

Rein gewaschene, geputzte Kuttelfleck siede man im gesalzenen Wasser weich, und schneide sie in nudelförmige Streifen. Dann röste man Mehl in Butter gelb, gebe etwas klein geschnittene Zwiebel und grüne Petersilie, nebst dem Flecken darein, lasse sie etwas anziehen, gieße gute Fleischbrühe darauf, gebe ein wenig Muskatblüthe und Pfeffer daran, und lasse es wohl aufkochen. Vor dem Anrichten lasse man die Suppe nochmals mit in Schmalz oder Butter gerösteten Semmelbröseln aufsieden.

31. Studenten-Suppe.

Man nehme kleine Vögel, putze, salze und dünste sie mit etwas Butter in einem Reindl, bis sie ein wenig Farbe bekommen, gebe etliche von den Vögeln in eine Schüssel, dann ein Paar Löffel voll in Butter angelaufene Semmelbrösel, ein Paar Hände voll Schnitteln von einem schwarzen Brote, darauf wieder eine Lage Vögel, und so fort, so viel man hat, gieße eine gute Rindsuppe darüber, lege ein wenig fein geschnittenes Petersilkräutel zu, und lasse das Ganze auf der Glut eine Viertelstunde aufsieden.

Diese Suppe ist im Herbste zur Zeit des Vogelfanges passend.

32. Gehack-Suppe.

Es wird ½ Pf. Kalbsbraten oder Ueberbleibsel eines andern Braten mit etwas Zwiebel und grüner Petersilie fein gehackt und mit Butter gedünstet. Nun werden 2 Kochlöffeln voll Mehl daran gestäubt, und, nachdem es etwas damit gedünstet, gute Fleischsuppe dazu gegossen, und wohl damit verkocht. Beim Anrichten sprudle man sie mit ein Paar Eidotter ab, schütte sie über würflig geschnittene gebackene oder geröstete Semmel, und streue ein wenig gepulverte Muskatnuß darüber.

33. Ragout-Suppe.

Ein Kalbsbries, Kalbsohren, ein Obergaum und ein Eiterl übersiede man, putze Alles gut, schneide es geblattet so dünn, als es sein kann; übersiede auch gewürfelt geschnittenen Spargel oder Kauli, gebe inzwischen in eine Rein einen Vierting Butter, dünste darin einige zu dünnen Blatteln geschnittenen Schampions oder Maurachen mit ein wenig grünem Petersil, schütte sodann alles obige hinein, gebe Salz und Muskatblüthe dazu, Dünste es wieder, staube 2 Löffel voll Mundmehl daran, Dünste es weiter, gieße zuletzt Rindsuppe darauf, soviel nöthig ist, fülle Alles in einen Hafen, lasse es gut sieden, lege etwas Safran dazu, und richte diese substantiose Suppe über gebähte Semmel an.

Zweite Gattung. Suppen mit vegetabilischem Inhalt.

34. Kräutergerstel.

Man treibt einen Vierting Butter flaumig ab, nimmt 6 Eidotter, 2 Hand voll nicht zu feste Semmelbrösel, schneidet eine Hand voll Sauerampfen, Körbelkräutel und Petersilie klein zusammen, vermischet Alles unter einander, salzt es, gießt es mit einer Suppe ab, läßt es noch eine kleine Weile siehen, und richtet das ganze an.

35. Gerstensuppe.

Für jede Person nehme man eine kleine Handroll gerollte und rein geklaubte Gerste. Diese setzt man in Rindsuppe zum Feuer, gibt ein Zitronenschnitzchen, etwas Petersilie und den erforderlichen Essig darein, und läßt sie langsam sieden, damit sie nicht roh und abgeschmackt wird. Wenn man keine Fleischbrühe hat, so muß warmes Wasser den Dienst leisten; allein die Gerste wird nicht so gut. Dann gießt man Fleischbrühe nach, so lange sie sich einsiedet, und nicht hinlänglich gesotten ist.

Hat die Suppe nicht die rechte Säure, so hilft man mit Zitronensaft oder guten Weinessig nach. Es kann auch ein Eidotter eingesprudelt werden.

36. Habergrützsuppe.

Diese wird eben so behandelt, wie die Gerstensuppe; nur Essig und Zitronensaft müssen wegbleiben. — Man kann auch ein Eidotter einsprudeln, oder zur Färbung etwas Safran beigeben.

37. Einfache Reissuppe.

Es wird der Reis geglaubt, gewaschen, mit ein wenig siedheißem Wasser zum Feuer gesetzt, und immer mit Fleisch=suppe aufgefüllt, so oft er eingesotten ist. Wenn er sehr gut werden soll, so muß er zwei Stunden sieden. Er muß auch fleißig umgerührt werden, daß er nicht anbrennt.

Man kann die Suppe ebenfalls mit etwas Safran fär=ben, oder einen Eidotter einsprudeln.

Diese Reissuppe mischt man auch gern mit Krebsbut=ter, und streut Krebsschweiferln darauf.

38. Braune Reissuppe.

Der Reis wird mehreremal mit heißem Wasser gut abgespült und in guter Fleischsuppe weich gesotten, dann seiht man auf einem Durchschlage die weiße Brühe herab, gibt ihn in den Suppentopf, und gießt die oben beschriebene braune Suppe darüber. Will man den Reis in weißer Brühe geben, so wird er rein ausgewaschen, in selber weich gesotten, und dann mit einigen Eidottern abgegossen an=gerichtet.

Man kann auch ein Stück Butter und etwas Fleisch=brühe in einer Kasserole heiß werden, dann den Reis hinein=geben und langsam dünsten lassen.

Man pflegt auch Hendeln oder ausgewachsene Hühner

mit Reis zu sieden, und sogar gedünstete Schampions, Täublinge u. dgl. beizumengen.

39. Braune Kraftsuppe.

Für 10 Personen.

In eine große Kasserole gibt man 1 Stück Butter (etwa 3 bis 4 Loth) beiläufig 2 Hände voll klein geschnittenes Wurzelwerk, 4 Pfund Kreuzbeine, 1 Pfund Saftfleisch ¼ ℔ Leber, ¼ ℔ Milz, 2 ℔ Kalbsknochen und eine alte Henne, läßt das ganze braun angehen, und füllt dann die Kasserole mit kaltem Wasser auf. (Wenn man nähmlich mit kaltem Wasser aufgießt, so hat man den Vortheil die Fette auf einmal herabnehmen zu können, wodurch die Suppe rein und klar bleibt, beim Aufschütten mit lauem Wasser aber vermengt sich das Fett mit dem Schaume und ist kaum möglich ganz rein abzuschöpfen.) Sechs bis acht Stunden läßt man die Suppe aufkochen, seiht sie durch ein Tuch ab und verwendet sie dann zu jedem Gebrauche so zur „Glace" und zur „braunen Sauce."

40. Konzentrirte Kraftsuppe oder Glace.

Für 10 Personen.

Man nimmt zu dem obangegebenen Rezepte noch zwei Kalbsfüße, läßt die Masse von beiläufig 6 Maß bis auf eine halbe Maß einkochen, seiht sie durch ein Tuch ab und läßt sie kalt werden. Die Suppe ist stets recht gut abzufetten.

41. Eier-Gerstel.

Man setze eine gute Rindsuppe zum Sieden, gebe inzwischen in einen Hafen 2 Eier, etwas kalte Suppe, 2 Eßlöffel voll Semmelbrösel, rühre solches recht fein ab, wenn die Suppe siedet, lasse man es über einen Kochlöffel schön klein hineinlaufen, schneide Pesilkräutel fein zusammen, und setze die Suppe, nachdem sie ein Paarmal aufgewallt gleich auf die Tafel.

42. Verlornes Hendl.

Es werden etwa 2 Semmeln in Würfeln geschnitten, mit Milch oder Suppe angefeuchtet und mit 6 abgeschlage-

nen Eiern vermengt und gesalzen. Außerdem gibt man noch
ein Bischen geschabte Muskatnuß, nebst grüner gehackter
Peterſilie dazu und kocht das Ganze in eine ſiedende, klare
weiße oder braune Suppe ein. Nur muß es so lange sieden,
bis es sich von der Suppe scheidet.

43. Panadel.

Man gibt in ein Reindl ein Stück Butter oder Schmalz,
läßt es zerſchmelzen, gibt dann klein geſchnittene Semmel
hinein, röstet sie, daß sie ein wenig Farbe bekommt, gießt
eine gute Rindsuppe darauf, gibt ein wenig Muskatblüthe
dazu, läßt es aufsieden, klopft es mit dem Löffel ab, daß es
recht klar wird, und gibt unten und oben Glut, bis es schön
braun erscheint. Man kann diese Suppe auch mit einigen
Eidottern abgießen.

44. Brotſuppe.

Man läßt ein mit etwas Zwiebel und Peterſilie fein zuſammen geſchnittenes Stück Schinken in gutem Abschöpffette
etwas röſten, dann gebe man in dünne Scheiben geſchnittenes
Brot darein, und lasse es mit guter Suppe aufsieden. Nun
ſchlage man so viele Eier, als Perſonen bei Tiſche sind, oben
darauf, pfeffere sie und gebe sie zur Tafel. Dieſe Suppe
kann man auch mit gebackenen oder gerösteten kleinen Vögeln
garniren.

45. Zu einer ganz einfachen Brotſuppe

ſchneide man das Brot sehr dünn in eine Schüſſel, ſalze es,
wenn die Suppe nicht schon ohnehin gesalzen iſt, gieße die
siedheiße Fleiſchbrühe darüber, decke sie zu, laſſe sie ein Paar
Minuten stehen, und trage sie gleich auf. Gepfeffert wird sie
nur, wenn es die Liebhaber also verlangen.

Eben so kann man für jede Perſon ein Ei darein ſchla-
gen, und sie ein Paar Minuten auf dem Roſt oder im Rohre
anziehen laſſen.

Zuletzt pflegt man fein geſchnittenen Schnittlauch darüber zu ſtreuen.

46. Predinger-Brotſuppe.

Man ſchneide ſchwarzes Brot in ein Reindl, gieße sie-

bende Fleischbrühe daran, laſſe ſie einen Sud aufthun, rühre
ſauern Rahm darunter, laſſe ſie mit dieſem nochmals auf=
kochen, gieße ſie in die Suppenſchüſſel, aber nicht ganz voll,
ſchneide mit dem Wiegenmeſſer Kalb=, Rind= oder anderes
übriggebliebenes Fleiſch, nebſt Schnittlauch und Zitronen=
ſchnitzchen klein, ſtreue es halbfingerdick auf die Suppe (da=
mit es obenauf bleibt, darf die Suppe nicht zu dünn ſein),
klopfe nach Proportion Eidotter und ſauern Rahm mitſammen
ab, gieße es langſam über das auf der Suppe befindliche
Zuſammengewiegte, laſſe das Gericht im heißen Rohre oder
unter einem Glutdeckel eine braune Kruſte bekommen, und
trage es auf.

47. Semmelsuppe.

Spalten von Semmelrinde werden in Rindſuppe gut
geſotten. Es iſt ſich wohl in Acht zu nehmen, daß die Suppe
klar und nicht zu dick ausfalle, und die eingekochte Semmel
weich ſei. Manchmal ſchlägt man auch ganze Eier hinein, und
garnirt ſie mit ganz leicht gebackenen Eiern.

48. Himmelthausuppe.

Auf ein im Reindl zerlaſſenes Stück Butter oder
Schmalz gibt man 2 Handvoll Himmelthau, läßt ihn röſten,
daß er ein wenig Farbe bekommt, dann ſchüttet man eine
gute Rindſuppe daran, um die rechte Dicke zu bekommen,
gibt ein wenig Safran und Muskatblüthe dazu, läßt es ein
wenig aufſieden, und gibt ſie dann in den Suppentopf. Auf
dieſelbe Art kann auch jede Griesſuppe gemacht werden.

49. Erbſenſuppe.

Weich geſottene Erbſen paſſire man durch den Seiher,
gieße gute Fleiſchbrühe darüber, laſſe ſie eine Viertelſtunde
lang ſieden, und richte ſie über gebähte Semmelſchnitten an.
Man kann auch etwas Muskatnuß darauf reiben.

50. Karviolsuppe.

Es werden einige Stücke Karviol in guter Rindſuppe
weich geſotten. Dann läßt man zwei Löffel voll Mehl in
Butter anlaufen, gibt etwas grüne, feingeſchnittene Peterſilie
nebſt dem Karviol dazu. Dies wird mit der Karviolſuppe

aufgegoffen, gedünftet, mit dem Refte der Suppe gut ver=
fotten, mit einem Eidotter abgegoffen und über geröftete
Semmelfchnitten angerichtet.

51. Schampion-Suppe.

Man gibt in eine Kafferole oder in ein Reindl einen
halben Vierting Butter oder Schmalz, dann etliche reinge=
pußte, in feine Blättchen gefchnittene Schampions (in deren
Ermanglung auch gute Täublinge, Maurachen u. dgl.), klein
gefchnittene Peterfilkräutel, 2 Stauden lang gefchnittene
Winter=Endivien, 1 Häupel Kohl, 1 Wurzel Sellerie, 2 Würzel
Peterfilie, 1 Würzel Pafchkonad, Alles länglich gefchnitten.
Dies wird mit den Schampions weich gedünftet; dann ftau=
bet man zwei kleine Kochlöffel voll Mehl daran, läßt es noch
eine Weile dünften, fchüttet eine Maß gute Rindfuppe dazu,
läßt es auffieden, gibt Salz was nöthig ift, und richtet das
Ganze über gebähtes Brot oder Semmel an.

52. Ragout-Suppe
für 10 Perfonen.

Man nimmt zu 4 ℔ gutes Rindfleifch und 1 ℔ Kalb=
fleifch, ein Bries, womit man eine kräftige, weiße Suppe
kocht. Hierauf nimmt man das Kalbfleifch fammt Bries her=
aus, legt es in kaltes Waffer, damit es feft wird, fchneidet
es dann in Würfel zum Ragout, dann macht man eine leichte
weiße Einbrenn, füllt diefe mit der weißen Suppe auf, und
läßt fie fodann gut aufkochen. Dann läßt man zwei Scham=
pions in einen kleinen Topfe mit weißer Suppe und et=
was Citronenfaft weich dünften. Ift dieß gefchehen, fchnei=
det man fie in Würfel und gibt fie ebenfalls zum Ragout,
die mit Citronenfaft vermengte Suppe aber, in der die Scham=
pions gedünftet wurden, fchüttet man zur andern weißen
Suppe, hierauf werden zwei altgebackene Semmeln gleichfalls
in Würfel gefchnitten, gebäht, und feparat zur Suppe fer=
virt. Das abgefchnittene Kalbfleifch, Bries und Schampions
werden in den Suppentopf gelegt mit der heißen Suppe
übergoffen und fervirt.

3. Ordnung.

Suppen mit verschiedenen eingekochten Speisen.

Erste Gattung. Suppen mit Dünn-Teigspeisen.

53. Eintropfsuppe.

Man rührt aus einigen Eßlöffeln voll Mehl, etlichen Eiern und der nöthigen Menge Salz einen Teig ab, bis er sich zäh in Fäden zieht, und läßt ihn ganz dünn in siedende Fleischsuppe laufen. — Wenn ein Paar Löffel voll darin sind, faßt man sie in eine Schüssel heraus, gießt den übrigen Teig auch auf dieselbe Art nach, und faßt ihn wieder heraus, falls es auf einmal zu viel gäbe, und so fort, bis der Teig gar ist. Hernach bringt man alles Herausgefaßte wieder in die Fleischsuppe, läßt es gut aussieden, und die Suppe kann aufgetragen werden.

54. Spatzensuppe.

Man schlage etwa acht Löffel voll feines Weizenmehl, gesalzen, mit 6 Eiern gut ab. Der Teig muß so dick sein, daß er nicht über den Löffel rinnt. Falls er dünner wäre, müßte mit Mehl und fernerem Abschlagen nachgeholfen wer=den. Man gieße dann die siedende Fleischbrühe in ein Reindl, stelle es auf ein Kohlenfeuer, daß es fortsiedet, setze den Durchschlag auf das Reindl, richte den Teig darein, treibe ihn mit dem Kochlöffel durch, rühre die Spatzeln etliche Male während des Durchlaufens um, damit sie sich schön theilen, lasse sie noch eine halbe Stunde fortsieden, und richte sie an. — Man kann auch klein geschnittenes Rind= oder Schweinfleisch darunter mischen.

55. Leberspatzensuppe.

Man häute eine Rinds=, Kalbs oder Schweinsleber ab, nehme Petersilgrün, Schalotten, Zwiebel und Majoran auf ein Bret, und wiege sie klein zusammen, reibe ungefähr dreimal so viel Semmelbröseln, brühe sie mit ein wenig Fleischsuppe ab, schlage 2 Eier darunter und ein Paar Löffel voll Mehl. Wenn der Teig zu dick wäre, müßte noch Fleisch=suppe nachgegossen werden, sonst würden die Spatzen zu fest.

Eine halbe Stunde vor der Anrichtzeit setze man die siedende
Fleischsuppe in Bereitschaft, formire die Spatzen mit einem
Eßlöffel haselnußgroß hinein, lasse sie wohl sieden und die
Suppe ist fertig.

56. Erbsennudeln.

Man treibe Schmalz oder Abschöpffett etwa 3 Eier
groß flaumig ab, rühre nach und nach 3 Eier dazu, dann
3 Eigucken voll Wasser, und Mehl, so viel zu einem mäßig
dicken Teig nöthig, treibe diesen durch den Erbsenlöffel durch,
nach und nach in ein siedendes Wasser, und schöpfe die Nudeln in Rindsuppe über, welche noch etwas sieden muß, und
dann gleich aufgetragen werden kann.

57. Leber- oder Milz-Erbsennudeln

werden auf dieselbe Weise gemacht, wie die gemeinen Erbsennudeln, nur wird noch fein ausgestreifte (geschabte) Kalbs-
oder Geflügel-Leber oder Milz in den Teig gerührt.

Zweite Gattung. Suppen mit Nockerln.

58. Abgetriebene Mehlnockerln.

Abschöpffett oder Schmalz, hühnereigroß, treibt man
recht flaumig ab, rührt nach und nach 2 Eier drein, bis Alles
recht flaumig ist, gibt dann so viel nöthig ist schönes Waizenmehl und Salz dazu, rührt es wohl untereinander, gibt aber
wohl Acht, daß der Teig nicht zu dick wird. (Man kann
sich überzeugen, wenn man ein Nockerl in siedende Fleischbrühe bringt, zerfährt es, so muß man dem Teige mit Mehl
nachhelfen, ist es aber recht, so schlage man sie alle nacheinander hinein.) Darauf lasse man die Suppe noch etwas gut
zugedeckt sieden, und richte sie an. — Die Nockerln sollen
nicht gar zu groß und schön länglich oval gemacht werden.

59. Hartberger Mehlnockerln.

Man schlage ½ Vierting Schmalz oder Butter mit drei
Löffel voll Wasser, drei ganzen Eiern und drei Dottern recht
gut ab, gebe dann fünf gute Eßlöffel voll Mehl und etwas
Salz darein, streiche sie mit einem Messer oder Eßlöffel in

2 *

die kochende Suppe, lasse sie langsam darin aufsieden, und
richte sie an.

60. Erdäpfelnockerln.

Diese werden auf dieselbe Art gemacht, wie die Mehlnockerln, nur mischt man unter das Mehl gesottene und geriebene Erdäpfel.

61. Gries-Nockerln

macht man ganz so, wie die abgetriebenen Mehlnockerln, nur
wird statt des Mehles Gries genommen, und der Teig muß
eine gute halbe Stunde stehen, daß er etwas anzieht. Ehe
man die Suppe aufträgt, läßt man sie zugedeckt ein wenig
abstehen.

Dritte Gattung. Knödel (Klöße, Klöschen).

62. Gumpoldskirchner Speckknödel.

Einige kleinwürflig geschnittene Semmeln werden mit
1 Seitel Milch angefeuchtet, 1 Viertelpfund Speck ebenfalls
kleinwürflig geschnitten, gelb geröstet, etwas fein geschnittene
grüne Petersilie darein gegeben, und über die Semmel gegossen. Dann kommen 4 gesprudelte Eier darauf. Nachdem
man nun noch den Teig mit ungefähr drei Kochlöffel voll
Mehl festgemacht, bleibt er eine Weile stehen, dann wird er
mit zwei Kochlöffeln in kochende Suppe, im Nothfalle auch
in gesalzenes Wasser eingelegt, und darin gar gekocht. Man
pflegt die Schüssel auch mit Selchfleisch zu garniren. Manche
nehmen auch zum Speck würflig geschnittenes Kaiserfleisch;
andere backen einen Theil der Semmel in Schmalz; wieder
andere nehmen mehr oder weniger Speck, hacken diesen auch
mit dem Kräutel fein zusammen, nehmen Weißbrot statt Semmeln, drücken dieses, wenn es geweicht ist, aus u. s. w. Im
Ganzen bleibt das Verfahren immer dasselbe.

63. Kernfettknödel.

Man weiche die Rinde von zwei kleinen Semmeln in
Milch ein, und schneide sie, gut ausgedrückt, mit ein wenig
Petersilienkraut klein zusammen; nehme dann ein Stück Kern-
fett, schneide es gewürfelt, lasse es ein wenig zergehen, gebe

es in einen Weidling, treibe es flaumig ab, schlage drei Eier eines nach dem andern hinein, und rühre dann mit der geschnittenen Semmel etwas Mehl und Salz, Alles gut untereinander. Daraus mache man kleine Knödel, siede sie in guter Rindsuppe, und gebe sie mit fein geschnittenen Schnittlauch bestreut auf die Tafel.

64. Fleischknödel.

Man rühre 1 Pfund gehacktes Fleisch, gesalzen mit einem Seitel Milch und ein bis zwei Eiern an, säe zwei bis drei Hände voll Semmelmehl darauf herum, gieße ein halbes Hühnerei groß zergangenen Butter darauf, reibe dazu ein wenig Muskatnuß, und mache den Teig recht durcheinander; dann mache man davon Knödel, lege sie in siedendes Wasser oder in eine Fleischsuppe, und lasse sie auskochen. Man kann aber auch statt des Semmelmehls auf ein Pfund gehacktes Fleisch um einen Kreuzer in Milch geweichtes und wieder ausgedrücktes Brot, dann auch erübrigtes Kalbfleisch und Kernfett, eingeweichte und wieder ausgedrückte Semmel dazu nehmen, allenfalls, das Ganze zusammenstoßen, durch ein grobes Sieb treiben und dann beliebig zu Knödeln formen. Eine solche Knödelmasse kann auch zu abgetriebenen Fleisch-knödeln verwendet werden.

Man treibe dazu einen guten halben Vierting Butter schön flaumig ab, rühre das Geschnittene hinein, vier Eier, eines nach dem andern, ein Paar Löffel voll Rahm, ein wenig, Pfeffer und Salz, und etwas Semmelbröseln, mache kleine Knödel daraus, und siede sie in was immer für einer Suppe.

65. Gehirn-Knödel (Markknödel).

Ein Vierting Gehirnmark wird fein zusammengehackt, und, indem man nach und nach vier Eier und einen Dotter darein gegeben, flaumig abgetrieben; dann gibt man drei in Milch geweichte und wieder gut ausgedrückte Semmeln, nebst so vielen Semmelbröseln, daß der Teig die gehörige Feste bekömmt, dazu, salzt ihn und gibt zuletzt noch etwas klein würflig geschnittenes Mark darunter, formt daraus nußgroße Knödel (Klöschen), und gibt sie in siedende Rindsuppe.

Man kann auch einen Theil geröstete Semmel nehmen,

das würflig geschnittene Mark blos mit der Semmel und einigen Eiern abrühren, und vor dem Einkochen etwas anziehen lassen, dann auch zu dieser einfachen so wie zu der abgetriebenen Masse fein geschnittenes Kräutel und Krebsbutter nehmen, und auf diese Art eine Abwechslung erzielen. Muskatblüthe ist eine gute Würze für diese Suppe.

66. Leberknödel.

Ein Stück Kalbsleber wird ausgehäutet (Rindsleber gut ausgeschabt), von den Adern befreit, und Rindsmark oder Kernfett fein zusammengehackt, dazu eine in Milch geweichte, und wieder gut ausgedrückte Semmel mit einer Messerspitze voll gestoßenem Gewürze und Majoran gegeben, und dann auch fein zusammengeschnittene grüne Petersilie, etwas Zwiebel in einem Stück Butter anpassiert, worauf man dem Ganzen mit 4 Eierdottern und einer verhältnißmäßigen Menge Semmelbröseln die gehörige Festigkeit gibt, und daraus die Knödel rund, nach beliebiger Größe, gestaltet. Diese werden in eine gute Suppe eingekocht, und darin gut ausgesotten, in den Suppentopf angerichtet. Wenn der Probeknödel in der Suppe zergeht, so müssen noch mehr Semmelbrösel dazu kommen. Beim Einkochen muß der Löffel jedesmal früher in die braune Suppe eingetaucht werden. Wird eine einfache Rindsuppe genommen, so kann man sie auch dünn einbrennen, und mit Muskatblüh würzen.

67. Abgetriebene Leberknödel.

Geschabte und gut gehäutete Leber wird mit in Milch geweichten und gut ausgedrückten Semmeln, mit etwas Zwiebel, Petersilie und Kuttelkraut fein geschnitten; dann ein Vierting Mark, Butter oder Schmalz mit vier Eiern gut abgetrieben, das ganze Gehäcke sammt der Leber darein gegeben, mit den Semmelbröseln etwas fester gemacht, und nachdem man gehörig Salz und etwas gestoßene Gewürznelken darunter gerührt, in die Masse zu kleinen Knödeln geformt, und in siedende Rindsuppe eingekocht. Manche pflegen auch etwas Rahm mit abzutreiben, und die Knödel in Schü einzukochen.

68. Lungenknödel.

Es wird ein kälbernes oder lämmernes Bäuschel ganz weich gesotten, ausgekühlt, zu feinem Haschee zusammengeschnitten, und mit ein wenig Muskatnuß, grüner geschnittener Petersilie und Salz gewürzt. Dazu gibt man nur noch eine gleiche Menge Kalbs-Fasche, und formt, Alles durcheinander getrieben, zwei Eier und zwei Löffel voll Mehl beigemischt, daraus die Knödel, die in klare Schü oder in gewöhnliche Rindsuppe eingekocht werden.

69. Milzknödel.

Man streiche eine Milz (von einem Kalb, Schweine, oder Rind) gut aus, schneide Petersilkräutel und eine geweichte Semmel dazu, treibe einen halben Vierting Butter ab, schlage zwei Eier und drei Dotter daran, gebe das Geschnittene nebst Semmelbröseln hinein, daß es die rechte Feste bekommt, mache Knödel daraus, und siede sie in einer gewöhnlichen guten Rindsuppe.

70. Einfache Semmelknödel.

Man schneidet einige Semmeln würflig. Davon wird der halbe Theil in Obers (süßen Rahm) geweicht, der andere Theil in Schmalz sammt einer halben fein geschnittenen spanischen Zwiebel geröstet, und mit dem vom Rösten übriggebliebenen Schmalze überbrennt, das Ganze gesalzen, mit einigen Eiern und etwas Mehl zu einem Teig gemacht, und dieser zu Knödeln geformt in siedende Suppe eingekocht.

71. Abgetriebene Semmelknödel.

Man treibt einen Vierting Butter oder Schmalz mit 3 Eiern und einem Eßlöffel voll Wasser flaumig ab, mengt nach und nach die von 2 Semmeln abgeriebenen Bröseln, nebst fein geschnittener Petersilie, ein wenig Muskatnuß und Salz dazu, und knetet daraus einen Teig. Sollte dieser Teig zu fest ausfallen, so darf man nur ein paar Eßlöffel voll Obers dazu gießen. Davon werden die abgetriebenen Knödel geformt, die man allenfalls auch in Schmalz ausbacken oder nur in eine beliebige Suppe einkochen kann.

72. Butterknödel.

Man rühre ein Stück Butter fein ab, und schlage zwei
Eier, und zwar eines nach dem andern, daran. Zu dem
abgerührten Butter gebe man dann halb Semmel= und halb
weißes Mehl, Salz und ein wenig Muskatblüth, gebe aber
Acht, daß der Teig nicht zu fest werde. Diesen läßt man
etwa zehn Minuten noch stehen, und koche die daraus ge=
formten kleinen Knödel in siedender Rindsuppe ein.

73. Abgebrennte Griesknödel.

1 Seitel Gries, 1 würflig geschnittene Semmel, oder
die Bröseln davon, unter einander gemengt, brennt man
mit $1/4$ Pfund zerlassenem Speck oder auch mit gutem
Schmalze hinlänglich ab, gibt grüne geschnittene Petersilie,
Schnittlauch, Salz und ein wenig Muskatblüthe bei, und
brennt es dann noch einmal mit siedender Suppe ab. So
entsteht ein Teig daraus, denn man zu den angegebenen
Knödeln formt, welche aber schnell in siedende Suppe einge=
kocht werden müssen. Werden die Knödel zu fest, so gibt
man noch etwas siedende Suppe in den Teig.

74. Abgetriebene Griesknödel.

Man treibt ein Viertelpfund Rindschmalz mit 2 Eiern
und 2 Dottern flaumig ab, gibt dann dazu 1 Eßlöffel voll
frischen Wassers, und zuletzt feinen, guten Gries. Dieses
läßt man ein wenig anziehen, salzt es, gestaltet unversäumt
die Knödel, und kocht sie in siedendem Wasser, bis sie in die
Höhe steigen. Sind sie ausgekocht, so werden sie mit frischem
Wasser abgeschreckt, und in die Suppe oder auch besonders
abgeschmalzt, gegeben.

75. Reisknödel.

Ein Vierting geklaubter und gewaschener Reis wird mit
einer fetten Suppe kurz, trocken und steif, gedünstet, worauf
man ihn auskühlen läßt, und in gleichen Theile mit Kapaun=,
oder in Ermanglung dessen mit Kalbs=Fasche vermengt.
Nachher wird er gesalzen, in Knödel geformt und in guter
Rindsuppe gesotten.

76. Friedberger Grundbirn-Knödel.

Man treibe einen Vierting Butter oder Schmalz flau=
mig ab, schlage nach und nach 4 Eier daran, gebe ein halbes
Pfund geriebene Kartoffeln, eine Hand voll geriebene Sem=
mel, zwei Eßlöffel feines Mehl und etwas Salz dazu, rühre
dann die Masse unter einander, forme kleine Knödel (Klös=
chen) daraus, und koche sie in guter Rindsuppe ein; man
kann auch gekochte, zerdrückte und gesalzene Kartoffeln mit
einigen Eiern (auch Kräutel, Muskatnuß, Zitronenschalen
u. dgl.) zu Knödel formen, diese aus heißem Schmalz backen
und in Suppe einkochen.

77. Ragout-Knödel.

Man übersiedet 2 Kalbsbriesel und ein Kalbseuterl
etwas, schneidet Alles in Würfeln, gibt es nebst klein ge=
schnittenen Schampions in ein warm gemachtes Stück But=
ter und dünstet es, schlägt 3 ganze Eier darein, bindet es
dicklich auf dem Feuer und läßt es wieder auskühlen. Man
kann auch noch etwas Krebsbutter dazu thun, schüttet dann
Milch mit Eidotter abgesprudelt, mit etwas Gewürz, Salz
und Zucker darüber, und rührt Alles gut durch einander.
Darauf nimmt man Oblatenstücke, beschmiert selbe mit Eier=
klar, gibt einen halben Löffel voll von dem Ragout darauf,
macht sie schön rund, wie die Knödel, zusammen, walzt sie
in einem Ei, besäet sie mit Semmelbröseln, backt sie heiß
aus dem Schmalz, legt sie dann in den Suppentopf und
gießt heiße Suppe darüber. An Fasttagen kann statt des
Briesels 2c. ein in Salzwasser abgegossenes Milchnerbäuschel
genommen werden.

Vierte Gattung. Suppen mit Nudelteigspeisen.

Der Nudelteig wird auf folgende Art gemacht.
Etwa eine halbe Maß feines, gesiebtes Mehl wird mit
3 Eiern, etwas Salz und Wasser gut abgeschlagen und zu
einem festen Teige geknetet, diesen Teig theilt man in vier
Theile und knetet wieder jeden Theil zu einem Laibchen, das
man dann in große, sehr dünne, auch zuweilen dicker gehal=
tene Fleckchen auswalkt, und dann nach Bedürfniß in feine,

ober auch bickere Nudeln, oder in Form viereckiger großer
ober kleiner Fleckchen oder Bändchen schneidet.

Man macht diesen Teig auch blos mit Eidottern an.
Dann nimmt man aber statt 3 ganzen Eiern 6 Eierdotter,
und mengt noch ein Paar Eßlöffel voll kalten Rahm (Obers)
dazu. — Entgegengesetzt kann man ihn auch mit Eierklar
und mit einem Zusatz von zwei Eßlöffeln Wassers anmachen,
oder noch anders fügt man ein Paar Eßlöffeln voll fein
gestoßenen Zucker nebst den Eidottern allein ohne Obers dazu.

Die Nudeln werden in verschiedener Form meistens
für Suppen, oft auch zu andern Speisen verwendet.

78. Einfache Nudelsuppe.

Der Nudelteig wird dünn ausgewalkt, zwirnfein ge=
schnitten, in siedende Suppe eingekocht und zugedeckt, fünf
Minuten lang kochen gelassen. Sollen die Nudeln schön
gelb und die Suppe klar sein, so darf beim Auswalken des
Teiges kein Mehl darauf gestreut werden.

79. Fleckeln, Strumpfbandeln u. s. w.

sind viereckig, länglich, breit und vielgestaltig geschnittene
Nudelteig=Fleckerln, daher nur in ihrer Form verschieden,
und sie werden auch auf ganz gleiche Weise wie alle Nudeln
behandelt.

80. Grüne Nudeln.

Zu diesen wird in den Nudelteig etwas Spinattopfen
geknettet. Sie erhalten eine grüne Farbe, und werden ge=
wöhnlich in brauner Suppe eingekocht.

81. Geriebenes Gerstel.

Dazu wird ein gewöhnlicher Nudelteig recht fest ge=
macht, auf dem Reibeisen fein gerieben, und in siedender
Rindsuppe eingekocht. Man kann das Gerstel auch früher in
etwas Butter gelb rösten, wodurch die Suppe sehr an Wohl=
geschmack gewinnt.

82. Schlickkrapfeln.

Man nimmt, je nachdem man ein Material dazu hat,
eingekochtes Bäuschel, gebratenes Kalbfleisch, Kapaunfleisch

u. dgl., schneidet es mit einem Wiegenmesser sehr fein zusammen, und gibt etwas Salz dazu. Darauf wird in einer Rein oder Kasserole Butter, Mark oder Schweinschmalz heiß gemacht, etwas feingeschnittene Zwiebel und Petersilie, so wie auch eine zu feinen Bröseln zerriebene Semmel darin geröstet, das Gehäcke dazu gegeben, und auch ein wenig über dem Feuer gelassen Man kann auch fein geschnittene Limonien= schalen, gestoßene Muskatblüthe und ein klein wenig Pfeffer dazu geben. Nachdem es gänzlich abgekühlt, werden 3 Eier darein verrührt. Inzwischen macht man einen weichen Nudel= teig, walkt ihn in dünne Fleckeln aus, macht auf diesen kleine Häufchen von der Füllmasse in gleich weiter Entfernung von einander, bestreicht den leeren Platz zwischen denselben mit= telst einer Feder mit abgeschlagenen Eiern, schlägt den Rand darüber, sticht sie mit einem runden Model aus, oder radelt sie mit dem Krapfenradel ab, und gibt sie in kochende Rindsuppe.

Fünfte Gattung. Suppen mit Strudelteigspeisen.

Zum Strudel= oder Zugteig wird ein halbes Pfund des feinsten Auszugsmehles mit einem Ei, einem halb= eigroßen Stück Butter, ein Messerspitz voll Salz und mit lauem Wasser zu einem gelinden Teige verarbeitet, durch den Ballen der rechten Hand einige Male durchgestrichen, bis sich die ganze Masse Teig von der Tafel leicht loslöst, worauf man ihn zusammen nimmt, den Ort, wo er geknetet wird, leicht mit Mehl bestäubt, und in einen runden Klumpen rollt.

So gestaltet deckt man eine heißgemachte Kasserole darü= ber, worunter man ihn rasten läßt, und zieht ihn zuletzt über einem Tische, welcher mit einem mit reinem Mehle bestäub= ten Tuch bedeckt ist, fein und vorsichtig aus.

83. Lungenstrudel.

Man zieht den Strudelteig aus, streut das bei den Schlickrapfeln beschriebene Bäuschel=Gehack möglichst gleich darauf aus, so daß ungefähr ein Viertelellen langer Streifen auf einer Seite leer bleibt, welcher mit einem ge= klopften Ei bestrichen wird. Nun rolle man den Teig so auf, daß der mit dem Ei bestrichene Theil zuletzt bleibt, welches am besten bewerkstelligt wird, wenn man das Tuch bei zwei Enden nimmt, und recht gleich in die Höhe bringt. Man nehme einen Kochlöffelstiel und drücke handbreite Stücke davon ab, welche dann mit einem Messer abgeschnitten, und um das Aufgehen zu verhüten, an beiden Enden mit den Fingern etwas zusammengedrückt in guter Fleischsuppe gekocht werden.

Sie müssen gleich auf den Tisch kommen, weil sie sonst weich werden und am Ansehen verlieren.

84. Kräuterstrudel.

Gewöhnlich nimmt man Kohl oder auch andere Kräuter, blanschirt und schneidet sie, passirt sie mit ein wenig Zwiebel und Schampions in $1/4$ Pfund zerlassenen Speck, nebst ein Bischen Majoran, Salz und Gewürz gut an, und läßt sie mit ein wenig fetter Suppe dünsten. Dieses Alles schneidet man, nachdem man $1/2$ Pfund gesottenes Kaiserfleisch — oder mehr, nach Verhältniß der Menge des dazu genommenen Kohles — hinzugethan, zu einem Haschee, bestreuet damit einen schon dazu verfertigten, ausgezogenen Strudelteig, und bildet und kocht dann die Strudeln auf die bereits angegebene Art.

85. Topfenstrudel

wird auf dieselbe Art gemacht, wie der Kräuterstrudel, nur läßt man Majoran, Gewürz und das Kaiserfleisch weg, und gibt dafür Milchtopfen mit Rahm, allenfalls auch mit einigen Eidottern abgerührt dazu.

Sechste Gattung. Pfanzel = oder Schöberl = Suppen.
86. Mehlpfanzel.

Man macht dazu denselben Teig wie zu den Mehlnockerln; dieser wird dann in einer Pfanne oder Rein, welche mit Butter oder Schmalz gut ausgeschmiert worden ist, mit starker Unter= und Oberglut gebacken. Ausgekühlt schneidet man ihn dann in kleinere Stücke, um denselben in brauner Schü, oder in gewöhnlicher Rindsuppe gut auszukochen.

87. Semmelpfanzel.

Man sprudelt 6 Eier mit 1 Seitel Obers ab, gibt das nöthige Salz und zwei würflig geschnittene Semmeln dazu, mischt Alles gut durcheinander, backt es wie ein Mehlschöberl, schneidet es, wenn es kühl geworden, in Stücke, um solche in Rindsuppe einzukochen.

88. Griespfanzel.

Dieses wird auf dieselbe Art wie das Mehlpfanzel (Schöberl) gemacht; nur wird hier ein Löffel voll Gries weniger als dort Mehl genommen, und das Pfanzel in der Suppe etwas mehr aufgekocht.

89. Leberpfanzel.

Dazu wird eine Teigmischung (Fasch) wie zu den Leberknödeln gemacht, diese in einer mit Butter bestrichenen Kasserole schön gelb gebacken, und dann geschnitten in der Suppe aufgekocht.

90. Rahmpfanzel.

Ein Löffel voll feines Mehl wird mit süßem Rahm verrührt, dies mit 4 Eiern, 2 Dottern und 1 Seitel süßem Rahm abgeschlagen, dann in einer Kasserole wie ein anderes Pfanzel langsam, aber bei wenig Glut gebacken, und zu einer beliebigen Fleisch= oder Fastensuppe benützt.

91. Kaisergerstel.

Schlage 9 Eier in einem Hafen, gib dann so viel Eiergucken voll süßen kalten Rahm und Suppe, und etwas zusammengeschnittenes Petersilkraut, dann Schinken ebenfalls fein gehackt, hinein, sprudle alles wohl ab, gib es in den Model, laß es eine Stunde im Dunst langsam sieden, wobei obenauf ein Plattel mit schwacher Glut kommt.

Dann gib es in eine braune Suppe.

Siebente Gattung. Suppen mit Einbund.

92. Gehirn-Einbund.

Ein gesottenes, rein abgehäutetes Kalbshirn schneide man mit 3 in Milch geweichten und wieder ausgedrückten

abgeriebenen Semmeln und etwas grüner Petersilie fein zu=
sammen. Nun verrühre man ein Viertelpfund Butter mit
vier ganzen Eiern und drei Dottern recht flaumig, gebe
das Geschnittene darein, salze es, binde es in ein mit etwas
Butter bestrichenes Tuch nicht gar zu fest, und lasse es in
guter Rindsuppe eine Stunde kochen. Dann legt man es auf
eine Schüssel, löset das Tuch behutsam ab, und gibt es, in
fingerlange und zweimal so dicke Streifen geschnitten, in
braune oder weiße Suppe. Der Teig kann auch wie ein
Pfanzel gebacken, oder auch in Wandeln im Dunst gesotten
werden.

93. Fleisch-Einbund

wird eben so bereitet; nur kommt statt des Gehirns eine
gleiche Menge gebratenes und klein gehacktes Kalbs= oder
Hühnerfleisch dazu. Man kann auch ein wenig feingeschnittene
Zwiebel und Zitronenschalen darein geben. Dieser Teig läßt
sich auch zu kleinen Knödeln verwenden, wenn er mit Sem=
melbröseln fester gemacht wird.

94. Semmel-Einbund.

wird eben auf diese Art gemacht, nur muß das Gehirn oder
das Fleisch wegbleiben.

Achte Gattung. Suppen mit Wandeln.

95. Gehirn-Wandeln.

Man siede ein gereinigtes und abgehäutetes Kalbsgehirn
in gesalztem Wasser ab, schneide es mit einer Semmel und
etwas Petersilie klein zusammen, gebe es in ein Häferl,
schlage 3 Eier daran, gebe Pfeffer und Salz dazu, rühre es
wohl ab, gebe in ein Reindel ein Stück Butter, schütte das
Hirn hinein, trockne es auf der Glut und lasse es auskühlen,
treibe dann ein Stück Butter flaumig ab, rühre das Gehirn
darunter, schlage 2 Eier daran, rühre Alles gut untereinander,
schmiere die Wandel mit Butter, fülle sie halb voll an, backe
sie in dem Oferl, lege sie dann in den Topf, und gieße eine
gute Suppe darüber.

96. Fleisch-Wandeln.

Gebratenes Kalbfleisch schneide man sehr fein zusammen mit etwas feinen Limonienschalen, Petersilie und in Milch geweichter Semmelrinde, treibe dann ein Stück Butter sehr flaumig ab, rühre das Geschnittene hinein, schlage 3 oder 4 Eier daran, gebe Salz und ein wenig Semmelbrösel dazu, rühre es gut untereinander ab, schmiere die Wandel mit Butter, fülle selbe ein wenig über die Hälfte an, und backe sie in dem Oeferl oder im Dunst. Dann werden die Wandeln mit guter Suppe begossen, gleich aufgetragen.

97. Kaiser-Wandeln.

Man rühre 2 Löffel voll Mehl mit einem Seitel kalter und guter Rindsuppe ab, gebe zwei ganze Eier und acht Dotter, Salz und ein wenig fein geschnittenen Schnittlauch dazu, rühre alles gut ab, schütte es in geschmierte Wandeln, setze sie in eine Kasserole, wo heißes Wasser darin ist, gebe oben und unten Glut, und lasse sie gut kochen. Wenn die Wandeln oben Blattern machen, stürze man sie in den Suppentopf, und gebe die Suppe darüber.

Neunte Gattung. Suppen mit in Schmalz gebackenen Speisen.

98. Gehirn-Pofesen.

Ein halbes Kalbshirn schneidet man mit ein wenig Pfeffer, Salz und Petersilkräutel fein zusammen, streicht das Hirn auf Semmelschnittchen, gibt wieder ein Schnittchen darauf, schneidet fingerbreite Stangeln davon, walzet sie in ein wenig abgeschlagenen und gesalzenen Eiern, backt sie heiß aus dem Schmalze, und gibt eine passende Suppe darüber.

99. Milz-Pofesen.

Man streicht eine Kälbermilz aus, schneidet feine Limonienschalen und Petersilkräutel darunter, gibt in ein Reindl Eigroß Butter, läßt ihn zergehen, gibt ein wenig Semmelbröseln dazu, läßt sie anlaufen, rührt die Milz darunter, röstet sie so lange, bis sie die Farbe verliert, gibt ein wenig Rahm, Pfeffer und Salz dazu, und macht die Pofesen mit Semmelschnitten, so wie die Gehirn-Pofesen.

100. Gehack-Schnitteln.

Man schneidet Geflügel-Leber und ein lämmernes Bäuschel mit einem Petersilkräutel klein zusammen, läßt in einem
Reindl ein wenig Butter zerschleichen, gibt ein Paar Löffel
voll Semmelbröseln hinein, dann das Geschnitte, läßt es
gut rösten, gibt ein wenig Salz und Pfeffer dazu, wie auch
1 ganzes Ei und 2 Löffel voll Rahm, rühret Alles gut untereinander, streicht es auf Semmelschnitteln, backt diese heiß
aus dem Schmalz, und läßt sie in der Suppe noch einen leichten Sud machen.

101. Gebackene Erbsennudeln.

Man gebe in ein Reindl 3 Schöpflöffel voll feines
Mehl, lasse dann in einem Pfandel eben so viel Wasser mit
einem halbeigroßen Stück Schmalz aufsieden, und gieße es
über das Mehl, setze das Reindl auf eine Glut, und trockne
den Teig gut ab, schlage 3 ganze Eier und 2 Dotter daran,
und ein wenig Salz. Die Eier müssen aber in einem warmen Wasser warm gemacht werden: dann gebe man den
Teig auf einen hölzernen Teller, schlage mit der Fleischgabel
in heißes Schmalz schön kleine, runde Kügelchen hinein, backe
sie, daß sie ein wenig Farbe bekommen, und gebe zuletzt eine
gute Suppe darüber.

102. Gebackene Mehlnockerln.

Ein gewöhnlicher Nockerl-Teig, nur mit etwas weniger
Schmalz oder Butter, wird abgetrieben; daraus werden kleine
Nockerln gemacht, wie die Erbsennudeln, aus Schmalz gebacken
und zur Suppe gegeben.

Zweite Klasse.
Fastensuppen.

1. Ordnung
Dünnsuppen.

Erste Gattung. Grundsuppen.
103. Erbsensuppe.

Man kocht ½ Maß dürre Erbsen recht lang in 3 Maß nicht zu hartem Wasser (wo möglich Flußwasser), gibt etwas Sellerie, Petersilie, Goldmöhren, Zwiebel und ganzes Gewürz dazu, und seihet die Suppe ab, welche an Fasttagen zur Bereitung und Ausfüllung anderer Fastensuppen immer vorräthig sein soll.

104. Weiße klare Fischsuppe.

Man nimmt kleine Fische, Frösche, die Köpfe und mancherlei Abfälle großer Fische, Wurzelwerk und Kräutel (Goldmöhren, Sellerie, Pore, Petersilie), allenfalls auch Schampions, dann Gewürze (ganze Nelken, Pfefferkörner, Muskatblüth, 1 Stück Ingwer), läßt Alles in einer Rein oder Kasserole mit einem Stück Butter auf Kohlenfeuer langsam schwitzen, gibt noch 8 Eier dazu, und füllt es mit klarer Erbsenbrühe auf. So läßt man es langsam fortsieden, und seihet es zuletzt durch eine Serviette zu beliebigem Gebrauche rein ab. Man kann auch Schildkröten darin sieden, um sie wie immer zu verwenden. Diese Suppe kann man auch wie die Erbsensuppe zu verschiedenen Speisen verwenden.

105. Braune klare Fasten-Schü.

Diese wird ganz auf dieselbe Weise bereitet, wie die klare weiße Fischsuppe, nur müssen alle Ingredienzien in der Kasserole, wie bei der Fleisch-Schü, vor dem Vergießen mit Suppe so lange geröstet werden, bis sie sich braun anlegen.

3

Die Fische und Frösche müssen auch, bevor sie darunter kom=
men, gebacken werden*).

Zweite Gattung. Dünnsuppen mit verschiedenen thie=
rischen Hauptbestandtheilen.

106. Karpfensuppe.

Es werden kleine Karpfen oder auch größere Weißfische
ausgenommen, eingesalzen, mit Mehl bestäubt, und mit einer
zerschnittenen Semmel in Schmalz ausgebacken, Alles zusam=
men im Mörser gestoßen, und mit einigen Schampions, einer
zerschnittenen spanischen Zwiebel und ein Paar Gewürznelken
anpassirt. Darauf gießt man 2 Maß klare Fasten-Schü, läßt
es ziemlich lange verkochen, treibt es durch ein Haarsieb oder
Haartuch, und hält es, ohne es mehr sieden zu lassen, nur
warm. Man richtet diese Suppe gewöhnlich über in Würfel
geschnittenes und in Butter geröstetes Brot an.

107. Hechtensuppe.

Ein braun gebackener Hechtenkopf wird mit einigen
Eiern und gebackenen Semmelschnitten, dann einer Handvoll
Mandeln klein gestoßen, in einer Maß Erbsenbrühe oder Pe=

---

*) Diese Grundsuppen werden auch auf dieselb· Art verwendet, wie
die einfache Rindsuppe und die Fleisch=Schü. Man kocht dürre
und grüne Erbsen, Fisolen u. dgl. an Fasttagen mit diesen Suppen.
Bei allen Suppen, wo sonst Fleisch, Schinken, Speck genommen
wird, müssen hier Fischgattungen an deren Stelle treten. Auch
Brot=, Semmel=, Gerstel= und Reißsuppe leiden in ihrer Verfer=
tigung keine Veränderung, als daß sie sich auch statt der Rindsuppe
nur mit brauner oder weißer Fastensuppe begnügen müssen, die
meistens mit einigen Eidottern legirt wird. Wo bei Fleischsuppen
Parmesan=Käse zu geben vorgeschrieben ist, muß dieser auch in der
Fastensuppe beibehalten, und Butter und Rindschmalz für Kernfett
oder Speck gebraucht werden. Ueberhaupt darf bei Fastenspeisen
das Wurzelwerk, Gewürz und Zwiebel nicht gespart werden, da
sie zur Erhöhung des feineren Geschmackes unumgänglich noth=
wendig sind. Alle Mehlspeisen: Fleckerln, Nudeln, Vernichel, ge=
riebenes Gerstel, Zweckerln, Nockerln, Knödel und Strudel kön=
nen eben so gut in Fasten= als Fleischsuppen eingekocht werden,
und es ist dabei durchaus dasselbe Verfahren zu beobachten. Es
versteht sich von selbst, daß zur Füllung der Strudel oder Schlick=
krapfen statt des Fleischgehacks, Fischgehack gegeben werden muß.

terfilienwaffer gut aufgesotten, ein Stückchen Brot und etwas
Muskatblüthe darein gegeben, und durch ein Sieb über ge=
backene oder geröstete Semmel geschlagen. In diese Suppe
kann auch etwas Einbrenn gegeben werden.

108. Krebssuppe

wird auf dieselbe Art bereitet wie die Krebssuppe in Fleisch=
tagen, nur wird hier statt der Fleischsuppe eine klare Fasten=
Grundsuppe genommen.

109. Milchsuppe.

In einer Maß mit etwas Zimmt oder Vanille und
Zucker abgesottener Milch werden etliche Eidotter abgespru=
delt, und die Suppe ist fertig, um über geröstete Semmel
gegeben zu werden. Man kann auch abgeschälte gestoßene
Mandeln statt des Zimmts und der Vanille beisetzen, und die
Suppe nach einmaligem Aufsieden durch ein feines Sieb schlagen.

Manche nehmen statt der Eier geröstetes Mehl und
wohl auch überdies noch einige Eidotter dazu.

110. Milchrahmsuppe.

Nachdem man einen oder zwei Kochlöffel voll Mehl in
einem Stücke zerlassener Butter mit ein wenig fein geschnit=
tener Zwiebel gelblich anlaufen gelassen, so rührt man ein
Seitel Milchrahm darunter, und sprudelt Alles zusammen
mit einer halb Maß Erbsensuppe gut ab. So läßt man das
Ganze eine kurze Weile verkochen, wirft das nöthige Salz
und ein wenig geschabte Muskatnuß darein, und richtet die
Suppe über gebähte Semmelschnitten an.

Auf andere Art werden in ein Seitel Rahm vier
Kochlöffel voll Mehl wohl verrührt, eine Maß kochendes
Wasser dazu gegeben, selbes mit etwas Kümmel und Salz
bei gelindem Feuer gut verkocht, und dann durch ein Haar=
sieb über würflig geschnittene Semmel angerichtet.

111. Stockerauer-Suppe.

Man backe einige Stücke kleinerer Fische oder Hechten=
köpfe braun aus Schmalz, lasse einige Schnittchen Brot,
etwas Zwiebel, Petersilie und Sellerie in Schmalz anlaufen,
stoße Alles gut zusammen, koche es mit Erbsensuppe, gebe

3 *

etwas Einbrenn, zuletzt ein Stück Butter dazu, und richte die Suppe durch ein Sieb über gebackene Semmeln an.

112. Dottersuppe.

Etliche rohe Eidotter stoße man mit einigen Mandeln und kleinen Krebsen (von denen der Magen, Galle beseitigt worden) in einem Mörser fein zusammen, siede es in gesalzener Erbsensuppe, gebe etwas Gewürz, Milchrahm und ein Stück Butter dazu, und seihe die Suppe nach kurzem Sieden durch ein Sieb über Mehlwandeln, ein Krebspfanzel u. dgl.

Dritte Gattung. Dünnsuppen mit vegetabilischen Bestandtheilen.

113. Einbrennsuppe.

In einer Rein oder Kasserole wird Butter oder Schmalz, etwa ein halber Vierting oder etwas mehr heiß gemacht. Darin werden drei Kochlöffel voll Mehl schön braun geröstet, mit einer Maß kochendem Wasser aufgegossen, und Salz, etwas Kümmel nebst einer mit ein Paar Gewürznelken besteckten Zwiebel darein gegeben. Nachdem die Suppe etwas verkocht, seiht man sie durch ein Sieb über gewürfelte Semmel. Man kann vor dem Anrichten auch einige Löffel voll Rahm, oder auch ein Paar abgeschlagene Eier einquirlen.

114. Bohnen- (Fisolen-) Suppe.

Man siede die Bohnen oder Fisolen sehr weich, gebe etwas Petersilie, Weinessig und Salz dazu, brenne sie mit Zwiebel ein, zerqnetsche die Bohnen theilweise mit dem Löffel, und treibe die Suppe durch ein Sieb über gebähte Semmel.

115. Schokolade-Suppe.

Ein Paar Zelteln Schokolade lasse man gerieben mit 1 Maß Milch aufkochen, sprudle 4 Eidotter darunter, schlage das Weiße zum Schnee, lege ihn löffelweise darauf, bestreue ihn mit Zucker und Zimmt, und brenne ihn mit einer heißen Schaufel schön gelb. Man kann auch während des Siedens etwas Zucker und Butter dazu geben.

116. Böhmische Schokolade-Suppe.

Man siede gezuckerte Milch mit etwas Vanille, Zimmt und Butter gut ab, röste in einem Reindl einige Löffel voll Mehl schön braun, lasse es auskühlen, gebe es in einen Hafen, und rühre es mit kalter Milch ab, schütte die siedende Milch hinein, lasse sie nochmal sieden, und seihe sie durch ein Sieb über gebähtes weißes Brot oder Semmel. Man kann die Suppe beim Anrichten auch mit einigen Eidottern ab= rühren.

117. Mehlsuppe.

Es wird in einem irdenen Topfe Mehl gelbbraun ge= röstet, dann in Milch mit Zucker gekocht. Diese Suppe spru= delt man mit einem Eidotter ab, legt geröstete Semmelschnit= ten hinein, und bestreuet sie mit Zucker und Zimmt.

118. Sellerie-Suppe.

Man gebe in ein Reindl oder eine Kasserole ein Stück Butter, dann 1 Häupel Zwiebel und 3—4 Stück Sellerie= wurzeln, dünste sie braun, staube ein Paar Löffel voll Mehl daran, und lasse es noch ein wenig dünsten, schütte eine gute Erbsenbrühe darüber, Salz und ein wenig Milchrahm, lasse es gut sieden, seihe es durch ein Sieb, gebe klein geschnitte= nes Petersiliekräutel hinein, und richte die Suppe über ge= bähtes Brot an.

119. Kitten- (Quitten)-Suppe.

Man schäle und schneide Kitten (für die Person ein kleines Stück gerechnet) in Blatteln, gieße zu 2 Kitten 3 kleine Gläser Wein und 3 Gläser Wasser, lasse es so lange kochen, bis die Kitten weich sind; treibe es dann durch einen Seiher, thue gestoßenen Zucker und Zimmt dazu, lasse es noch einmal aufkochen, sprudle einen oder zwei Eidotter daran, und richte die Suppe über gewürfelt geschnittenes und in Schmalz geröstetes Milchbrot, oder über eine andere be= liebige Unterlage an.

120. Aepfel-Suppe.

Man lasse etliche geschälte und geschnittene Maschanzker= Aepfel mit Zucker, Zimmt und Limonienschalen in gleichen Theilen Wasser und Wein so lange sieden, bis sie weich wer= den; treibe sie durch einen Seiher, lasse sie noch einen Sud aufthun, sprudle einen oder zwei Eidotter daran, und richte sie über gewürfelt geschnittenes und in Schmalz geröstetes weißes Brot oder Semmel an.

121. Erdbeer-Suppe.

Man dünste ½ Maß Erdbeeren mit etwas Wein in einem Reindl zum Koch, presse den Saft durch ein dickes Tuch in ein Häfen, gieße 1 Seitel Wein und 1 Seitel Wasser dazu, Zucker, daß es süß genug wird, ein wenig gestoßenen Zimmt und Limonienschalen, richte sie in die Schüssel, und gebe gebähtes Brot hinein, wenn die Suppe schon angerichtet ist.

122. Wein-Suppe.

Eine halbe Maß Wein wird mit einem Seitel Wasser, Zitronenschalen, Zimmt, Zucker und ein Paar Gewürznelken gut aufgesotten, dann werden 6 Eidotter mit etwas kaltem Obers abgesprudelt, der Wein darein gegeben, und durch ein Haarsieb über gebähte Semmel angerichtet. Man kann die Semmelscheiben auch mit Zucker bestauben, und mit einer glühenden Schaufel glasiren.

123. Bier-Suppe.

Eine halbe Maß gutes Bier siede man mit Limonienschalen, etwas Zimmt und Gewürznelken ab, gebe in einen Häfen 4 Eidotter, gieße die Suppe damit ab, gebe noch 1 Seitel siedende Milch daran, 1 Stück Butter und Zucker daß es süß genug wird, und seihe sie über gebähtes Brot oder Semmel.

Zu einer noch einfacheren Biersuppe schneide man weißes Brot, in 1 Maß weißes Bier, schlage 3 Eier mit frischem Wasser gut ab, rühre sie darein, den nöthigen Zucker darunter, lasse sie wieder gut sieden, und richte sie an. — Wenn man will, kann man oben etwas Pfeffer darauf streuen.

2. Ordnung.

Fastensuppen mit größerem Inhalt.

Erste Gattung. Fastensuppen mit thierischen Hauptbestandtheilen.

124. Schildkröten-Suppe.

Von drei Schildkröten werden, wie bekannt, Kopf, Füße und Schweif abgehauen; man reiniget sie von der Schuppenhaut, läßt sie darauf in einer Fastensuppe weichkochen, und zergliedert sie in kleine Theile; man passiert sie mit zwei blätterweise zerschnittenen Schampions, ein wenig Zwiebel, grüner Petersilie und ein Stück Butter gut in einer Kasserole an, staubt einen Kochlöffel voll Mehl darein, und läßt es in weißer Fastensuppe verkochen. Zuletzt pflegt man noch gesottenen Spargel, gedünstete Maurachen, auch gebackene Semmelknödeln dazu zu geben. Gewöhnlich wird diese Suppe über gebähte Semmel angerichtet.

125. Frosch-Suppe.

Man röstet etwa 20 Froschbiegel in Schmalz oder Butter mit etwas Petersilie, staube ein wenig Mehl daran, gieße dann klare Erbsensuppe auf, gebe Salz und etwas Muskatblüthe hinzu, koche die Frösche weich, rühre zuletzt noch einige Löffel voll sauren Rahm ein, und richte die Suppe über gebähte Semmelschnitten an.

Man kann die Froschkeulen auch mit Spargel dünsten, Mehl daran stauben, es anlaufen lassen, und das Ganze mit Erbsensuppe aufkochen, was eine besonders schmackhafte Suppe gibt.

126. Schnecken-Suppe.

Die Schnecken, leicht übersotten, geputzt und geschnitten, vermischet man mit klein geschnittener Zwiebel, Limonienschalen und Petersilienkräutel, gibt eine Handvoll in Butter gebräunte Semmelbrösel und Rahm dazu, läßt Alles zusammen ein wenig kochen, nimmt es vom Feuer, vermischt ge-

schwind 2 ganze rohe Eier damit, streicht es auf gepfarzte
Semmelschnitten, und gießt eine siedend heiße Fastensuppe
darüber.

127. Fisch-Bäuschel-Suppe.

Man siede ein geschnittenes Fischbäuschel nebst einem
Rogen in 1 Maß Erbsensuppe und ½ Seitel Essig, gebe
1 Möhre, Petersilie, Sellerie, Kuttelkraut und eine mit Gewürznelken besteckte Zwiebel, Alles zusammengebunden, hinein,
um es nach dem Sude wieder herauszunehmen. Während
dieses versotten wird, läßt man einen Kochlöffel voll Mehl
in einem Stück Butter oder Schmalz gelblich anlaufen, und
rührt die indessen gut versottene Suppe damit fein ab;
worauf Alles zusammen noch eine Viertelstunde gesotten wird,
und nur noch gesalzen zu werden braucht, um sie über gebähte Semmel zu geben.

128. Rogen-Suppe.

Man gebe einen gut gewaschen Karpfenrogen in Erbsensuppe mit Limonienschalen, und ein mit Nagerln gespicktes
Zwiebelhäupel, lasse es gut sieden, schütte ein wenig Weinessig daran, mache eine Buttereinbrenn, daß die Suppe die
rechte Dicke bekommt, lege noch ein wenig Safran und Neugewürz und ein Paar Löffel voll Rogen zu, und gebe die
Suppe, nachdem sie nochmals gesotten, über gebähte Semmel.

129. Erbsensuppe mit Stockfisch.

Die Suppe wird, wie die gewöhnliche Erbsensuppe,
mit zersottenen, durchgetriebenen Erbsen gemacht, eingebrennt,
und über gewürfelte gebackene Semmel und Stockfisch angerichtet. Den Stockfisch legt man eine Viertelstunde vor dem
Anrichten in gesalzenes siedendes Wasser, und läßt ihn darin,
bis er sich leicht blättern läßt. Nun nimmt man von ihm
das Erforderliche in die Erbsensuppe und richtet sie an.
Man kann die Suppe auch etwas pfeffern.

130. Hasché-Suppe.

Man löse von einem gebackenen Stücke Fisch die Gräten
ab, schneide dieses mit Schampions oder Maurachen klein
zusammen, dünste es mit grüner Petersilie in Butter, und

staube 2 Kochlöffel Mehl dazu, gieße ein gutes Erbſenwaſſer darauf, ſo viel nämlich, als man Suppe braucht, gebe es in ein Häfen mit Muskatblüthe, laſſe es gut ſieden, und richte dann die Suppe über gepfarzte Semmelſchnitten an. — Man kann dieſe Suppe auch mit Rahm und Eidottern abgießen.

Zweite Gattung. Faſtenſuppen mit vegetabiliſchen Hauptbeſtandtheilen.

131. Gries-Suppe.

Ein halbes Seitel Gries wird mit Schmalz oder Butter lichtbraun geröſtet, und mit klarer Erbſenſuppe, unter Beigabe von etwas Muskatblüthe, Safran und grünen Peterſilie gut aufgekocht.

132. Erdäpfel-Suppe.

Eine kleine Menge (8—10) Erdäpfel beſter Gattung laſſe man geſchält, würflig geſchnitten und rein gewaſchen in geſalzenem Waſſer in einem Maßhäfen ſo lange wie ein hartes Ei ſieden, gebe ſodann in ein Reindl einen halben Vierting Butter und klein geſchnittenes Peterſiliekräutel dazu, ſtaube 2 Kochlöffel voll Mehl daran, röſte es ſo lange, bis es ſchön gelblich wird, ſprudle die Suppe von Erdäpfeln damit ab, ein Paar Löffel voll Milchrahm dazu, laſſe es noch eine Weile ſieden, gebe bei dem Rühren Acht, daß die Erdäpfel ſchön ganz bleiben, und richte ſie über gebähtes Brot oder über Semmel an.

133. Schampion-Gerſtenſuppe.

Ein Seitel gerollte Gerſte wird weich geſotten und mit Eſſig geſäuert: dann ſchneidet man grüne Peterſilie und abgeſottene Schampions klein zuſammen, gibt in ein Reindl ein Stück Butter, läßt ſie darin eine gute Weile dünſten, gibt ein wenig Milchrahm dazu, ſalzt ſie, richtet die Gerſte an, und ſtreut die gehackten und gedünſteten Schwammerln darauf.

134. Junggeſellen-Suppe.

Man gebe in ſiedendes Waſſer geſchnittene Peterſilwurzeln, etliche ausgelöſte, geſchnittene Sardellen, etwas Sellerie, Knoblauch, Eſſig und fein geſchnittene Limonienſchalen, dann eine leichte Einbrenn, ein wenig Rahm, Salz und Ingwer, endlich Semmelknödel, und richte die Suppe an.

135. Schwammsuppe.

Eßbare Schwämme nach beliebiger Auswahl werden rein gewaschen, in längliche Blättchen geschnitten, mit ½ Häupel fein geschnittener Zwiebel und grüner Petersilie in einem Stücke zerlassener Butter gut anpassirt, und mit einem Kochlöffel voll Mehl bestäubt. So vorbereitet rührt man Alles mit 1 Maß Erbsensuppe fein ab, salzt und würzt es. Ist die Suppe lang und gut versotten, so wird sie über gebähte Semmelscheiben angerichtet. Man kann auch noch einige Löffel voll Milchrahm dazu geben.

Auf andere Art dünste man die Schwämme mit etwas Petersilie und Butter weich, röste dann 3 Kochlöffel voll Mehl in Butter braun, gieße es mit 1 Maß kochendem Wasser auf, gebe die Schwämme darein, lasse beides ½ Stunde kochen, und gebe sie dann über geröstete Semmel.

Der Pfeffer darf bei den Schwämmen nie vergessen werden.

Dürre Schwämme kann man abgerührt und klein zusammengeschnitten einfach in Erbsensuppe aufkochen, oder auch blos im Wasser. — Im letzteren Falle muß diese braun eingebrennt und auch gesäuert werden.

136. Trübauer-Suppe.

Weich gesottene Erbsen treibe man durch ein Sieb, und mische sie mit gesottener Gerste; dann wird ein Stück Butter heiß gemacht, worin man etwas Mehl mit fein geschnittener Zwiebel und Petersilie bräunlich anlaufen läßt. Die Erbsen werden nebst der Gerste, Salz und etwas Pfeffer dazu gegeben, und das Ganze wird gut aufgesotten über gebähte Semmel angerichtet.

3. Ordnung.

Fastensuppen mit verschiedenen eingekochten Speisen.

Vorerst muß hier bemerkt werden, daß alle bei den Fleischsuppen angeführten Einkochspeisen, insofern sie keine Fleischbestandtheile enthalten, auch für Fastensuppen zu ver-

wenden find, wie alle Arten Nudel, Nockerln, Knödel, Stru=
del, Pfanzeln, Wandeln, in Schmalz gebackene Speisen u. s. w.

Wo eine Fleisch=Fülle oder Zugabe erfordert wird, ist
diese jedesmal durch Fische, Frösche, Schnecken, Krebse u. dgl.
zu ersetzen.

Eben so sind auch die meisten hier folgenden Fasten=
Einkochspeisen auch für Fleischsuppen anwendbar.

Erste Gattung. Fastenknödel.

137. Fischknödel.

Ein halbes Pfund Fische stoße man nach ausgelösten
Gräten in einem Mörser klein, gebe 2 Schnitten in Milch
geweichte Semmel dazu, wie auch drei Löffel voll ausgekühl=
tes Kindskoch, stoße es gut zusammen, schlage 4 Eidotter
daran, salze es, klopfe von 2 Eiern das Weiße zu Schnee,
und rühre es darunter, mache kleine Knödel, siede selbe in
brauner Fastensuppe, um sie gleich aufzutragen.

138. Gebackene Fischknödel.

Man schneide 1 Pfund beliebiger Fische nach ausgelösten
Gräten klein zusammen, gebe dann in ein Reindl ein hühnerei=
großes Stück Butter, schneide 2 Häupel Zwiebel mit etwas
Petersilienkräutel klein zusammen, gebe es in den Butter, lasse
es anlaufen, 1 Eßlöffel voll Semmelbrösel dazu, den Fisch
hinein, lasse ihn etwas abdünsten, Salz und ein wenig Pfeffer
dazu, auskühlen; dann schlage man 3 Eidotter daran, von
2 Eiern das aufgeklopfte Weiß, rühre Alles untereinander,
und mache kleine Knödel, backe selbe aus Schmalz, lasse
sie in der Suppe nur einen Sud aufthun, und gebe sie
auf den Tisch.

Diese Knödel können auch zu eingemachten Fischen und
in Pasteten gegeben werden.

139. Hechtenknödel.

Etwa 1 Pfund Hechtenfleisch wird nach ausgelösten
Gräten und beseitigter Haut mit 2 in Milch geweichten, gut
ausgedrückten Semmeln, 2 gebackenen Eiern und grüner Pe=
tersilie fein zusammen geschnitten. Nun wird ½ Viertelpfund
Butter recht flaumig mit 2 ganzen Eiern und 2 Dottern ver=

rührt, das Gehäcke nebst etwas Muskatblüh, Salz und ein
Paar Löffel voll Milch darein gegeben, und kleine Knödel=
chen in der Größe eines Eidotters daraus gemacht. Sie kön=
nen gebacken in der Fastensuppe gegeben, oder auch sonst in
einer beliebigen Suppe gekocht werden.

Wenn die Knödel zu weich würden, kann man auch
etwas Semmelbröseln in die Masse rühren, ehe sie geformt
werden.

140. Hausen-Speckknödel.

Man schneide die Rinde von 2 Semmeln gewürfelt,
dazu etwas Zwiebel, schneide auch 1 Vierting fetten Hausen
in dieser Form, gebe ihn in ein Reindl, lasse ihn ein wenig
anlaufen, und gebe ihn über die geschnittene Semmel; thue
in ein Häfen 2 ganze Eier und 1 Dotter, sprudle sie mit
einem halben Seitel Milch gut ab, gieße es über die Sem=
mel, und lasse sie erweichen, gebe darauf Salz und sehr wenig
Mehl dazu, rühre Alles wohl untereinander, mache kleine
Knödel, siede sie im Salzwasser ab, seihe sie durch, und
schütte eine gute Suppe darüber.

141. Rutenleberknödel.

Man schneide 2 — 3 Rutenleber mit Limonienschalen,
Petersiliekraut, Zwiebel und etwas Basilikum klein zusammen,
weiche eine halbe Semmel in der Milch, drücke sie aus, und
schneide sie darunter, treibe ein Stück Butter schön flaumig
ab, rühre das Geschnittene hinein, schlage 1 oder 2 Eier
daran, Salz, ein wenig Pfeffer, 1 Paar Löffel voll Sem=
melbrösel, staube noch ein wenig Mehl daran, mache kleine
Knödel, siede sie in einer guten Fastensuppe, und trage sie
gleich auf.

142. Krebsknödel.

Man schneide ausgelöste Krebsschweifeln mit in Milch
geweichter und ausgedrückter Semmel, Limonienschalen und
Petersiliekraut zusammen, treibe ein eigroßes Stück Krebs=
butter ab, gebe das Geschnittene hinein, schlage 2 Eier und
1 Dotter dazu, thue Salz, 2 Löffel voll Rahm, ein wenig
fein geriebene Semmelbrösel hinzu, rühre Alles wohl unter=
einander, mache kleine Knöderl, und siede sie in was immer
für einer Suppe.

143. Mandelknödel.

Ein Vierting süße und etliche bittere Mandeln werden abgebrüht, mit etwas Milch zusammengestoßen, dazu 4 Eier, 2 Löffel voll geriebener Zucker, 2 Löffel voll geschmolzener Butter, und 5 Loth geriebene Semmel gegeben, Alles wohl untereinander gerührt; dann Knödelchen daraus gemacht, die in einer mit Butter bestrichenen Pfanne gelbbraun gebacken werden. Zur Suppe kocht man Milch mit einem Stückchen Zimmt und etwas Zucker, rührt sie mit Eiern ab, und legt die Knödel nur kurz vor dem Anrichten hinein, um die Suppe schnell auf den Tisch zu geben.

144. Gebackene Griesknödel.

Man treibe ein Stück Butter flaumig ab, schlage 2 Eier eines nach dem andern hinein, gebe 5 Eßlöffel voll schönen Gries dazu, Salz und 2 Löffel voll Rahm, rühre Alles wohl untereinander; mache kleine Knöderl, backe sie heiß aus dem Schmalz, gebe sie in eine Suppe, lasse sie ein Paar Mal aufsieden, und gebe sie auf den Tisch.

145. Passauer-Scherrübenknödel.

Man dünste 12 große schön geputzte Scherrüben in einem Reindl mit etwas Butter halbweich, reibe sie auf einem Reibeisen, treibe ½ Vierting Butter oder Rindschmalz ab, schlage 2 Eier hinein, weiche eine halbe Semmel in der Milch, drücke sie aus, und rühre sie mit den Rüben unter den Butter, salze sie ein wenig, gebe 2 Eßlöffel voll Semmelbröseln darunter, mache Knödel in der Größe wie ein kleines Hühnerei, schmiere eine Kasserole mit Butter, gebe die Knödel hinein, oben und unten Glut, backe sie, bis sie eine Farbe bekommen, und gebe sie in eine beliebige Suppe.

Zweite Gattung. Fastensuppen mit Wandeln und andern eingekochten Speisen.

146. Krebswandeln.

Man treibe Krebsbutter ab, weiche die Rinde von 2 Semmeln in der Milch, schneide sie, ausgedrückt, mit Limonienschalen und Petersilie fein zusammen, gebe sie in das Abgetriebene, rühre 2 ganze Eier und 2 Dotter hinein,

jebes einzeln gut verrührt, auch Salz und ein wenig Ge=
würz; schmiere die Wandeln mit Krebbutter, gebe einen
kleinen Eßlöffel voll hinein, mache vom gezupften Fisch,
Krebsschweifeln und Maurachen ein Ragout, gebe auch 1 Eß=
löffel voll darauf, dann 1 Löffel voll von dem Abgetrie=
benen, backe sie schön röthlich in einem Oeserl, gebe sie in
eine Schüssel, und richte eine Schü= oder Krebssuppe darü=
ber an.

147. Grüne Reiswandeln.

Man dünste 1 Vierting gewaschenen Reis in Wasser
oder Rindsuppe weich, treibe 6 Loth Butter flaumig ab,
schlage 3 Eier und noch besonders 3 Dotter daran, rühre den
abgekühlten Reis mit etwas Spinattopfen und 1 kleine Hand=
voll Semmelbröseln darunter, schmiere die Wandeln mit
Butter, fülle sie gut halb voll an, setze selbe in ein Reindl,
worin ein wenig Wasser sein muß, lasse sie auf der Glut
so lange kochen, bis sie aufgegangen sind, stürze sie in eine
Schüssel und gebe eine gute Suppe darüber.

148. Mehlwandeln.

In ½ Vierting flaumig abgetriebenen Butter schlage
man 4 Eier, eines nach dem andern hinein, jedes gut ver=
rührt, gebe dann 3 oder 4 Eßlöffel voll schönes Mehl und
ein wenig Salz dazu, rühre es recht flaumig ab, daß der
Teig klar wird, fülle die Wandeln halb voll, backe sie ge=
schwind in dem Oeserl oder in der Röhre, und gebe sie in
den Topf, um eine beliebige Fastensuppe darüber anzurichten.

149. Semmelwandeln.

Man gebe 5 Loth in Milch geweichte und ganz leicht
ausgedrückte Semmel mit etwas Butter in eine Rein oder
Kasserole, lasse sie auf der Glut wie einen Brandteig trock=
nen, dann ein wenig überkühlen, treibe in einem Weidling
3 oder 4 Loth Butter flaumig ab, gebe 3 ganze Eier hin=
ein, jedoch eines nach dem andern verrührt, dann die Sem=
mel, rühre es recht flaumig auf, gebe ein wenig Muskat=
blüthe und Salz dazu, schmiere die Wandeln oder einen an=
dern Model mit Butter, besäe ihn mit Brösel, fülle das
Abgetriebene ein, und lasse es bei einer mittleren Hitze
backen.

Es kann statt des Salzes auch Zucker und Zimmt dazu gegeben werden, um sie süß zu machen.

150. Krebspfanzel.

Zwei abgerindete Semmeln schneide man mit 15—20 ausgelösten Krebsen klein würflig zusammen, mache von 2 Eiern ein Eingerührtes, mische es, kalt geworden und würflig geschnitten, unter die mit Milch etwas angefeuchtete Semmel; treibe dann ½ Vierting Krebsbutter ab, schlage 3 Eier und 2 Dotter hinein, gebe in das Geschnittene ein wenig Gewürz und klein geschnittene Limonienschalen dazu, salze es, und rühre Alles wohl untereinander, lasse in einem Reindl ein wenig Kresbutter zerschleichen, gebe das Abgetriebene hinein, unten und oben Glut, dann in eine Schüssel, und eine beliebige gute Fastensuppe darüber.

151. Rutenleberpfanzel.

Man schneide eine Rutenleber mit Zwiebel und Petersiliekraut fein zusammen, mache von 3 Eiern ein Eingerührtes, schneide es mit einer eingeweichten Semmel darunter, treibe ein Stück Butter sehr flaumig ab, rühre das Geschnittene darunter, schlage 3 oder 4 Eier daran, gebe Pfeffer, Salz und etwas Milchrahm, ein wenig gewürfelt geschnittene Krebsschweiferln dazu, rühre Alles wohl untereinander, schmiere ein Reindl mit Butter, besäe es mit Semmelbrösel, gib die Fasch hinein, oben und unten Glut, und lasse dann in einer Fastensuppe das Pfanzel noch etwas aufsieden.

152. Fisch-Bratwurst-Suppe.

Mehrerlei Fische enthäutet und von Gräten befreit schneide man mit etwas Zwiebel und Limonienschalen recht fein zusammen, nehme dann 2 abgerindete und in Milch geweichte Semmeln, drücke sie aus, dann Muskatblüthe, Koriander, Pfeffer, Neugewürz und Salz, mische Alles untereinander, gebe ein Stück Butter und so viel Wein dazu daß die Würste saftig werden, und fülle die Fasch in Biberdärme.

Diese Würste können nicht nur mit Erbsensuppe oder einer andern Fastensuppe, sondern auch allein mit Senf oder Krenn, ja selbst auf die Grünspeise gegeben werden. Aus der Wurstfasch lassen sich auch Wandeln, Schöberln oder Knödel machen, man darf nur abgetriebene Butter, Eier und Semmelbrösel dazu geben.

153. Gebackene Erbsennudeln.

Man gebe in ein Seitel kochende Milch ein Seitel feines Mehl, lasse es anf der Glut abkochen, und verrühre, nachdem es ausgekühlt, 5 ganze Eier, 1 eidottergroßes Stück Butter wohl darein. — Nun treibe man dieses Koch durch einen Schaumlöffel in heißes Schmalz, backe die kleinen Kügelchen, welche dadurch entstehen, schön gelb, und richte eine beliebige Fastensuppe darüber an. — Am besten ist eine durchgetriebene Erbsensuppe.

154. Spanischer Reis.

Ein halbes Pfund gewaschenen, mit einem Tuch abgetrockneten Reis gibt man mit 1 Vierting Butter in eine Kasserole, setzt selben auf eine glühende Asche, gießt 2 Schöpflöffel voll siedende Suppe darauf, legt einen Deckel mit etwas Glut darauf, bis der Reis lind wird, aber ganz bleibt; dann nimmt man ihn vom Feuer weg, schmiert eine Kasserole mit Butter, besäet sie mit Bröseln, gibt einen Theil von dem Reis hinein, dann ein wenig zerlassenen Butter und klein geschnittenes Petersilkräutl, dann wieder eine Lage Reis mit Butter und eine Lage ausgelöste Krebsschweiferln und Maurachen, darauf wieder eine Lage Reis mit gedünsteten jungen Erbsen, überstreicht die Erbsen mit Reis, formirt oben eine Rose mit Krebsschweiferln und Maurachen gibt ein beschmiertes Papier darüber, damit sie die Farbe nicht verlieren, setzt es in den Ofen, daß aber die Hitze nicht zu stark ist, gibt dann den Reis in eine Schüssel, so daß die Rose oben kommt, und eine braune Suppe darüber.

Man kann diesen Reis auch mit Weinsauce aufsetzen.

Dritte Klasse.

Assietten.

155. Lamms-Cotelettes auf deutsche Art
für 10 Personen.

Die kleinen Cotelettes werden aus dem Rücktheile aus=
gelöst, geklopft, damit sie hübsch breit werden, eingesalzen, in
Butter getaucht und in einer flachen Kasserole sehr schnell
abgebraten, dann mit einem Deckel, der etwas kleiner als die
Kasserole ist und leicht hineinfällt, beschwert und auskühlen
gelassen. Sind sie völlig ausgekühlt, nimmt man sie heraus,
schärft die Haut von den oberen Cotelette=Bein rein ab, und
karriert oder rundet das letztere mit dem Messer ab.

Dann nimmt man eine gute, weiße Einmachsauce, le=
girt sie mit zwei Eierdottern und ein paar Tropfen Citro=
nensaft und taucht in dieselbe die Cotelettes jedoch nur bis
zum Beine im warmen Zustande, legt diese dann auf ein
Blech in eine Reihe und läßt sie auskühlen. Wenn sie aus=
gekühlt sind, wiederholt man dasselbe und taucht sie noch ein=
mal in die Sauce, wornach man sie wieder auskühlen läßt.
Hierauf tunkt man die Cotelettes in aufgesprudelte, ein we=
wig gesalzene ganze Eier, panirt sie sodann in dem mit et=
was Mehl vermengten Semmelbröseln und backt sie aus sehr
heißen Schmalz heraus.

Wenn die Cotelettes gebacken sind, umgibt man die
Beine mit kleinen Papilotten (Papierrosen) und richtet sie
so schneckenförmig in der Schüssel auf, wodurch die Beine mit
den Papilotten in die Höhe zu stehen kommen.

Dazu servirt man eine

156. Orangen-Sauce.

Von 2 Loth Butter und etwas Zucker (damit sie schnel=
ler braun wird) macht man eine Einbrenn, ist sie schön dun=
kel gebräunt, aber nicht etwa verbrennt (weil sie sonst bit=
ter wird), füllt man sie mit guter, wo möglich brauner

4

Suppe auf, reibt den Geschmack einer halben Orange auf
einem nußgroßen Stück Zucker ab und gibt diese in die
Sauce, sowie den Saft der ganzen Orange. Die Sauce muß
man gut verkochen lassen und fleißig abschaumen.

Als Unterlage zu den Lamm-Cotelettes mache man einen

157. italienischen Reis.

Ein halbes Pfund Reis wäscht man in frischen Wasser
damit er recht weiß wird, stellt ihn einer Kasserole zum
Feuer und gibt eine halbe Maß Suppe darauf, dann etwas
Salz, eine ganze Zwiebel, in die man etliche Gewürznelken
eindrückt und beiläufig 4 Loth Butter, dann deckt man ihn
zu und läßt ihn eine Viertel Stunde dünsten. Darauf rührt
man mit einer zweizackigen Gabel den Reis auseinander und
nimmt die Zwiebel nebst den darinsteckenden Gewürznelken
heraus; reibt $1\frac{1}{4}$ Pfund Parmesankäse auf einen feinen
Reibeisen, mengt die Hälfte davon unter den Reis und läßt
die andere Hälfte unter den Vorrath zum anrichten. Der
Reis kommt nun als Bouquet in die Mitte der Schüssel,
wird mit dem übergebliebenen Reste des Parmesankäses bestreut, die Cotelettes werden in der angegebenen Weise herumgelegt und die Orangen-Sauce separat in einer Sauffiere
serviert.

158. Faschirter Kapaun oder Gansleber-Galantin
mit Aspik
für 14 Personen.

Ein Kapaun wird auf den Rücken aufgeschnitten, und
das mittlere Brustbein vollständig herausgenommen oder ausgelöst. Von Kalb- oder Hühnerfleisch, mit Gansleber und
Trüffeln gut gestossen wird ein Fasch gemacht, und dieses
mit einem Panadel von einer Semmel, einem ganzen Ei,
Pfeffer und Salz vermengt und durch ein Passiersieb durch-
gedrückt. In den ausgenommenen Kapaun gibt man dann
eine Lage von länglich geschnittenen Speck-Schinken, sauren
Gurken, so auch klein geschälte Trüffeln und füllt mit dem
eben beschriebenen Fasche den Kapaun auf, näht seinen Rücken zu, bindet ihn in eine Serviette, wodurch der Kapaun
eine länglich runde, fast wurstförmige Gestalt erhält, und

läßt ihn so in Aspik kochen. Dann wird er zierlich in Schei= ben geschnitten und mit Aspik angerichtet.

159. Aspik
für 14 Personen.

Vier Stück Kalbsfüße, $^1/_2$ Pfund Schweinschwarten, eine alte Henne, eine halbe Maß alten Weines und Wurzel= werk, ein paar Körner Pfeffer, ein Lorbeerblatt und etwas Salz müssen zusammen so lange kochen, bis die Masse klebrig oder anpickend wird. Dann wird sie durch ein feines Tuch gesiehen und geklärt, dann nebst 3 Löffel Essig und 4 gan= zen Eiern mit der Schneeruthe am Feuer gepeitscht bis sie gekocht, dann schnell vom Feuer weggestellt, zugedeckt und eine $^1/_4$ Stunde ruhig stehen gelassen und darauf durch ein feines Tuch durchgeseiht und ins Eis gestellt.

Eine einfache und bequeme Art des Seihens ist folgende: Man kehrt einen Küchenstuhl um, befestigt an den 4 Stuhl= beinen ein dichtes reines Tuch, stellt darunter einen Suppen= topf, gießt das Aspik auf das Tuch und läßt es langsam durchlaufen. Um es ganz rein zu machen, wechselt man den Topf und schüttet das durchgelaufene Aspik nochmal auf.

160. Butterteig-Roulade
für 10 Personen.

Von $^3/_4$ Pfund Butter wird in der bereits angegebenen Weise ein Butterteig gemacht; dazu macht man gleichzeitig als Fülle eine Hasche, in das man würflig geschnittene Trüf= feln, zehn Stück Krebsschweifchen und ein Kalbsbries eben= falls würflig geschnitten vermengt; dazu gibt man zwei bis drei Löffel voll weiße Einmachsauce, stellt das ganze an einem kalten Ort und läßt es völlig auskühlen.

Dann walkt man den ganzen Butterteig stark messer= rückendick in der Länge eines Backbleches aus, macht mit der Spitze eines Messers in der Mitte des Teiges einen zacken= förmigen Durchschnitt und benützt die nun entstandenen bei= den Theile zu Rouladen. Das ausgekühlte Hasche wird so= dann in die Mitte der beiden Theile etwa zwei Fingerbreit gegeben, mit dem Messer gleich ausgestrichen, der untere Theil des Teiges über das Hasche gelegt, mit einem Ei be= strichen und der gezackte Theil darüber gelegt. Die Roula= den werden dann in ungebackenem Zustande mit dem Was=

ser portionenweis schnell eingedrückt mit dem Ei überschmiert und schnell im Ofen gebacken.

161. Forellen mit Holländer-Sauce.

für 14 Personen.

Die Forelle wird auf gewöhnliche Art geöffnet (die Backenflöße werden mit einer dünnen Schnur gebunden, damit sie nicht vom Kopfe wegstehen,) und mit ¼ Seidl heißen, gesalzenen Essig übergossen, damit sie die schöne blaue Farbe erhält. Von 2 Maß Wasser, einer ganzen Citrone mit Saft und Schale, kleinen geschnittenen Wurzeln, etlichen ganzen Pfefferkörnern, Lorberblättern und Kuttelkraut wird in einen „Fischwandl" in Sud gesetzt und die Forelle dann im vollen Sud 3 Minuten kochen gelassen, dann nimmt man sie heraus, legt sie auf eine lange Schüssel reichlich garnirt mit grüner Petersilie und kleinen Erdäpfeln; man servirt dazu eine Holländer-Sauce.

162. Holländer-Sauce.

Fünf Eierdotter, ein Kochlöffel voll Mehl, 4 Loth guter Butter, der Saft einer halben Citrone, 2 Löffel gutes, dickes Obers, ¼ Seidl des Fischsudes mit etwas Muskatnuß werden in einem Topfe auf dem Feuer mit der Schneeruthe so lange geschlagen bis die Masse kocht, dann durch ein Sieb passiert und in einer Sausiere angerichtet.

163. Butterteig-Pastettchen.

Man nimmt auf 1 Pfund Butter, 1¼ Pfund Mehl, macht mit Wasser und 2 Eierdottern aus dem Mehle einen Teig, salzt ihn und walket ihn aus wie den Vorteig zu einem Strudl, hierauf schlägt man die Butter in den Teig ein und läßt ihn bei warmer Jahreszeit ¼ Stunde auf dem Eise rasten, dann verwalkt man die eingeschlagene Butter mit dem Teige dreimal gut und gibt ihn wieder aufs Eis. Diese Behandlung muß sich dreimal wiederholen, soll der Butterteig leicht und blätterig sein. Endlich sticht man daraus beliebige Formen, die mit Hasche gefüllt werden.

Vierte Klasse.

Rindfleischspeisen.

Erste Gattung. Gesottenes Rindfleisch.

164. Einfach gesottenes Rindfleisch.

Das Rindfleisch ist die tägliche Grundspeise jeder bür=
gerlichen Tafel. Vom Sieden desselben wurde bereits bei der
Klasse der Fleischsuppen das Nöthige gesagt. — Auch die einzelnen
Theile des Rindes wurden im Abschnitte von den Speise=
stoffen angeführt; und in Bezug auf die Vorbehandlung
des Fleisches kann ich nicht umhin, auf das Klopfen des
Fleisches dringend aufmerksam zu machen.

Das Kücherl, der Kruspelspitz, die Schulter, der Ried=
deckel oder Riedhüfel machen bei kleineren Haushaltungen
die besten Dienste zur Suppe und zum Kochfleisch. Zum
Dünsten und Braten aber gehört der Lungenbraten, Rost=
braten und auch das Beiried.

Knochenfleisch, ausgelöstes Meisel und Theilsames sind
zur Fasche, zu faschirten Füllungen oder zu Würsten am
geeignetsten. — Das Schwanzel, so wie der Brust=
kern sind Tafelstücke.

Das Rindfleisch soll immer weich, jedoch nicht gar so
sehr gesotten werden, daß die Fasern nicht mehr zusammen=
halten, und das Stück sich kaum gehörig schneiden läß. —
Für größere Tafeln pflegt man das Rindfleisch mit gold=
gelber Glaß zu überziehen, und unter das Stück etwas
Schü zu geben.

Zweite Gattung. Bräsirtes Rindfleisch.

165. Einfach bräsirtes Rindfleisch.

Ein beliebiges Stück Rindfleisch wird, halb weich ge=
sotten, in der bereits beschriebenen Bräse (mit Speck, Kern=
fett, Zwiebel, Wurzelwerk, etwas Schneideschinken und gan=
zem Gewürze) gut zugedeckt gedünstet, wobei man den gut

schließenden Deckel des Geschirres noch mit Brot= oder Mehlteig verkleben kann. Ist das Fleisch hinlänglich weich, so wird es auf die Schüssel gelegt, glasirt, und mit den ganzen Stücken des Wurzelwerks, als Sellerie, gelben Rüben, Kohl, spanischer Zwiebel und weißen Rüben, garnirt. Am Schluße wird der Saft der nämlichen Bräse, nachdem er von allem Fett gereinigt worden ist, mit ein Paar Anricht= löffeln voll Schü darüber gegossen.

Von dem auf diese Art zubereiteten Rindfleische kann man auch dicke Scheiben schneiden, und es kalt mit feinen Kräutern und mit Essig und Oel anmachen, oder auch auf andere Art kalt auftischen.

166. Türkisches Rindfleisch.

Treib Rindschmalz flaumig ab, schlage 3 Eier darein, und gib 3 Löffel Rahm und $\frac{1}{2}$ Seitel Obers, wie auch ge= sottene geriebene Erdäpfel dazu, schmiere die Kasserole mit Butter aus, und bestaube sie mit Mehl, schneide gesottenes Rindfleisch blätterig, fülle alles wohlgemengt in die Kasse= role, gib unten und oben Glut, und dünste es recht gut ab.

167. Krustirtes Rindfleisch.

Das bräsirte Stück wird mit etwas Bräse=Saft in eine Bratpfanne gethan. Inzwischen treibt man $\frac{1}{4}$ Pfund zerlassenes Kernfett mit 2 ganzen Eiern und mit den Dot= tern von 2 andern Eiern ab, und überzieht damit finger= dick den oberen fetten Theil des Fleisches. Man bestreut es mit Semmelbröseln ganz dicht, und backt es in einem heißen Ofen, damit es die Kruste erhält, und diese schön bräunlich ausfällt. So gebacken, legt man dieses Fleisch, wenn man es anrichtet, in die Mitte der Schüssel, reihet einige gedünstete, gleich groß kugelförmig geschnittene Kohlrü= ben, und gelbe, auch weiße Rüben in einem Kranze herum, und gießt den eingegangenen eigenen Saft mit einigen Anrichtlöffeln voll Schü darunter.

Dieses Stück kann auch mit großen Krebsen, glasirten Kalbsbriesen, ganzen Artischocken, weichgesottnem ganzen Kohl, gerösteten Erdäpfeln u. dgl. garnirt werden.

168. Grillirter Brustkern.

Das in der Bräse gesottene Stück wird mit Butter beschmiert, gesalzen, mit vielen Semmelbröseln bestreut, und von beiden Seiten über dem Roste gebraten. Nebstbei werden mehrere gleich große Erdäpfel geschält, in der nämlichen Bräse weich gesotten und glasirt, welche man dann um die Brust herum beim Anrichten in einen zierlichen Kranz ordnet. Auch kann die Garnitur mit gebackenen und gerösteten Erdäpfeln gebildet werden.

169. Bräsirte Rindszunge.

Diese werden gesotten, gehäutet, und wie anderes Rindfleisch in der Bräse ganz weich gekocht. Dann kann man sie entweder im ganzen Stücke, oder in kleine fingerdicke Blättchen geschnitten, in einer braunen, spanischen oder Zwiebel-, Kapern-, Paradiesäpfel-, Kräuter-, Gurken- oder polnischen Sauce, auch mit Mandelkren, mit Orangen- oder sauerm Kren geben.

Man pflegt sie auch kalt blattweise zu schneiden, und auf diese Art auf eine Schüssel zu richten, darüber man Bertram, Pimpernelle, Petersilie, Schnittlauch, grüne Zwiebel, Alles fein zusammen geschnitten, mit ein Paar in Essig und Oel angemachten, hart gesottenen und fein gehackten Eidottern gibt, und sie zuletzt noch mit gesalzenem Aspik und Lorbeer- oder Pomeranzenblättern garnirt.

Die Garnitur kann auch mit gebratenen, in Zuckersaft übersottenen Kastanien gemacht werden.

170. Grillirte Rindszunge.

Die aus der Bräse genommene Zunge schneide man in kleinfingerdicke Blätter, und tauche sie in Finherb mit Butter, Pfeffer und Salz ein. Dann panire man sie in Semmelbröseln, und brate sie auf einem Rost, oder auf einem Platfond-Deckel schön gelb. Man kann sie auch in Eier und Semmelbröseln einwickeln, gäh und resch in einer Pfanne aus dem Rindschmalze ausbacken, und trocken anrichten.

Manchmal gibt man auch eine Schü darunter, oder heißen Butter mit Limoniensaft darüber.

Dritte Gattung. Gekochtes Rindfleisch, verschieden= artig eingekleidet.

171. Rindfleisch mit Kitten.

Ueber das wie gewöhnlich gekochte Rindfleisch wird fol= gende Sauce gegossen: Einige geschält gesottene Kitten treibt man durch einen Durchschlag, siedet das Mus mit Wein, Zucker und etwas Citronenschalen auf, und zieht das Ganze mit 4 Eidottern ab.

172. Braunes Rindfleisch.

Man gebe in eine Kasserole ein Stück Zucker mit etwas Wein, siede ihn, bis er kastanienbraun wird, lege dann das gesottene und abgetrocknete Fleisch hinein, drehe es öfters um, damit es auf jeder Seite Farbe bekommt, gebe ein wenig Rindsuppe daran, und etwas in Mehl gewalzenen Butter, geschnittene Limonienschalen und etwas Weinbeer= saft, lasse die Sauce eingehen, dann richte man das Fleisch in eine Schüssel, und seihe die Sauce durch ein Sieb darüber.

Es kann auch wie das bräsirte Fleisch garnirt werden.

173. Kaltes Rindfleisch.

Ein Stück Rindfleisch wird mit Speck durchzogen, mit Pfeffer bestreut, und in Wasser gekocht. Nachdem es abge= schäumt worden, gibt man auf 3 Pfund ein Seitel Wein, etwas ganze Muskatblüh, 3 oder 4 Gewürznelken, einige Pfefferkörner, ein Paar Lorberblätter und Citronenschalen dazu. Es muß bis zum Weißwerden kochen; dann wird es aus der Brühe genommen, in ein reines Tuch geschlagen, und an einen kühlen Ort gestellt. Nach gänzlichem Abkühlen gibt man es mit Pomeranzen= oder Lorberblättern auf den Tisch.

Vierte Gattung. Geräuchertes und gepöckeltes Rindfleisch.

174. Gepöckeltes Rindfleisch,

nachdem es aus der bereits beschriebenen Pöckelsulze genom= men worden, wird eben so, wie das geräucherte im Wasser weich gesotten. Während der Hälfte des Sudes nimmt man die Hälfte Wasser ab, und ersetzt es mit frischem reinem, worin man es gehörig weich kochen läßt.

Uebrigens gibt man das Fleisch trocken und ohne weitere Zuthat auf die Tafel, und garnirt es mit geschabtem Kren und gezupftem Petersilie. Den geriebenen Kren reicht man abgesondert herum.

175. Pöckelzunge.

Diese sowohl als die geräucherte und die frische muß in Wasser weich gesotten werden, worauf man die Haut abzieht und sie in natürlichem Zustande auf die Schüssel legt. Allenfalls kann man auch geschabtem Kren und gezupfte grüne Petersilie darüber geben.

Als Beispeise gibt man geriebenen Kren entweder trocken auf einem Teller, oder in Essig und Oel in einer Saufiere, ferner auch eingemachte Gurken oder Gurkensalat, oder rothe Rüben.

Die Zunge kann auch kalt, ohne alle Zugabe, blätterweise geschnitten servirt werden*).

---

*) Beim gekochten Rindfleisch ist die Garnierung nicht ganz unwichtig, zumal wenn dasselbe bereits geschnitten servirt wird. Die vorzüglichsten Garnirungen sind: Kleine in Butter oder Schmalz geröstete, ganze oder in Blättchen zerschnittene Erdäpfel; wälscher Reis (mit siedendem Wasser halb gekocht, überprellt), dann mit etwas heißem Butter in einer Kasserole resch (nicht zu weich) gekocht; gedünstete Sproßen und Goldmöhren schichtenweise untertheilt (resch gekocht und in einer Kasserole mit heißem Butter und grünem Petersilie gedünstet); grüne Nudeln (wie man sie für die Suppe macht) in Salzwasser gesotten, und mit Butter abgeschmalzen; Schampions gedünstet oder gefüllt, Pilze mit grüner Petersilie gefüllte Maurachen u. dergl. deren Bereitung bei den Schwammspeisen angegeben wird. Artischoken, am Rost gebraten, mit Butter begossen und etwas gepfeffert. Diese Garnirungen werden zierlich um das zerschnittene Fleisch herum geordnet. Gewöhnlich servirt man dazu eine kalte und eine warme Sauce. Bei ganz gewöhnlicher kräftiger Hausmannskost bleibt die Garnirung weg, und statt der Sauce wird die Gemüse-Zuspeise gegeben.

Fünfte Gattung. Gedünstes und gedämpftes Rindfleisch.

176. Einfach gedämpftes (in Dampf gekochtes) Rindfleisch.

Man setzt in den Fleischtopf ein etwa 3 Finger hohes Standl von Holz, füllt den Raum unter demselben mit Wasser, welches aber nicht darüber stehen darf, legt das zu kochende Fleisch, mit Salz etwas eingerieben, auf diesen hölzernen Rost, schließt den Topf mit einem genau passenden Deckel, der allenfalls noch mit Mehlteig verschmiert werden kann, und bringt das Wasser (am besten auf einem Sparherd) in Sud.

Das Fleisch wird dabei im Dampfe vollkommen weich gekocht, und am Grund des Hafens bleibt zwar wenig, aber eine überaus kräftige Fleischbrühe.

177. Mit Wein gedünstetes Rindfleisch.

Ein mürbe geklopftes und gesalzenes Stück Rindfleisch spicke man mit länglich geschnittenen Stückchen Speck und gepöckelten Zungen. Sodann gebe man in eine Kasserole etwas frischen Speck, Zwiebel, Möhren, Petersilie, Sellerie wie auch etwas Citronenschalen, ganzen Pfeffer und Schnittlauch; auf diesem Gemenge kommt das Rindfleisch obenauf zu liegen. Sodann gieße man eine halbe Maß Wein, etwas Essig und Wasser daran, decke es gut zu und lasse es kochen. Wenn das Fleisch weich genug ist, nehme man es heraus, schöpfe das Fett rein ab, lasse das Wurzelwerk gut einkochen, lege das Fleisch auf die Schüssel, und seihe einen Theil von der Sauce darüber. Die übrige Sauce kann in einer Schale auf den Tisch gegeben werden.

178. Lungenbraten (Lendbraten, Bifstik).

Das Fleisch zum Lungenbraten liegt inwendig am Rückenbeine in der Lende, vom Schlußbein bis zu den ersten Rippen als ein langes schmales Muskelstück, der Lendbraten wird von den Engländern Bifstik genannt. Es ist zart und von lockerer Konsistenz.

Der Lungen- oder Lendbraten wird auf vielerlei Art zugerichtet, aber in der Regel gedünstet oder gedämpft, seltener gebraten. Das Stück wird immer abgehäutet, vom Fette befreit, gut geklopft, gesalzen, und gewöhnlich auch mit Fett, oder mit dem abgenommenen Unschlitt gespickt.

Der gemeine Lungenbraten wird dann in einer Kasserole oder Rein mit Speck, Kräutern, Zwiebel, Knoblauch, verschiedenen Wurzeln und Gewürz, in mit Essig gesäuerter Rindsuppe recht mürb gedünstet, dann säet man Mehl daran, läßt in nochmal überdünsten, gießt zuletzt Rindsuppe und ein wenig Milchrahm dazu, gibt etwas klein geschnittene Sardellen und Kapri darauf, und das Gericht ist fertig.

179. Der geflochtene Lungenbraten

wird auf dieselbe Art bereitet, nur früher in 3 — 4 Theile der Länge nach geschnitten und wie ein Zopf geflochten.

180. Der gebeizte Lungenbraten

wird in einer Beize von Essig mit zerschnittener Zwiebel, Pfefferkörner, Ingwer und Thimian aufgekocht, und im Sude einige Tage unter öfterem Umwenden liegen gelassen, zuletzt entweder auf obige Art gedünstet, oder auch unter Begießen mit saurem Rahm am Spieße oder in der Rein gebraten. Mit Semmelbröseln angerichtet kann er statt des Rindfleisches aufgetragen werden. — Soll er als Braten dienen, so ist die Sauce extra zu geben.

Der Lungenbraten in Schnitzeln wird auf sehr verschiedene Art zubereitet, immer aber, wenn er zum Dünsten oder Braten hergerichtet ist, der Quere nach in zweimesserrückendicke Stücke — manchmal auch etwas dünner oder dicker — geschnitten.

Diese Schnitzel werden z. B. auf folgende Art zugerichtet: Man schneidet einige Schalloten, grüne Zwiebeln, Champions und grüner Petersilie zusammen, und passirt dieses mit Butter flüchtig an. Darin wälzt man die geschnittenen Fleischscheiben gut ein, salzt sie, bratet sie auf dem Roste bei einem Kohlenfeuer gäh im Safte, und richtet sie dann zierlich auf die Schüssel an. Ueber diese werden ein Paar Anrichtlöffel voll Schü und Glaß-Saft (darein man wieder Bertram, Pimpernelle, Schnittlauch und ein Büschel grüner Peterfilie fein geschnitten wirfst), zwar heiß, aber ohne zu sieden, gegossen, und das Ganze noch mit dem Safte von ein Paar Limonien gesäuert.

Auf andere Art werden diese Schnitzeln in gutem Provenzeröl einmarinirt, gepfeffert und gesalzen, auf dem Roste bei dem Kohlenfeuer gäh und recht im Saft abgebraten und in der größten Geschwindigkeit auf jedes Stück Lungenbraten, so lange er warm ist, ein nußgroßes Stück von einem aus rohen Kräutern als: fein geschnittenen Bertram, Peterfilie, grünen Zwiebel, frisch verfertigter Kräuterbutter aufgestrichen. So gestaltet werden die Schnitzel in eine warme Kasserole übereinander gelegt, fest zusammengedrückt, daß sich der Butter gut auflöst, und gleich wieder, so geschwind wie möglich, auf eine heiße Schüssel angerichtet, und der eigene Saft vom Fleische und Butter darüber gegeben.

181. Gespikter Lungenbraten auf Reisunterlage
für 14 Personen.

Das Fleisch muß vor allem mürbe geklopft werden, hierauf wird es gespickt und mit Wurzelwerk, ganzen Pfefferkörnern, Lorbeerblättern, Kuttelkraut, ein wenig Essig und Salz in einen kupfernen oder irdenen Wandl gut und langsam gedünstet. Der Saft wird hierauf abgesiehen, der Braten aber kommt noch einmal in die Bratröhre.

182. Reisunterlage.

Ein halbes Pfund Reis wird in einer Suppe, nebst 4 Loth Butter, einer ganzen Zwiebel und Salz gedünstet, hierauf auf die Bratenschüssel gegeben, der Lungenbraten daraufgelegt, und der Saft übergossen. Man garnirt ihn dann mit Karfiol, Karotten, grünen Erbsen und Erdäpfeln, belegt den Braten, an jeder Seite noch mit einem Kalbsfricandeau und servirt in separaten Saussieren zwei Saucen (etwa Champignon und Gurkensauce).

183. Hasche.

Ein gedünstetes Kalb= oder Hühnerfleisch wird ganz fein geschnitten, in Butter geröstet und mit einer guten Suppe und etwas Salz aufgegossen.

184. Kalbs-Fricandeau.

Das Kalbsfricandeau wird gut gespikt, mit Wurzelwerk gedünstet und mit seinem eigenen Safte glasirt. Dazu werden eine gute Schü oder Sauce, und auch zerschnittene Limonien herumgereiht.

Bei dieser Art Lungenbratenschnitzeln kann man statt der Kräuterbutter auch Sardellenbutter geben. Den eingegangenen Saft gibt man mit Schü darunter, und säuert ihn mit Limonien.

Diese Schnitzeln werden auch mit dünnen Scheiben von Semmel und Speck, und etwas gesalzen und gepfeffert wieder zusammengelegt, gebunden, und auf Spießchen mit Papier und Speckblättchen umwickelt, unter Begießen mit Essig und Wasser gebraten. Ist das Ganze fest ausgebraten, nimmt man das Papier und die Speckblätter herab, bestreut es mit Semmelbröseln und geriebenem Parmesan-Käse und trachtet, diesen Lungenbraten bei vermehrter Zuschürung des Feuers in ein Paar Minuten eine Rinde oder Kruste und schöne Farbe zu geben. Von dem Spieße wird er auf die Schüssel angerichtet, und darunter noch ein wenig eingegangene Schü, nebst dem eigenen Safte gegeben. — Zugleich kann man auch eine Kapern-, Sardellen-, Zwiebel- oder auch saure Sauce mit Gurken dazu auftragen.

Noch auf andere Art werden die dünnen kleinen Schnitzeln mit einem umgekehrten Messer stark geklopft, jedes Stück in zerlassener Butter gut eingetaucht, und mit Limoniensaft gesäuert. Diese Stücke werden dann in eine kupferne flache Kasserole gelegt, gesalzen und auf gähem Feuer geröstet, daß das Fleisch in Saft bleibt, dann richtet man es zierlich an, und gibt eine Sauce darüber.

185. Den Lungenbraten in jeder Form

kann man auch mit Milchrahm begießen, und den vom Braten abgelaufenen Saft darunter geben. Man kann dazu auch mancherlei Saucen verwenden. Oft wird er mit kleinen Zwiebeln und mit Erdäpfeln bereitet. Man schält nämlich mehrere kleine Zwiebeln, damit sie gleich werden, passirt sie in wenig zerlassenem Specke gelblich an, und läßt sie in der Bräse mit dem Lungenbraten weich sieden, nimmt sie bann sammt dem Fleische heraus, glasirt sie wie dieses, und rangirt sie im Kranze um dasselbe auf der Schüssel herum.

Die Erdäpfel werden roh geschält, in 4 Theile geschnitten, und einige Stunden in frisches Wasser gelegt. Naht die Zeit zum Braten, werden sie herausgenommen, blätterweise geschnitten, in Kernfett, Speck oder Butter gäh gebraten, und um das Fleisch im Kranze gereiht.

Mit in Essig eingemachten, gleich ausgesuchten, dressirten, fingerdicken Gurken, oder in Essig und Oel angemachtem Gurkensalat, wenn es der Jahreszeit anpassend ist, oder mit geschabtem Kren und gezupften grüner Petersilie pflegt man ebenfalls dieses Fleisch rings herum zu garniren. Geriebener Kren wird besonders bei der Tafel herumgetragen.

186. Boeuf à la Mode.

Dazu wird die Schale (das Scherzel), das ist der von der Keule rückwärts liegende Fleischtheil oder wohl auch der Lendbraten oder ein Schultertheil genommen. Man klopfe das Fleisch mürbe, salze es gut ein, besäe es mit etwas gestoßenem Pfeffer, mache mit dem Kochlöffelstiel Löcher in dasselbe, stecke in diese fingerlange, in Pfeffer und Salz gewälzte Stückchen Speck, Schinken und Mark, und lasse es 1 Stunde liegen. Dann belege man eine Kasserole mit 2 spanischen Zwiebeln, 3 gelben Rüben, einem Stück Sellerie, 2 Petersiliewurzeln, welches Alles blattweise geschnitten worden; Thimian, Basilikum, Citronenschalen, 12 Pfefferkörner, Ingwer und 16 getrockneten Pflaumen, lege das Fleisch darauf, und gieße ½ Maß rothen Wein und 1 Seitel Essig darüber, verklebe den Deckel mit Teig oder Papierstreifen recht gut, und lasse es durch einige Stunden auf schwacher Glut dünsten. Dann nehme man den Deckel herab, lege das Fleisch in eine andere Kasserole, treibe die Brühe durch ein Sieb darüber, lasse es noch ½ Stunde dünsten, und gebe es dann zur Tafel.

Auf andere Art wird das Fleisch früher gebeizt, dann gespickt, in Speckblättchen eingewickelt gebraten, und dann erst gedünstet. Manche machen zur Brühe auch eine Einbrenn, oder verdünnen sie mit Schü und Essig.

Am einfachsten wird es auf folgende Art zubereitet:

Man legt ein mageres, geklopftes, gehörig gesalzenes, mit Nelken, Pfeffer u. dgl. gewürztes Stück Rindfleisch mit Zwiebeln, gelben Rüben und einigen Lorbeerblättern in eine Kasserole, gibt guten Essig dazu, und läßt es mit einer Handvoll geriebener Brotrinde verkochen. Vor dem Auftragen wird die Sauce durchgetrieben und darüber gegeben.

187. Saftbraten mit Maccaroni oder Boeuf à la Mode

für 10 Personen.

Sechs bis acht Pfund Fleisch Rindfleisch (der innere Theil des Schlegels, sogenanntes „Oberschal“) werden vor allem gut geklopft, dann mit einem Löffel voll (mit Pfeffer und Muskatnuß gemischten) Salzes gut eingesalzen, die andere Hälfte des Salzes verwendet man zur Einsalzung des fingerlang und eben so breit geschnittenen Speckes und der ebenso geschnittenen Pökelzunge. Hierauf zersticht man mit einem schmalen Küchenmesser beiläufig 4 Zoll tief und in 4 Reihen das Fleisch, bespickt es mit dem Specke und der Pökelzunge, und umwickelt es mit einer sehr dünnen Schnur.

Hierauf gibt man in eine Kasserole 2 kleingeschnittene gelbe Rüben, 2 Stück Petersilie, eine Zwiebel, ein Lorbeerblatt, etwas Kuttelkraut, mehrere Pfefferkörner und eine halbe Maß guten alten Weines, gibt den Rindsbraten darein, deckt ihn zu, und läßt ihn gut dünsten, doch sehe man darauf, daß der Saft sich nicht anbrennt. Ist beiläufig nach der ersten Stunde schon der Wein eingesotten, so gießt man immer eine Suppe nach, um eine Saussiere voll zum Servieren des Bratens zu erhalten.

Nach der fünften Stunde aber legt man den Braten heraus, seiht den Saft durch ein Sieb, säuert ihn mit 2 Löffel voll Bertram-Essig, gibt Saft und Braten in dieselbe Casserole wieder hinein, und stellt ihn zum Anrichten warm. Kurz vor dem Gebrauche wird der Saftbraten mit einem scharfen Messer tranchirt, (doch so genau wieder zusammengelegt, daß man keinen Schnitt wahrnimmt,) und mit der Hälfte der Sauce übergossen, während die andere Hälfte in einer Saussiere herumgereicht wird.

188. Maccaroni mit Käse.

Diese werden ganz einfach in Salzwasser abgesotten, mit heißer Butter abgeschmalzen, mit Käse bestreut, und zu vier Theilen in Bouquettform um den Braten gelegt.

189. Rindfleisch mit Glaß.

Man nimmt ein mageres Stück Rindfleisch von der Schale, siedet selbes gehörig weich, macht in einer Kasserole ein Stück Butter heiß, gibt einige Stück Zucker hinein, läßt ihn schön bräunlich werden, gibt dann das Rindfleisch hinein läßt es unzugedeckt auf jeder Seite braun werden, gibt dann ein wenig Glaß oder braune Suppe daran, und läßt dieses einkochen. Vor dem Anrichten gibt man ein Paar Eßlöffel voll Himbeer= oder Weichselsaft daran, läßt es unter öfterem Umwenden ganz kurz einkochen, und sieht darauf, daß es auf beiden Seiten eine schöne Glaß bekommt.

190. Mostbraten.

Dazu nimmt man einen Lungenbraten, wässert ihn gut aus, klopft ihn, und gibt ihn eingesalzen in eine mit Speck= blättchen, gelben Rüben, Petersilwurzeln und Zwiebeln be= legte Kasserole oder Rein. Darauf werden ein Paar Gewürz= nelken nebst einem Stückchen Ingwer dazu gegeben, und die Kasserole bis auf den dritten Theil mit Most, Essig und Wasser angefüllt, gut bedeckt und öfters umgekehrt, gedün= stet, bis das Fleisch mürbe ist. Wenn der Saft nicht genug eingegangen ist, so lasse man das Wurzelwerk noch damit dünsten, bis es gelbbraun geworden, stäube dann ein Paar Kochlöffel voll Mehl daran, lasse es ebenfalls braun werden, und gieße es mit Most und guter Fleischbrühe auf, schlage es, wenn es wohl verkocht, durch einen Durchschlag, lege den Lungenbraten darein, und lasse ihn wohl damit aufko= chen. — Der Saft muß goldgelb und so dick sein, daß er sich spinnt.

191. Gulaschfleisch.

Unterwachsenes Fleisch vom Rippenstück, oder auch vom Lungenbraten wird gut geklopft, in kleine Scheiben zerschnit= ten und dann mit $\frac{1}{4}$ ℔ würflig geschnittenen Speck 1 Häup=

pel Zwiebel, 1 Eßlöffel voll in ein Fleckchen gebundenen Kümmel und einigen Eßlöffeln voll Essig in eine Rein oder Kasserole gegeben, mit Wasser vergossen, zugedeckt und weich gedünstet.

Man kann auch würflig geschnittenen spanischen Zwiebel, Schalotten, Kuttelkraut, Lorbeerblättchen, selbst etwas mit Gewürznelken besteckten Knoblauch dazu geben.

Der Saft wird nach weggenommenen Deckel kurz eingesotten, bis er sich recht verdickt und mit dem Fleische verbindet. — Schließlich streut man Paprika in Pulver und Salz in kleiner Gabe darunter, und richtet es recht heiß an. Kümmel, Kuttelkraut, Lorbeerblättchen, Knoblauch u.dgl. werden früher herausgenommen.

Manche geben zuletzt auch gekochte und geschnittene Erdäpfel dazu.

192. Gulaschfleisch für 10 Personen.
(In einem Privathause.)

Man nimmt 6 ℔ vorderes Fleisch (unterspicktes ist am besten) schneidet es würfelig, gibt es mit Kümmel, Kuttelkraut, etwas Majoran, Pfeffer, Zwiebel, Essig und Salz in ein Kasserol und läßt es daselbst mit Wasser (verdeckt) dünsten, bis es weich ist. — Man kann es auch mit Mehl einstäuben.

Für Gasthäuser wird das Gulaschfleisch auf dieselbe Art bereitet, nur wird ein weniger feines Fleisch und mehr Pfeffer dazu genommen.

193. Kalbs-Gulasch.
Für 20 Personen.

Man gibt 14 ℔ Bauch- und Halsfleisch gewürfelt geschnitten in ein Kasserol. Während dem darauffolgenden Dünstungsproceß setzt man Salz und Paprika dazu und stäubt dann das dünstende Fleisch mit Mehl. Auch kann man 3 Eßlöffel Mehl in einem Seitel Milch abgesprudelt (abgequirlt) darunter rühren.

Sechste Gattung. Gebratenes Rindfleisch.

Dazu gehören vorzüglich der Rostbraten, sowie die bereits erwähnten, vor dem Dünsten gebratenen Lungenbraten.

194. Roſtbraten.

Das Fleiſch von der letzten Rippe an, bis aufwärts unter die Schulter hin, heißt man Roſtbraten.

Die Rippen werden ausgelöſet, das Fleiſch $1/4$ Finger dick über ihre Breite auf Schnitze geſchnitten, mürbe geklopft, mit Salz und etwas Gewürz (Concaſſè) beſtäubt, in zerlaſſenen Butter getunkt, auf den Roſt gelegt, und auf ſtarker Glut ſchnell abgebraten, in 2—3 Minuten umgewendet und ebenſo gebraten.

Man röſtet ferner eine länglich geſchnittene, ſpaniſche Zwiebel gelblich in Speck, Butter oder Fett, den man darauf legt. Oder man läßt etwas Butter braun werden, darunter man ein Paar Anrichtlöffel voll verſottenen Eſſig mengt, und gießt es über den Roſtbraten. Zur Abwechslung gibt man auch ſtatt allem dieſen nur ſehr heiß zerlaſſenen Sardellen-Butter darüber, auch fein geſchnittenen Knoblauch, in Schmalz anpaſſirte Zwiebel u. dgl., drückt wohl auch etwas Limonienſaft darauf.

Ganz einfach wird der Roſtbraten auf folgende Art bereitet:

Man nimmt die Rippenſtücke, zwei auf 1 Pfd. gerechnet, klopft ſie gut, ſpickt ſie mit Knoblauch, ſalzt und pfeffert ſie, bringt ſie auf den Roſt, und läßt ſie auf beiden Seiten über ſtarker Glut braten, betropft ſie mit Butter, und gibt ſie in ihrem eigenen Saft auf den Tiſch.

Der Roſtbraten muß immer in einer gewärmten Schüſſel aufgetragen werden.

195. Gedünſteter Roſtbraten.

Die geklopften und geſalzenen Roſtbraten werden in eine Rein mit Blättchen Speck, Zwiebel, Wurzelwerk, ein wenig Kuttelkraut, 1 Lorbeerblatt und einigen ganzen Gewürznelken in einer Kaſſerole eingerichtet. Vorher müſſen ſie aber in Saft gäh und braun abgebraten werden.

Darauf kommt $1/2$ Seitel verſottener Eſſig und 1 Seitel Rindſuppe, worin man ſie gut dünſten und kurz eingehen läßt.

Man rührt weiter 3 Kochlöffel voll gebräuntes Mehl mit 1 Maß ordinärer Suppe fein ab, und mengt es ebenfalls dazu, läßt Alles recht gut verkochen, legt die Roftbraten auf die Schüffel und gibt die Sauce durchgeseiht darüber. — Man kann nach Geschmack auch gedünftete ganze Erdäpfel und ein paar Anrichtlöffel voll Milchrahm dazuthun.

Mit Sauce werden die Roftbraten mit in Scheiben geschnittenen Goldmöhren, Peterfiliewurzeln und Zwiebeln, ein wenig Thimian, Lorbeerblättern und Gewürznelken in eine Kafferole gegeben, nach Verhältniß Waffer und Effig dazu gegoffen, gefalzen, zugedeckt und mürbe gedünftet. — Dann wird das Fett abgeschöpft, und nachdem die Roftbraten herausgelegt worden, die Brühe herabgefeiht, und die Wurzeln mit dem wieder dazu gegebenen Fette braun gedünftet.

Nun gibt man ein paar Kochlöffel voll Mehl darein, läßt es auch mit braun werden, gießt es dann mit der Brühe auf, treibt fie, nachdem fie recht gut verkocht, durch einen Durchschlag über die Roftbraten, und läßt diefe noch ein wenig damit aufkochen. — Auch kann man zuletzt noch einige kleine, gekochte und geschälte Erdäpfel hineingeben. Soll eine Rahmfauce gemacht werden, fo braucht man zur abgefeihten Brühe, nur fo viel man benöthiget, fauern Rahm zu geben, und zu einer kurzen Sauce einzufieden.

196. Faschirter Roftbraten.

Man klopfe etwa 4 Stück Roftbraten gut ab, häute dann ein fünftes ab, hacke es mit 3 Sardellen, einem Löffel voll Kapern, Zitronenschale, etwas Zwiebel, Schalotten und grünem Peterfilie klein zufammen, gebe ein Paar Eßlöffel voll Milchrahm und 1 Ei dazu, streiche fie auf die Roftbraten, lege dann letztere auf einander, und dünfte fie in einer Kafferole, deren Boden mit Speck und in Streifen geschnittener Zwiebel belegt worden, mürbe. Dann nehme man die Roftbraten heraus, staube etwas Mehl in die Kafferole, bräune es, verdünne das Ganze mit Wein, und gebe diefe Brühe über die Roftbraten.

Vierte Klasse.
Zuspeisen.
1. Ordnung.
Saucen (Tunken).

Die zweckmäßige Bereitung der Saucen (Tunken) ist ein wichtiger Theil der Kochkunst. Sie erfordert viele Uebung und Aufmerksamkeit, so wie auch einen sehr feinen Gaumen.

Man hat warme und kalte Saucen.

In der Wesenheit sowohl, wie in der Zubereitung steht die warme Sauce der Suppe am nächsten; daher werden in den meisten Kochbüchern gleich nach den Suppen die Saucen oder Tunken angeführt. Da jedoch die warmen, so wie die kalten Saucen an bürgerlichen Tafeln vorzüglich nur zum Rindfleisch gegeben werden, so mögen sie auch hier unmittelbar nach demselben ihren Platz finden.

197. Weiße oder deutsche Sauce.

Zur gewöhnlichen weißen Einmachsauce wird blos Mehl in Butter oder Schmalz weiß geröstet, und diese Einbrenn mit Rindsuppe verdünnt.

Zur Fastensauce wird diese Einbrenn mit weißer Erbsensuppe verdünnt.

Eine delikate weiße Fastensauce ist folgende:

Man gebe in eine Rein oder Kasserole etwas Butter, geschnittene Möhren, Petersilie und Zwiebeln, thue Thimian, Lorbeeren, Basilikum dazu, und lasse es schmoren. Nun rühre man einen Löffel voll Mehl mit Wein ab, gieße es darauf, passire das Ganze durch, und servire die so erhaltene Sauce zu Fischen.

Die eigentliche deutsche Sauce wird auf folgende Art bereitet. Man schneidet einen Vierting Kalbfleisch und eben so viel Schneideschinken mit einigen Schampions, etwas Zwiebel und Petersiliewurzel klein zusammen, passirt dies mit 1 Vierting Butter oder Abschöpffett in ein Reindl etwas an, gibt einige Löffel voll Mehl dazu, und läßt es auf einem Kohlenfeuer unter beständigem Umrühren anschwitzen, füllt es mit guter Rindsuppe nach Verhältniß der Menge des gegebenen Mehles auf, und rührt es wieder so lang,

bis es in Sud kommt. Indem es auf gelindem Feuer fort=
siedet, muß es beständig abgeschäumt werden. Nun wird es
noch durch ein grobes Sieb durchgeschlagen, und auf die
Tafel gegeben, oder auch als Grundlage zu anderen Saucen
benützt.

198. Braune allgemeine Sauce.

Zur einfachen braunen Sauce wird Mehl in Butter oder
Schmalz braun geröstet, und die Einbrenn mit Rindsuppe
oder mit einer braunen Suppe verdünnt aufgekocht.

Zur eigentlichen allgemeinen Sauce belegt man den Boden
einer Rein oder Kasserole mit in dünne Scheiben geschnitte=
nem guten Speck, mit blätterweise geschnittener Zwiebel
darauf; schneidet dann $\frac{1}{4}$ Pfund Kalbfleisch in feine Schni=
tzeln, und bedeckt Speck und Zwiebel damit.

Man kann auch geschnittene Abfälle von Karbonaden
oder Geflügel beigeben; auf dieses gießt man etwas Wasser
und läßt es aufdünsten, bis sich der Saft des Fleisches auf
dem Boden hellbraun anlegt. Zu diesem Allen gibt man
$\frac{1}{4}$ Pfund Butter, und rührt es mit einigen Kochlöffeln voll
Mehl ab. Nun mengt man noch $\frac{1}{4}$ Pfund gewürfelt geschnit=
tene Schneideschinken, Schampions und einige Gewürznelken
bei, läßt das Mehl noch ein wenig anlaufen, und füllt es
mit Rindsuppe, oder besser mit Schü auf, rührt die Masse
unter langsamen Sieden gut um, schöpft Fett und Schaum
ab, und schlägt die Sauce durch ein Haarsieb, um sie nach
Umständen zu benützen.

Eine gute einfache braune Sauce wird auf folgende Art
bereitet. Man vergießt eine schöne branne Einbrenn mit
Rindsuppe, gibt etwas Wein und Essig dazu, legt eine Zwie=
bel, ein Lorbeerblatt, Thimian und ein Paar Gewürznelken
darein, läßt es eine gute halbe Stunde aufkochen, seiht sie
durch ein Haarsieb und gibt ein Paar Löffel voll sauern
Rahm dazu.

Zur braunen Fastensauce wird statt der Rindsuppe eine
klare braune Fastensuppe genommen*).

---

*) Für Fasttage dürfen die Saucen überhaupt nur mit Fasten=
suppen, Fischen u. dgl. versetzt werden, wobei auch vorzüglich
Wurzelwerk, Zwiebel, Essig, Wein, Gewürz ihre häufige Anwen=
dung finden.

199. Zwiebelsauce.

Man röste etliche klein geschnittene Zwiebeln in Fett mit Zucker, staube noch ein Paar Löffel voll Mehl hinein, rühre Alles wohl um, und gieße noch ein Paar Löffel voll guten Weinessig und anderthalb Seitel Fleischsuppe dazu, lasse Alles so lange kochen, bis es etwas dick zu werden anfängt, und richte die Sauce durch ein Sieb an.

200. Schnittlauchsauce.

Man lasse in einem Reindl ein Stück Butter zerschlei= chen, gebe etwas Mehl hinein, dann zwei Löffel voll fein geschnittenen Schnittlauch, lasse es auf der Glut dünsten, gieße eine Rindsuppe, ein wenig Rahm und Weinessig dazu, Salz und noch etwas Schnittlauch, und richte die Sauce in eine Schale an.

201. Schalottensauce.

Zwei Eßlöffel voll geschnittener Schalotten läßt man in brauner Einbrenn etwas anlaufen, gießt dann Rindsuppe darüber, säuert das Ganze mit Essig, läßt es gut verkochen, und treibt die Sauce durch ein grobes Sieb.

202. Paradeisäpfelsauce.

Man schneidet 5—6 Paradeisäpfel nach der Breite auseinander, und presset den Saft mit den feinen Körnern leicht aus. Die so ausgepreßte fleischige Schale wird nebst 6 kleinen Schalotten und einem eigroßen Stückchen Butter langsam und sehr weich gedünstet, endlich mit 8 Löffel voll brauner Sauce genäßt, noch einige Minuten lang gekocht, und das Fett abgeschöpft. Endlich richtet man die Sauce durch ein feines Sieb an. Sie muß ganz klar aussehen. Die Paradeis= äpfel können auch gleich mit etwas Zwiebel, Schalotten und einem Lorbeerblatt weich gekocht, durch ein Sieb gedrückt, in braune Einbrenn gegeben, mit Zucker versüßt, und zur Sauce eingesotten werden.

203. Sauerampfer-Sauce.

Man lasse ein Stück Butter in einer Rein oder Kasse= role zergehen, gebe ein Paar Handvoll reine klein geschnittene

Sauerampfer dazu, und lasse sie schmoren, staube nach einiger Zeit einen Löffel voll Mehl daran, und lasse sie abermals schmoren, gebe dann so viel Rindsuppe darauf, daß es die gehörige Dicke einer Sauce bekommt; zuletzt noch 3 Eßlöffel voll sauern Rahm, und lasse Alles ein wenig aufkochen. Es kann auch noch das Gelbe von 2 Eiern mit dem in feine Streifchen geschnittene Eiweiß vor dem letzten Aufkochen dazu gegeben werden.

204. Limonie-Sauce.

Es wird eine gebliche Einbrenn gemacht, etwas klein geschnittener Zwiebel hineingegeben; wenn dieser etwas angelaufen ist, gibt man so viel Brühe darauf, daß es die rechte Dicke bekommt, schneidet dann von einer halben Limonie die Schalen länglich, gibt den Saft dazu, läßt sie gut versieden, und gibt zuletzt zwei Löffel voll Milchrahm hinein.

205. Himbeersauce.

Man drücke 1 Seitel Himbeeren durch ein reines Tuch, koche den Saft mit $\frac{1}{2}$ Seitel Wein nebst Zucker und Zimmt auf, rühre sodann drei Löffel voll Waizen= oder auch Kartoffelmehl in kaltem Wasser klar gequirlt hinzu, und lasse es aufkochen.

206. Grüne Sauce zu Fischen.

Man hacke eine Citrone, eine Hand voll Spinat und 1 Vierting Kapern recht fein zusammen, dann lasse man Butter recht heiß werden, röste darin 3 Eßlöffel voll fein geriebene Semmelbröseln ein wenig, gebe das Gehack und etwas gestoßene Muskatblüthe darein, gieße es mit Petersiliewasser auf, salze es und lasse es aufkochen. Was kann diese Sauce auch zum Gebratenen geben, nur muß sie dann mit Fleisch=suppe aufgegossen werden.

207. Kapernsauce.

Man lasse in einer braunen Einbrenn etwas fein ge=schnittene Zwiebel und Citronenschalen anlaufen, koche es mit guter Fleischbrühe und einem Löffel voll Essig auf, gebe end=lich 4 Eßlöffel voll etwas gehackter Kapern hinein, und lasse das Ganze gut versieden.

208. Ribiselsauce zum Hirschfleisch oder Schwarzwildpret.

Man lasse 1 Seitel Ofnerwein mit ½ Seitel Wasser heiß werden, schmelze ein Stück Butter in eine Rein gebe 4 Eßlöffel voll fein geriebene Semmelbröseln hinein, lasse selbe ein wenig rösten, schütte den Wein dazu, lasse es ½ Stunde gut sieden, gebe 2—3 Löffel voll Ribisel dazu, ein wenig Zucker, 3 oder 4 Gewürznelken und richte die Sauce zum Wildpret an.

209. Hetschapetschsauce.

Diese wird eben so, wie die Ribiselsauce bereitet. Bei beiden kann man statt Semmelbröseln auch Mehl nehmen. Die Hetschapetsch (Hagebutten) müssen gut gereiniget, weich gekocht, und durch einen Durchschlag getrieben werden. Diese Sauce gehört ebenfalls zum Wildpret.

210. Gurkensauce.

Man rühre eine braune Einbrenn mit Rindsuppe klar ab, gebe einige abgeschälte und in Scheiben geschnittene Gurken, wie auch eine fein geschnittene Zwiebel hinzu, und lasse dieses Alles zusammen kochen.

Vor dem Anrichten kann noch etwas Senf dazu gemischt werden.

211. Kittensauce.

Man koche, schäle und reibe 2 reife Kitten, rühre dann ½ Seitel sauern Rahm mit ½ Löffel voll Mehl gut ab, gebe einen Schöpflöffel voll Rindsuppe darauf, und lasse dies so ¼ Stunde kochen; nach dieser Zeit gebe man die geriebenen Kitten dazu, und zuckere die Sauce, daß sie gehörig süß wird.

212. Erdäpfelsauce.

Zu einer semmelbraunen Einbrenn gebe man Zwiebel, Thimian, etwas Lorbeerblätter, und gieße es mit Fleischbrühe und einem Löffel voll guten Weinessig auf, schlage es durch ein Haarsieb, gebe dann ganz kleine gesottene und geschälte Erdäpfel hinein, und lasse es noch einmal aufkochen. Statt der kleinen Erdäpfel kann man auch größere klein schneiden.

213. Mehlkren.

Man rühre einige Löffel voll Mehl mit Obers in einem kleinem irdenen Topfe ab, gebe geriebenen Kren und ein wenig Semmelbröseln dazu, schütte eine siedende Rindsuppe daran, und lasse es aufkochen; gebe dann ein Stück Butter und noch ein wenig Milchrahm dazu, lasse die Sauce noch etwas beim Feuer stehen, und richte sie an.

214. Semmelkren.

$\frac{1}{2}$ Semmel wird blattweise in $\frac{1}{2}$ Seidel Rindsuppe geschnitten, gut aufgekocht und fein abgesprudelt. Dann gibt man 1 Eßlöffel voll Rahm und $\frac{1}{2}$ Löffel voll fein geriebenen Kren darunter, und läßt Alles nochmals aufkochen.

215. Mandelkren.

Einen Löffel voll Mehl rühre man mit einem Seitel Milch auf dem Feuer so lange, bis sie kocht, dann gebe man $\frac{1}{2}$ Viertelpfund abgezogene und fein gestoßene Mandeln nebst etwas Zucker darein. Vor dem Anrichten verrühre man damit noch einen Löffel voll fein geriebenen Kren.

216. Rahmkren.

Man rühre $\frac{1}{2}$ Kochlöffel voll Mehl, nachdem es mit Butter oder Abschöpffett etwas angelaufen, mit einem Seidel Rindsuppe, ab, womit auch Alles gut versotten werden muß. Darauf gieße man 1 Seitel Milchrahm, und lasse es, bis es die gehörige Dicke erreicht hat, einkochen. Zum Schlusse wirft man geriebenen Kren und das übliche Salz hinein. Nebst dem Kren können auch fein geschnittene gut anpassirte Sauerampfen dazu genommen werden.

217. Knoblauchkren.

Eine blattweise geschnittene Semmel wird mit 1 Paar Gliedchen Knoblauch in fetter Fleischbrühe so lange gekocht, bis sich dieselbe recht fein absprudeln läßt; dann werden noch 3 Eßlöffel voll fein geriebener Kren hineingerührt.

218. Möhrensauce.

Man schabe und reibe einige gesottene Goldmöhren, lasse sie mit etwas Schmalz in einer Reine heiß werden, gebe einen Eßlöffel voll gestoßenen Zucker daran, und lasse ihn braun werden, thue die Möhren dazu, lege ein Stück Butter darein, und lasse sie dünsten, staube 1 oder 2 Löffel voll Mehl daran, schütte eine Rindsuppe darüber, dann ein wenig gestoßenes Gewürz, und gebe sie zum Rindfleisch.

219. Senfsauce zu Karbonaden.

Man schneide eine große Zwiebel sehr fein, lasse ein Stück Butter oder Schmalz in einer Reine heiß werden, röste einen Löffel voll Mehl ganz weißgelb darin, gebe die geschnittene Zwiebel dazu, und lasse sie noch ein wenig mit= rösten, gieße 1 Seidel siedende Fleischsuppe daran, gebe Essig nach Belieben, Limonienschalen, 1 Lorbeerblatt und eine kleine Messerspitz voll Pfeffer dazu, und lasse es mit diesem eine gute Viertelstunde kochen; gebe dann einige Löffel voll Senf daran, koche Alles noch ein wenig auf, nehme das Lorbeer= blatt und die Limonieschale heraus, und richte die Sauce an.

220. Sardellensauce.

Man reinige 4 gut ausgewaschene Sardellen von Gräten und Schuppen, schneide sie in ganz kleine Würfeln, vermische sie mit etwas Zwiebel, grüner Petersilie und Citronenschalen, Alles klein geschnitten. Dann röste man 2 Löffel voll Butter, 2 Löffel voll Mehl bis zum Braunwerden ab, gebe das Ge= hackte hinein, lasse es mit demselben einen Augenblick dünsten, gebe noch einen Schöpflöffel voll guter Fleischbrühe darauf, verrühre es gut und lasse es noch einen Sud machen.

221. Schampionsauce.

Man schäle 6—8 Schampions, schneide sie blattweise, und röste sie sodann mit etwas klein gehackter grüner Peter= silie in Butter, staube etwas Mehl darauf, gebe auch einen Eßlöffel voll gute Brühe und zuletzt noch etwas sauern Rahm, und so viel nöthige Rindsuppe dazu, und lasse das Ganze noch einen Sud machen. Die Schampions können auch mit kleinen Essiggurken zusammengehackt und in brauner Ein= brenn mit Rindsuppe und etwas Essig aufgedünstet werden.

Statt der Schampions können auch Pilze und Täub= linge zu dieser Sauce verwendet werden.

222. Morchelsauce.

Die gereinigten Morcheln (Maurachen) werden sehr fein gehackt, mit gebräunten Mehl, Citronenscheiben und Schalen gemengt, und in Rindsuppe zu Sauce versotten.

223. Müscherlsauce.

Von 3 rein gewaschenen und geschuppten Sardellen löse man die Gräten ab, schneide das Fleisch fein zusammen mit etwas grüner Petersilie, Zwiebel und Citronenschalen, und gebe Alles in eine gelbe Einbrenn, röste es etwas, gieße es mit Suppe und Wein auf, gebe zuletzt die mit Wein gut ausgewaschenen Muscheln darein, und lasse das Ganze gut aufsieden.

224. Häringssauce zu Fischen.

Ein gut ausgewässerter, gereinigter und von Gräten befreiter Häring wird in Stücke geschnitten, einige Stunden in Wein und Essig gelegt, dann klein gehackt und unter stetem Rühren in heißem Butter geröstet. Nun gibt man Wein, Muskatblüh, Zucker, ganze Kapern und Citronenschalen dazu, läßt Alles gut aufsieden, und gibt die Sauce zu abgesottenen oder gebackenen Fischen.

225. Rahmsauce zum Wildbraten.

Man rühre einen Löffel voll Mehl mit 1 Seitel sauerm Rahm ab, überstreiche oder begieße den Braten einige Male damit, gebe das Uebrige zur Bratensauce, und lasse es mit einigen Limonienscheiben und gestoßenen Gewürznelken noch ein wenig kochen.

Ist die Sauce zu dünn, so kann noch 1 Löffel voll geröstetes Mehl hineingemischt werden. Sie wird, nachdem man etwas Kapern darein gethan, über das Wildpret angerichtet.

226. Buttersauce.

Man lasse 1 Löffel voll Mehl in $\frac{1}{2}$ Vierting Butter etwas anlaufen, ohne daß es gelb wird, gieße es dann mit Fleischbrühe auf, und gebe 4 Löffel voll Milchrahm darein. Wenn sie gut verkocht, wird sie vor dem Anrichten mit einigen Eidottern abgesprudelt.

Soll die Sauce zum Spargel gehören, so wird sie mit dem Spargelwasser aufgegossen.

Zweite Gattung. Kalte Saucen.

227. Eidottersauce.

Man rühre etwa 6 hartgesottene Eidotter mit Weinessig fein ab, gebe das Weiße der Eier fein gehackt mit etwas Salz und Zucker, nebst fein geschnittenem Schnittlauch dazu, und mische alles gut durcheinander.

228. Grüne Sauce.

Man nehme das ausgelöste und gereinigte Fleisch von 3 Sardellen, drei hart gesottene Eidotter und ein Stück in Wasser geweichte Semmelschmollen, stoße diese drei Stücke fein zusammen, gebe sie in eine Schale, gieße Bertramessig und Provenceröl dazu, nehme dann eine Handvoll Sauerampfer und etwas Spinat, ein wenig Bertram und Basilikum, stoße dieses klein zusammen, drücke den Saft durch ein Tuch in die Sauce, und salze und zuckere sie so viel nöthig ist.

229. Häringsauce anderer Art.

Das ausgelöste, gereinigte Fleisch und die Milch eines Härings stoße man zusammen mit 2 hartgesottenen Eidottern, einem geschabten Maschanzerapfel, ein paar Schalotten oder einer andern kleinen Zwiebel, treibe alles durch ein Haarsieb, gebe etwas Pfeffer dazu, mache es mit gutem Oel und Essig gehörig dünn, und servire die Sauce zu einem kalten Braten.

230. Sardellensauce.

Man verrühre 3 hartgesottene Eidotter mit einem Löffel voll Essig recht fein, gebe 4—6 gut ausgewaschene, von Gräten und Schuppen gereinigte und fein zusammengehackte Sardellen und so viel Essig und Wasser, daß es die gehörige Dicke behält, dazu, und zuletzt auch das Weiße von den Eiern fein gehackt darunter.

231. Senfsauce.

Es werden 6 Stück Sardellen mit 4 hart gesottenen

Eidottern zusammengestoßen und durchpaffirt, dann 1 Büsch-
chen Schnittlauch oder grüner Zwiebel, 1 Büschchen feiner
Peterfilie zusammengeschnitten und darunter geworfen, das
Ganze mit einem Anrichtlöffel voll Senf, eben so viel Effig
und Oel fein abgerührt, und am Ende mit grobgestoßenem
Pfeffer und ein wenig Salz beftreut.

232. Effigkren.

Fein geriebener Kren wird mit Effig, etwas Salz und
Zucker angemacht, und oben ein wenig feines Oel darauf
gegeben.

Will man den geriebenen Kren minder scharf machen,
so darf man ihn nur mit etwas kochender Suppe abrühren.

233. Semmelkren.

Zwei Löffel voll geriebenen Kren und eben so viel Semmelbröseln werden mit einigen Löffeln voll kochender Suppe
begoffen, und eine Weile stehen gelaffen, dann guter Effig
gegeben, wohl gezuckert, und zuletzt wird oben etwas feines
Oel darauf gegoffen.

234. Erdäpfelkren.

Gesottene und fein geriebene Erdäpfel werden mit Oel
abgerührt, mit halb Effig halb Waffer begoffen, dann mit
etwas sehr fein geschnittener Zwiebel und grüner Peterfilie
gemischt, und zuletzt, so viel nöthig, gesalzen und gezuckert.

235. Mandelkren.

Ein Vierting Mandeln geschält und fein gestoßen wird
mit 3 harten Eidottern zusammengerührt, mit Effig und
Oel angemacht und gezuckert. Gewöhnlich wird auch ein klein
wenig geriebener Kren dazu gemischt.

236. Aepfelkren.

Einige schöne Tafeläpfel, geschält und gerieben, werden
mit einer Handvoll geriebenen Kren gemischt, mit Effig angemacht und stark gezuckert.

237. Gurkenfauce.

Einige geschälte und von Kernen gereinigte Gurken
werden blätterweise geschnitten, und gut eingesalzen. In der-

Zwischenzeit hat man die Dotter von 4 harten Eiern mit 1 Löffel voll guten Oel, und mit 1 auch 2 Löffel voll gutem Essig abgerührt. Hierauf werden die Gurken ausgedrückt und mit fein geschnittenen Schnittlauch bestreut dazugemischt. Diese Sauce muß auch ein wenig gepfeffert werden.

---

2. Ordnung.

Gemüse.

Erste Gattung. Kopfkraut. (Weißkohl).

Der Weißkohl, gewöhnlich Häupelkraut genannt, ist das allgemeinste und beliebteste Grüngemüse. Er wird entweder frisch (süß), oder zur längeren Aufbewahrung gesäuert (Sauerkraut) verwendet.

238. Süßes Kraut.

Von den frischen gereinigten Häupeln wird der Stängel herausgestochen, das Kraut fein, wie Nudeln, geschnitten und gewaschen. Will man es ganz einfach zubereiten, so wird es gesalzen mit etwas geschnittenem Kümmel gemischt, in einen Hafen gedrückt, mit Wasser begossen, und unter öfterem Umrühren und Nachgießen von Rindsuppe weich gekocht, dann blos eingebrennt und gut verrührt.

Zum Dünsten desselben! lasse man Abschöpffett oder Schmalz zerfließen, und gestoßenen Zucker darin schön braun werden, bringe das Kraut hinein, und dünste es, staube 2 Löffel voll Mehl daran, lasse es noch ein wenig dünsten, gieße Fleischbrühe darunter, daß es aber nicht zu dünn wird, lasse es noch eine Weile fortkochen, richte es an, gebe geräucherte Schinken, ganze oder in Schnitzen aufgeschnittene geräucherte Zunge, auch Bratwürstlein, oder nach Belieben eine ähnliche Auflage darauf.

239. Frisches gesäuertes Kraut.

Dieses wird ganz auf dieselbe Art bereitet, wie das süße Kraut, nur gibt man noch etwas guten Essig dazu.

240. Rothes gesäuertes Kraut.

Die rothen Krauthäupel werden so wie die weißen vorbereitet, dann roh in $\frac{1}{2}$ Pfund zerlassenen Speck, von dem die Grammeln zu beseitigen sind, mit einer fein geschnittenen spanischen Zwiebel, und 1 Anrichtlöffel voll versottenem Essig gedünstet. Dazu gibt man einen Anrichtlöffel voll gestoßenen Zucker, und $\frac{1}{2}$ Maß versottenen rothen Wein mit eben so viel guter Schü oder Rindsuppe, läßt es kurz und gäh ein= sieden, und rührt es mit 1 Anrichtlöffel voll brauner Sauce ab.

Zuletzt kann man noch ein halbgebratenes Rebhendel, oder ein ähnliches Geflügel damit aufdünsten.

241. Gekochtes Sauerkraut.*)

Die nöthige Menge Sauerkraut wird, wenn es alt und sehr sauer ist, einigemal mit frischem Wasser ausgewaschen, dann mit wenig Wasser in einem irdenen Hafen kurz über= sotten, und das Wasser wieder gut abgeseiht. Unterdessen schneidet man ein Stück Speck, im Verhältniß der Menge des Krautes, fein gewürfelt, zerläßt ihn, und passirt eine fein geschnittene spanische Zwiebel darin.

Man läßt ferner einen starken Kochlöffel voll Mehl da= rin gelblich anlaufen, und gibt das gesottene trocken abge= seihte Kraut gesalzen dazu, rührt es mit einer fetten Rind= suppe ab, füllt es damit auf, und läßt es kurz einkochen.

Man pflegt dieses Kraut entweder blos zum Rindfleisch zu geben, oder mit Brat=, Leber=, oder Blutwürsten, mit ge= sottenem Schweinfleisch mit gesottenen Pöckel= oder geräucher= ten Rindszungen, mit gebackener Kalbsleber oder schweiner= nen gebratenen Karbonaden zu belegen. Auch wird manch= mal ein gebratener Kapaun damit aufgedünstet, und entwe= der ganz oder zerlegt darauf gegeben.

---

*) Zum Einsäuern werden die Krauthäupel gereinigt, nach ausge= stochenen Stängeln mit einen Krauthobel (Scharbe) fein ge= schnitten, und in einem hölzernen Behältniß mit Salz und Kümmel, einen Paar Händen voll düren Erbsen, immer lage= weise dazwischen gestreut, mit hölzernen Stampfen fest zusammen gestoßen oder eingetreten. So gestaltet bedeckt man es mit einem hölzernen gut passenden Deckel, gibt dazwischen noch ein leinenes Tuch, und beschwert es mit Steinen. Wenn es nicht so viel Saft gibt, daß er darüber steht, hilft man mit Salzwasser nach. Es muß an einem kühlen Orte stehen, und besonders im Som= mer oft gereiniget werden.

242. Gedünstetes Sauerkraut.

Man belege eine Rein oder Kasserolle mit geschnittenem
Speck und Zwiebel, oder auch Abschöpffett oder Schmalz,
lasse es zerfließen, und gestoßenen Zucker darin schön braun
werden, bringe das Kraut hinein, und dünste es, staube 2
Löffel voll Mehl daran, lasse es noch ein wenig dünsten,
gieße Fleischbrühe darunter, daß es aber nicht zu dünn wird,
lasse es noch eine Weile fortkochen, richte es an, gebe geräucherte Schinken, ganz oder in Schnitzen aufgeschnittene geräucherte Zunge oder Bratwürsteln nach Belieben darauf.

243. Fastenkraut.

Sowohl das süße als das saure Kraut wird an Fasttagen, so wie alle Zuspeisen mit Butter oder Rindschmalz
eingebrennt oder gedünstet, und mit Fastensuppe vergossen.
Zu Belegung dienen gebackene Fische, Semmelspalten, Fisch-
Karbonaden, gebackene Frösche, mit Semmelbröseln panirt,
auch gebratene Fisch-Fasche und Würste von Fischen, Schnecken
Häringe u. dgl.

Das Sauerkraut mischt man auch gern mit übersottenen Fischrogen, oder belegt es mit gebackenem Rogen, gibt
auch zuletzt manchmahl sauern Rahm dazu.

244. Warmer Krautsalat.

Man richtet fein geschnittenes frisches Kraut vor, läßt
dann Butter oder fein würflig geschnittenen Speck heiß werden, gibt das Kraut darein, und kehrt es so lange über dem
Feuer um, bis es durch und durch, heiß ist; dann giebt
man gestoßenen Pfeffer, Salz und etwas Essig darein, wendet es über dem Feuer noch ein paar Mal um, und trägt
es warm auf.

Zweite Gattung. Gemeiner Kohl.
245. Gekochter Kohl.

Dieser wird ganz so, wie das süße Kraut behandelt,
nur verlangt er immer etwas Pfeffer, und wird nur grob
geschnitten. Am besten siedet man ihn mit wenigem Wasser
in einem Topfe kurz ab, und seihet das Wasser wieder weg,
daß er ganz trocken wird. Nebstbei passirt man eine halbe

feine geschnittene spanische Zwiebel in ¼ Pfd. zerlassenem
Speck oder Fett, gibt einen Kochlöffel voll Mehl dazu, läßt
es gelblich anlaufen und verschäumen. Um die gehörige
Dicke der Sauce zu erhalten gibt man so viel Rindsuppe
darauf, als dazu nöthig ist, womit man es fein abrührt,
und nun den trockenen Kohl dazu mengt. Damit läßt man
ihn auf den Kohlenfeuer langsam einkochen, salzt und würzt
ihn mit einer Messerspitze voll Pfeffer oder Sepis. Auch kann,
nach Geschmack, sehr wenig in Salz zerdrückter Knoblauch
darunter gemischt werden.

246. Gedünsteter Kohl.

Der von den groben Blättern und dem Strunge be=
freite Kohl wird in 4—6 Theile geschnitten, und im leichten
Salzwasser abgekocht. Dann wird Butter oder Fett heiß
gemacht, der abgeseihte Kohl darein gegeben und weich ge=
dünstet. Man gibt ihn dann entweder gleich zur Tafel
oder stäubt ein paar Löffel voll Mehl daran, läßt es an=
laufen, gießt ihn mit guter Fleischbrühe auf, jedoch nicht zu
dünn, gibt etwas Pfeffer daran, und läßt ihn gehörig verkochen.

247. Blauer Kohl mit Kastanien (Kösten).

Die von den Stängeln gezupften und gewaschenen
Blätter werden in Wasser weich gekocht, dann gut ausge=
drückt und fein gehackt. Nun wird Mehl in Butter gelb=
braun geröstet, etwas fein geschnittene Zwiebel oder Knob=
lauch und der Kohl darein gegeben, mit fetter Fleischbrühe
verdünnt und wohl aufgekocht. Etwas vor dem Anrichten
werden gebratene und ausgelöste Kastanien darunter gemischt
und ein wenig mitgekocht.

Das Pfeffern ist nicht zu vergessen.

Statt der Kastanien kann man auch kleine, gesottene,
geschälte und etwas in Schmalz oder Butter geröstete Erd=
äpfel dazu geben. — Man pflegt diesen Kohl auch mit
Kaffee zu machen.

Zum Belege sind Bratwürste am schicklichsten.

248. Kohl mit Rahm.

Der gereinigte Kohl wird gut abgesotten und auf einem
Brette fein gehackt. Dann röstet man in einer Rein etwas

6

Mehl mit Butter, rührt es mit saurem Rahm zu einer Sauce, gibt den Kohl mit etwas Muskatblüh hinein und läßt Alles gut aufkochen.

Dritte Gattung. Sprossen= und Blumenkohl.

249. Sprossenkohl.

Die von den größern Blättern gereinigten zarten Sprossen werden gewaschen, in Salzwasser gekocht und abgeseiht, dann entweder mit Butter überdünstet, oder etwas Mehl in Butter gestäubt mit Fleischbrühe aufgegossen und gut verkocht. Sie müssen gäh übersotten werden, damit sie grün bleiben.

Auf andere Art passirt man die Sprossen (wenn sie übersotten sind) mit heißem Butter an, überschwinget, pfeffert, salzt sie ein wenig, und richtet sie, wenn aller Saft verdampft ist, ohne Sauce, nur abgeschmalzen, ganz trocken an.

Sie werden schicklich mit verschiedenen Coteletten, Würsten, grillirten Fischen, allerlei Filets, geräuchertem Fleische, auch mit gebratenen Kastanien und gerösteten kleinen Erdäpfeln belegt.

250. Kohlbroccoli.

Man siede die rein geputzten Broccerln in Salzwasser weich, schrecke sie mit kaltem Wasser ab, gebe sie mit Butter oder mit einem andern Fett in eine Rein, lasse sie gut dünsten, staube dazwischen etwas Mehl daran, gebe die nöthige Rindsuppe nebst Salz und Pfeffer dazu, und das Gericht ist fertig.

251. Abgeschmalzter Blumenkohl (Karviol).

Die von den Blättern gereinigten und am Stängel geschälten Rosen werden in Salzwasser langsam weichgekocht, zierlich angerichtet, mit Semmelbröseln bestreut, und mit heißem Butter oder Schmalz begossen.

Beim Anrichten muß gesehen werden, daß die Rosen ganz bleiben; diese werden in der Mitte der Schüssel zu einer großen Rose, zusammen, und die blätterweis geschnittenen Stängel in einem Kranze herumgelegt.

252. Blumenkohl mit Buttersauce.

Derselbe wird auf die eben erwähnte Art gekocht und angerichtet. Dann läßt man etwas Mehl in Butter anlaufen welches mit Spargelwasser aufgegossen, ein paar Löffel voll Rahm darein gegeben und wohl verkocht wird.

Diese Sauce kann auch, bevor man sie über den Karviol gießt, mit ein paar Eidottern legirt werden.

253. Gebackener Blumenkohl.

Man begießt den gekochten und zierlich angerichteten Karviol mit saurem Rahm, welcher mit einigen Eidottern abgesprudelt sein muß, nachdem er vorher mit einem aus ¼ Pfund Sardellen verfertigten und zerlassenen Butter überzogen worden ist; bestreut das Ganze mit geriebenen Semmelbröseln, und backt es im Backofen. Die Schüssel in der sich die Speise befindet, wird dabei auf ein mit Asche bedecktes Blech gestellt. Dieses Geschirr muß früher mit Butter bestrichen sein. Auch die Broccoli kann man auf die nämliche Art bereiten.

254. Blumenkohl mit Käs.

Der Karviol wird gekocht und zierlich angerichtet; dann wird etwas Mehl in Butter anlaufen gelassen, mit guter Fleischbrühe aufgegossen, so daß es eine recht dicke Sauce bildet. Diese wird nun in eine Porzellan-Kasserole oder tiefe Schüssel über den Karviol gegeben, daß derselbe fast davon bedeckt ist, und oben fingerdick mit fein geriebenem Käs bestreut.

Das Gericht wird sodann in einem etwas überkühlten Ofen gelbbraun gebacken und gleich aufgetragen.

255. Blumenkohl mit Parmesan.

So viele Blumenkohlrosen, als man eben benöthigt, läßt man nach Entfernung der Blätter und sorgfältiger Reinigung in Salzwasser weich kochen und läßt eine weiße Einbrenne mit Butter und Karviolsudwasser auf. Den Karviol legt man auf eine Schüssel begießt ihn mit der beschriebenen Buttersauce und bestreut ihn mit geriebenem Parmesan-Käse. Außerdem kann er des geschmackvollen Aussehens wegen mit grünen Erbsen und Butterteig (sogenannten Fleurons) garnirt werden.

Vierte Gattung. Spargel.

256. Abgeschmalzter Spargel.

Der rein geputzte und abgeschälte (abgeschabte) Spargel wird mit einem Bindfaden zusammengebunden und in Salzwasser weich gesotten. Man darf ihn während des Sudes nicht zudecken, und ihn auch nicht eher als im höchsten Sude ins Wasser geben, auch dann nur an der Seite des Feuers langsam fortkochen lassen. Nun legt man ihn zum Abtrocknen auf eine Serviette, und richtet ihn zierlich mit den größeren Stämmen in die Höhe auf eine Schüssel an. Dann bestreut man ihn mit feinen Semmelbröseln, und überbrennt ihn mit heißem Butter oder Schmalz.

Der Spargel kann eben so, wie der Blumenkohl, in Buttersauce gebacken und mit Käs gegeben werden.

257. Spargelerbsen.

Der lange, dünne Schneidespargel (oder auch anderer Spargel) wird so tief und so weit er sich leicht brechen läßt, abgebrochen, die kleineren Seitenschuppen abgenommen, bis an die Köpfe nach beliebiger Länge in Stückchen geschnitten, in Salzwasser weich gesotten, wieder abgeseiht, und mit frischem Wasser abgekühlt. Dann wird er in erbsengroße Stückchen geschnitten und mit Butter weich gedünstet. Nun stäubt man entweder etwas Mehl daran, und verdünnt ihn mit Schü oder sonstiger guter Fleischbrühe oder macht gute Buttersauce darüber.

Man belegt sie, wie die grünen Erbsen, mit in Schmalz gebackener Semmel, bräsirten Hahnenkämmen, glasirten Schnitzeln u. dgl.

Hopfensprossen können auf dieselbe Art zubereitet werden.

258. Grüne Erbsen.

Die grünen Erbsen werden in Salzwasser abgekocht, etwas gestäubt, dann in Butter gedünstet, mit guter Suppe aufgegossen und je nach Geschmack, mehr oder weniger Zucker dazu gegeben.

Fünfte Gattung. Artischoken.

Diese werden in siedendem Wasser gäh aber nur wenig

abblanſchirt, dann mit einem kleinen Löffel von den inne=
ren feinen gelben Blättern, allem Barte und anderem Rau=
hen vorſichtig befreit, mit kaltem Waſſer abgeſpült, wenig
geſalzen, in Rindſuppe mit Butter und Limonienſaft weich
geſotten, umgeſtürzt, abgeſeiht, und auf einer Schüſſel auf=
geſtellt, verſchiedenartig behandelt.

So vorgerichtet werden die Artiſchoken gewöhnlich ent=
weder trocken nebſt einer Sauce aufgetragen, oder braune
Sauce=Aſpik oder Glaßſaft, auch Butterſauce u.
dgl. darunter gegeben.

259. Artiſchoken mit grünen Erbſen.

Es werden feine grüne Erbſen mit Butter und etwas
fein gehackter grüner Peterſilie weich gedünſtet, dann mit
etwas Mehl beſtäubt, mit guter Fleiſchbrühe verdünnt, und
die auf obige Art vorgerichteten Artiſchoken darin aufgekocht.

260. Gefüllte Artiſchoken.

Die auf erwähnte Art vorbereiteten Artiſchoken werden
mit Kalbsfaſch gefüllt, dann mit Butterſauce aufgekocht.

Auf andere Weiſe treibt man Butter ab, ſchneidet
geweichte Semmel mit Krebsſchweifeln und dem ausgelöſten
Kern der Artiſchoken zuſammen, rührt Alles mit dem Butter
ab, ſchlägt ein Ei daran, gibt Gewürz und Salz dazu, füllt
damit die Artiſchoken, und legt ein Blattel darauf, um ſie
in der Butterſauce aufzuſieden.

Sechſte Gattung. Kohlrüben (Kohlrabi).

261. Kohlrüben ſammt dem Kraut.

Die feinen Blätter werden abgeſtreift, gewaſchen und
beſonders im Waſſer gekocht, die Knollen geſchält, auf einem
Scharbeiſen dünn blattweiſe geſcharbt und geſchnitten, dann
mit etwas geſalzenem Waſſer ebenfalls weich gekocht. Nun
mache man Butter oder reines Fett heiß, gebe Mehl darein
und laſſe es lichtgelb werden, gebe die Kohlrüben, die aus=
gedrückten und ein paar Mal abgeſchnittenen grünen Blätter
nebſt etwas Majoran darein, gieße ſo viele Fleiſchbrühe dazu,

als es die gehörige Dicke erfordert, und siede das Ganze nochmals auf. Man kann auch beide Theile extra einbrennen, beim Anrichten das Grüne in die Mitte geben und dasselbe mit den Rüben herum garniren.

262. Gedünstete Kohlrüben.

Die Rüben, welche nicht holzig sein dürfen, werden ziemlich dick nudelartig geschnitten, mit Butter oder Schmalz in eine Rein gegeben, unter öfterem Umkehren gelbbraun gedünstet, Mehl und etwas Zucker daran gestäubt; mit Rindsuppe aufgegossen und fertig gedünstet.

263. Gefüllte Kohlrüben.

Man höhle die geschälten Rüben etwas aus, siede von dem Ausgehöhlten ein wenig in Salzwasser ab, schneide ein Stück Kalbfleisch, ein wenig Kernfett, Speck, Petersilikräutel, von 2 oder 3 Eiern ein Eingerührtes, und etwas geweichte Semmel klein zusammen, gebe etwas Salz und Gewürze dazu, 1 Ei, 2 oder 3 Löffel voll Rahm, rühre es wohl unter einander, fülle die ausgehöhlten Rüben damit an, schneide von einem Köpfel Deckeln dazu, binde sie mit Faden, um sie in Rindsuppe weich zu kochen, und nach beseitigten Faden in Buttersauce und Petersiliekraut noch einmal aufsieden zu lassen.

Zur Füll kann auch Kalbsfasch oder ein anderer Füllstoff genommen werden.

264. Kohlrüben mit gebackenem Kalbshirn.

Zwanzig Stück junge Kohlrüben werden in kleine Würfel geschnitten, mit $1/4$ Pfund Butter und etwa einen kleinen Löffel voll Zucker gedünstet und ein wenig gestaubt. Sind die Kohlrüben weich gedünstet, so wird eine gute Suppe zugegossen, hierauf werden sie mit gebackenem Kalbshirn garnirt. Selbes wird in der Suppe nebst einem Löffel voll Essig und etwas Salz gekocht, in Theile geschnitten, in Eier, Mehl und Semmelbröseln garnirt und dann aus dem Schmalz gebacken.

265. Siebente Gattung. Spinat.

Zum Spinat dient nicht nur die eigentliche Spinatpflanze, man kann auch die abgestreiften Blätter von rothen

Rüben, Molden, einer Art Maulbeerstrauch, und vielen an=
deren zarten Pflanzen dazu verwenden.

Man kocht den Spinat, nachdem er gut gereiniget und
ausgewaschen worden, im Wasser, seihet ihn ab, spühlet ihn
mit frischem Wasser ab, drückt ihn gut aus, hackt ihn fein
zusammen und rührt ihn dann mit gelber Einbrenn, worin
etwas feingeschnittene Schalotten oder Knoblauch gegeben
worden, gut ab, gießt Fleischsuppe auf, und läßt ihn, etwas
gepfeffert, gehörig verkochen. Manchmal werden auch Sem=
melbrösel und etwas zerdrückter Knoblauch dazu gegeben.
Man belegt den Spinat gewöhnlich mit Pofesen.

266. Spinat mit Sauerampfer.

Man gebe gleiche Theile Spinat und Sauerampfer,
rein gewaschen, in eine Rein oder Kasserole, lasse sie zuge=
deckt mit einem Stück Butter langsam weich dünsten, bestäube
sie mit weißem Mehl, gieße sie mit Rindsuppe auf und lasse
Alles gut verkochen.

Zur Besserung des Geschmackes kann auch etwas Rahm
beigesetzt werden.

267. Spinat mit Rahm.

Der Spinat wird wie gewöhnlich gekocht, ausgedrückt
und zusammen geschnitten, dann mit einem frischen Stück
Butter eine kurze Weile geröstet, ein wenig gesalzen, hierauf
mit einem halben Kochlöffel voll Mehl bestäubt, und mit
$1/_2$ Maß gutem süßen Rahm fein abgerührt, unter fortdauern=
dem Rühren gäh auf dem Feuer zu gehöriger Dicke einkochen
gelassen, und ein wenig gezuckert.

Diesen Spinat kann man entweder, schicklich belegt,
zur Tafel geben, oder auch in kleine hohl ausgebackene Butter=
Pastetchen füllen.

Achte Gattung. Kochsalat.

Der Salat von aller Gattung wird beinahe auf die=
selbe Art bereitet, wie der Kohl. Er wird gut geputzt, ge=
waschen, in Wasser weich abgesotten oder abblanschirt, dann
mit frischem Wasser abgespühlt, und verschiedenartig zuge=
richtet.

268. Eingebrennter Salat.

Der auf obige Art vorgerichtete Salat wird nebst etwas Knoblauch in eine weiße dicke Einbrenn gegeben, mit Fleisch=suppe aufgefüllt und gut aufgekocht.

Die Auflagen sind wie beim Spinat.

269. Salat mit grünen Erbsen.

Dieser wird ganz auf dieselbe Art bereitet, mit grünen Zuckererbsen und ein wenig Petersiliekraut gedünstet, mit Mehl bestäubt, mit Rindsuppe vergossen, und gehörig ein=gekocht.

Neunte Gattung. Wurzel= und Knollengewächse.
270. Süße weiße Rüben.

Die geschälten blättlich oder länglich oder auch würflig geschnittenen Rüben mit etwas Kümmel begieße man mit siedendem Wasser, wasche sie, wenn sie ein Weilchen darin gelegen, wieder heraus, und setze sie mit heißem Wasser aufs Feuer, wo sie ohne Deckel weich kochen müssen. Dann mache man eine Einbrenn, verdünne selbe mit Rindsuppe, schütte die abgeseihten Rüben hinein, und lasse sie noch eine Weile dämpfen. Man mischt auch gern Schöpsen= oder Lammfleisch, auch frisches Schweinfleisch darunter, oder belegt die Rüben mit demselben.

271. Saure weiße Rüben.

Hiezu werden die geschälten Rüben fein nudelförmig geschnitten oder geschabt, in ein Schaffel mit etwas Salz und Kümmel gebracht, und lageweis entweder mit einem hölzernen Stößel eingetreten, und wie das Sauerkraut mit einem leinenen Tuch und einem passenden Brette zugedeckt, und mit großen Steinen beschwert; kurz fast ganz so be=handelt, wie das Sauerkraut. Um schneller zum Ziele zu kommen, pflegt man sie manchmal auch mit Essig zu säuern.

Man siedet sie wie das Sauerkraut, schneidet inzwi=schen Speck fein würflig, läßt ihn auf dem Feuer langsam aus, schneidet eine spanische Zwiebel eben so, und passirt sie in demselben Speck weiß und flüchtig an, läßt einen Koch=löffel voll Mehl damit anschwitzen, gibt die abgeseihten Rü=

ben dazu, rührt Alles mit einigen Schöpflöffeln voll guter Suppe gehörig ab, und läßt es, ein wenig gesalzen, auf dem Kohlenfeuer langsam und gut einsieden.

Zuletzt kann man auch etwas sauren Rahm dazu geben.

Dieses Gemüse pflegt man mit allerlei Würsten, auch mit Kaiserfleisch u. dgl. zu belegen.

272. Gekochter Monat- oder Baſtardrettig.

Dieser wird so, wie die süßen weißen Rüben gekocht, im kalten Waſſer abgefriſcht, dann mit einem Stücke zerfloſſenen Zucker in Butter gebräunt, mit einem mittelgroßen Schöpflöffel voll Schü weich gedünſtet, ein Paar Anrichtlöffel voll braune gute Sauce nebſt ein wenig geſtoßenem Zucker hinzugegeben, und kurz eingekocht.

Die Belegung iſt wie bei den süßen weißen Rüben.

273. Steckrüben.

Diese werden eben so, wie der Rettig zugerichtet und belegt. Sind die Rüben nicht süß genug, so gibt man geſtoßenen Zucker dazu.

274. Gedünſtete Scherrüben.

Man schneide die abgeschabten Scherrüben fein länglich, oder scharbe sie wie die weißen Rüben, laſſe in einer Kaſſerole ein wenig Fett heiß werden, gebe 1 Löffel voll geſtoßenen Zucker hinein, laſſe ihn etwas anlaufen, daß er braun wird, gebe die Scherrüben hinein, und laſſe dieselben schön weich dünſten; lege noch ein wenig Butter daran, ſtäube ein Paar Löffel voll Mehl darunter, gebe zuletzt Salz, Rindsuppe und etwas Gewürz dazu, und laſſe das Ganze gut eindünſten.

Dieses Gemüs wird gewöhnlich mit Kalbs- oder Schöpſenſchnitzeln, verschiedenen Karbonaden, am liebſten mit Rebhühnern belegt.

275. Gedünſtete Möhren.

Dazu wählt man gern die kleinen Goldmöhren, oder wenigſtens die zarteren Arten gelber Rüben. Man schneide dieselben klein nudelförmig, laſſe geschnittenes Peterſilkraut in Butter oder Schmalz mit etwas Zucker anlaufen, gebe die gelben Rüben darein, und laſſe es mitsammen dünſten. Man

kann auch übersottenes Schaffleisch oder Geselchtes in Stückchen geschnitten darangeben. Zuletzt aber stäube man etwas
Mehl daran, und lasse es noch ein wenig dünsten, gieße
Fleischbrühe dazu, salze sie, und koche sie unter öfterem Umrühren kurz ein. Man belegt dieses Gemüse mit Karbonaden,
gebackenen Lämmerfüßchen u. dgl.

276. Möhrenkoch.

Man siede geputzte Goldmöhren in Salzwasser, reibe sie
fein, treibe ein Stück Butter flaumig ab, schlage dann auf je
2 Löffel voll geriebene Möhren 1 Ei, gebe dazu etwas Semmelbröseln, gestoßene Mandeln und Zucker, auch Limonienschalen und Gewürz, und backe das Koch in einer mit Schmalz
bestrichenen Rein.

277. Gesäuerte Ronnen (rothe Rüben).

Weich gesotten und geschält werden sie in nicht gar zu
dicke Blätter geschnitten, mit Kümmel, Salz, ein wenig
Zucker, fein blätterweis geschnittenem Kren und gutem Essig
in einem irdenen Geschirre eingemacht. Man bedient sich ihrer
gewöhnlich zum Rindfleisch, manchmal auch zum Salate, wie
auch zur Garnirung bei verschiedenen andern kalten Speisen.
Zu letzterem Zwecke werden sie gewöhnlich nicht gesäuert, dagegen aber in schönen Formen zugeschnitten.

278. Eingebrennte Kartoffel (Erdäpfel).

Weich gekochte, geschälte und blätterig geschnittene Kartoffeln werden gesalzen in weiße Einbrenn gegeben, etwas
Kuttelkraut dazu, mit Rindsuppe aufgegossen und gut aufgedünstet. Das Kräutel muß vor dem Anrichten daraus entfernt werden. — Man pflegt zur Einbrenn auch Zwiebel an-
zupassiren, und das Gericht zuletzt mit in Butter gerösteten
Semmelbröseln zu bestreuen.

279. Kartoffel mit Senfsauce.

Man siede blätterig geschnittene Kartoffeln mit etwas
Petersiliekraut und Zwiebel in Wasser mäßig weich, und seihe
das Wasser ab, lasse inzwischen in eine Rein Butter zerfließen, schütte die Erdäpfel darauf, und lasse sie ein wenig
dünsten, rühre 2 Löffel voll Senf daran und Fleischbrühe,

bis sie den Erdäpfeln gleich ist, salze sie, wenn es noch nöthig ist, lasse sie noch einen Sud aufthun, richte sie in die zum Auftragen bestimmte Schüssel, lasse zuletzt in einem Pfandel mit Butter kleingeschnittenes Petersiliegrün mit Zwiebel ein wenig anlaufen, aber ja nicht zu heiß werden, und gebe es auf das Gericht herum.

280. Kartoffelschmoren (Erdäpfelschmarn).

Man gebe weich gekochte, geschälte und blättrig geschnittene Kartoffeln in heißes Schmalz (oder Butter), worin man in Streifen geschnittene Zwiebeln gelbbraun röstet, kehre sie einige Male um, daß sie schön braun werden, und richte sie an.

In dieser Form dienen die Kartoffeln häufig zu Garnirungen, besonders der Schnitzeln und Rostbraten.

281. Kartoffel-Püré (Erdäpfelkoch.)

Man siede geschälte und blätterig geschnittene rohe Erdäpfel langsam in gesalzenem Wasser, bis sie sich mit dem Kochlöffel zerdrücken und recht fein verrühren lassen.

Beim Anrichten werden dieselben auf eine Schüssel gegeben, mit Semmelbröseln bestreut, und mit heiß gemachtem Butter, worin ringförmig geschnittene Zwiebeln braun geröstet wurden, abgeschmalzen.

282. Erdäpfel-Püré auf eine zweite Art.

Die Erdäpfel werden roh geschält, weich gekocht und durch ein Sieb passirt; hierauf mit einem Stücke Butter Salz und etwas Obers noch einmal abgekocht.

Sowohl als Zuspeise, besonders aber als Garnirung wird das Erdäpfel-Püré gerne benützt.

283. Kartoffel mit Sardellen.

Roh geschälte und in Mehl gewälzte Kartoffeln lasse man in einem mit einem Stück Butter belegten Rein zugedeckt mürb und braun dünsten, beschmiere dann eine Schüssel mit Butter, begieße sie mit Rahm, schneide die Erdäpfel schön blattlicht hinein, nehme um etliche Kreuzer Sardellen, wasche sie, putze die Gräten davon weg, schneide sie auch dünn blattlicht, und läge sie lägweis darunter, salze das

Ganze, säe Semmelbröseln darauf, brenne das Gericht mit Schmalz, in dem etwas Zwiebel geröstet worden, heiß ab, und lasse es noch etwas auf der Glut dünsten.

284. Erdbirnen mit Butter.

Diese werden am einfachsten roh geschält, gewaschen, in fetter Rindsuppe mit Zwiebel weich gesotten, blättrig geschnitten, mit fein geschnittenem Petersiliekraut bestäubt, und mit heißem Butter begossen. Man pflegt auch noch eine pikante Sauce dazu zu geben.

Neunte Gattung. Saftfleischige Gartenfrüchte.

285. Gurken zu warmen Saucen.

Diese werden geschält, der Länge nach in vier Theile geschnitten, von den Kernen befreit, dann dickblätterig geschnitten, abblanschirt, in Butter mit Finherb anpassirt, mit weißer Sauce gemischt und mit Eidottern legirt, oder auch in braune Sauce gegeben und mit Essig gesäuert.

286. Eingemachte kleine Gurken.

Man wäscht eine beliebige Anzahl kleiner Gurken, schneidet von den Spitzchen oben und unten ein wenig weg, und läßt sie einige Stunden im kalten, frischen Wasser liegen. Ferner siedet man 3 Theile Essig und 1 Theil Wasser mit einigen Gewürznelken oder 2 Lorbeerblättern und ein wenig Salz mit ein paar Mal Aufwallen ab.

Nach dem Sude gibt man frische Kümmelsträußchen und grüne Paprikaschoten dazu, und gießt es ausgekühlt über die vorher in dem Wasser gelegenen, davon abgeseihten Gurken, die in einen Topf oder ein irdenes Geschirr gebracht, und darin fest zusammengedrückt werden, wo man sie dann beschwert und gut zugedeckt sauer und mürbe werden läßt.

Diese Gurken gibt man in der Regel kalt zum Rindfleisch, verwendet sie aber auch zu warmen Saucen und zu Garnirungen kalter Speisen.

287. Saure Kürbisnudeln.

Ein junger Kürbis, bei dem sich aber schon die Kerne zu bilden angefangen haben, wird in Stücke zerschnitten, ge=

schält, von den Kernen und dem inneren schwammigen Theile
gereiniget, und so wie die weißen Rüben klein nudelförmig
geschnitten oder gescharbt, gesalzen, und etwas liegen gelas=
sen. — Dann wird das sich entwickelnde Wasser ausgedrückt,
die Kürbisnudeln werden im gesalzenen Wasser übersotten,
abgeseiht, und in einer blassen Einbrenn, mit Essig gesäuert,
gut aufgedünstet. Dieses Gemüse ist den sauern Rüben ähn=
lich, aber viel feiner.

288. Kürbiskoch.

Das körnige Fleisch eines reiferen Kürbis wird von der
Schale und den schwammigen Theilen befreit, in längliche
Stücke und dann fein blätterig geschnitten oder gescharbt, ge=
salzen, ausgepreßt, und in Wasser weich gesotten.

Inzwischen wird eine semmelbraune Einbrenn gemacht,
die abgeseihten Kürbisblättchen kommen etwas gesalzen und
mit Essig gesäuert hinein, und werden gut aufgedünstet und
verrührt.

Eilfte Gattung. Grüne Hülsenfrüchten.
289. Grüne Fisolenschoten.

Von diesen zarten Schoten werden die Spitzen unten
und oben abgestutzt, sie selbst mitten von einander gespalten,
und dann der Länge nach in zwei Theile geschnitten (sollten
sie sehr klein sein, auch ganz gelassen), gesalzen, im vielem
Wasser weich gekocht, abgeseiht, wieder mit frischem Wasser
abgekühlt und mit einem Büschchen fein zusammengeschnittener
Petersilie in Butter anpassirt, gute Suppe darauf gegossen,
gesalzen, gepfeffert und gäh aufgesotten. Man kann diese Fi=
solen auch mit einigen Eidottern legiren.

Größere Gattungen von Fisolen reiniget man von den
Spitzen und Fasern, spült sie, wenn sie im Salzwasser weich
gesotten sind, mit frischem Wasser ab, schneidet sie länglich,
gibt in eine Rein ein Stück Butter, die Fisolen dazu, läßt
sie eine Weile dünsten, säet 2 Löffel voll Mehl daran, rührt
sie unter einander, gibt die nöthige Rindsuppe dazu, ein wenig
Pfeffer und Salz, und läßt sie aufdünsten. Wünscht man das
Gemüse sauer, so kann man auch ein wenig Essig dazu geben.

Die gesottenen Schoten können auch in Butter oder

Schmalz mit grüner Petersilie gedünstet, mit Mehl bestäubt, und mit Rindsuppe aufgekocht werden. Auch kann man eine weiße Einbrenn dazu machen, und das Ganze gut abgerührt mit Suppe verkochen lassen.

290. Zuckererbsen in Schoten.

Die gereinigten und gewaschenen Schotchen werden im Wasser überkocht, geschnitten und dann mit Butter und fein geschnittener Petersilie gedünstet. Wenn sie vollends weich sind, stäube man etwas Mehl daran, lasse es anlaufen, und dünste das Gericht mit guter Rindsuppe nochmals auf.

Man kann die gesottenen Schotchen auch blos mit Semmelbröseln bestreuen und mit heißem Butter abschmalzen.

291. Grüne Erbsen.

Diese werden ausgelöst, gewaschen, mit Butter und etwas fein geschnittener Petersilie zugedeckt weich gedünstet, mit 2 Kochlöffel voll Mehl bestäubt, mit guter Fleischbrühe aufgegossen, und etwas Zucker und Salz darein gegeben.

Mit Suppe oder Buttersauce vergossen, werden die Erbsen erst dann, wenn der anfangs entwickelte Saft verdünstet hat, und sie fast weich sind. Man würzt sie zuletzt mit Zucker, schwingt sie stark durcheinander, und bekränzt das Gericht beim Auftischen mit gebackene Semmelschnitten. Soll es mit gebackenem Geflügel oder Schnitzeln gegeben werden, so darf man nur wenig Zucker beisetzen.

292. Grünerbsen-Mus (durchgeschlagenes Grünerbsen-Püré).

Gröbere grüne Erbsen werden rein geklaubt und ausgewaschen, in einem Topfe mit Wasser, einer mit Gewürznelken besteckten Zwiebel, und einem Stücke Schneideschinken recht weich gesotten, bis sich der Saft gänzlich eingedämpft hat, und die Erbsen fast trocken sind; worauf man, Zwiebel und Schinken beseitigend, die Erbsen in einem Mörser recht weich stößt, durch ein Haarsieb durchtreibt, dann mit Butter oder Schmalz unter immerwährenden Rühren in einer Rein oder Kasserole gäh anpassirt, etwas salzt und zuckert, mit guter Suppe etwas vergießt, und heiß anrichtet. Die gewöhnliche Belegung ist mit Lamm- oder Kalbfleisch in verschiedenen Formen, mit Kaiserfleisch, Pöckelzungen u. dgl.

Zwölfte Gattung. Dürre Hülsenfrüchte.

293. Steirische Erbsen.

Gelbe Erbsen werden mit doppelt so viel Wasser, gesalzen, weich gekocht. Die Schalen, welche beim Kochen in die Höhe kommen, müssen fleißig abgenommen werden. Dann wird das Wasser abgeseihet, die Erbsen werden auf eine Schüssel gegeben, mit Semmelbröseln bestreut, und mit sehr gutem Schmalz, worin etwas geschnittene Zwiebeln geröstet worden, abgebrannt. Es muß Acht gegeben werden, daß die Erbsen ganz bleiben. Man pflegt dieses Gericht mit Kaiserfleisch, geselchten Zungen u. dgl. zu belegen.

194. Ritschit.

Diese Speise besteht aus einem Gemische von grünen oder dürren Erbsen, oder Bohnen mit gerollter Gerste größerer Gattung. Man kocht die Erbsen oder Bohnen auf eben angegebene Art, die Gerste aber extra, mischt dann beide zusammen, vergießt sie mit Rindsuppe, und brennt sie, wenn sie dick eingekocht sind, bloß mit etwas anpassirter Zwiebel ein. Zum Belege gehört Kaiserfleisch, geselchte Zungen u. dgl.

Man mischt auch Schweinfleisch, würflig geschnitten, darunter, dünstet das Ganze mit Speck oder Schneideschinken, Gerste, Erbsen oder Bohnen, lagenweise über einander geschichtet, in einer Rein oder Kasserole, legt Schnitzel, Zungen u. dgl. dazwischen, und backt es im Ofen zu einem Kuchen.

An Fasttagen werden, wie es sich von selbst versteht, statt Fleischsuppe immer Fastensuppe, und eben so zur Belegung statt Fleisch nur Fische, gebackene Frösche, geräucherte Hausen, gebackene Häringe u. dgl. beigegeben.

295. Nudelerbsen.

Die auf steirische Art gekochten, abgehülsten, ganzen Erbsen gibt man in eine Rein oder Kasserole, in welcher Zwiebel in Schmalz anpassirt und mit Mehl eine lichte Einbrenn gemacht worden, und gießt etwas Suppe zu. Sind sie damit aufgekocht, gibt man nicht gar zu fein geschnittene Nudeln darein, und läßt sie gar kochen. Man kann die Nu=

deln auch in Salzwaſſer abkochen, dann daſſelbe herabſeihen, und ſolche in die Erbſen geben.

Die Belegung iſt dieſelbe, wie bei dem Ritſchit.

296. Dürrerbſen-Mus (durchgeſchlagenes Dürrerbſen-Püré.)

Die wie gewöhnlich gekochten Erbſen werden in Fleiſchſuppe mit etwas Zwiebel, Majoran und Salz, unter Beigabe von friſchem oder halbgeſelchtem Schweinfleiſch ganz weich gekocht. Hierauf nimmt man das Fleiſch heraus, treibt die Erbſen durch den Durchſchlag, macht Schmalz heiß, und röſtet daſſelbe mit einem Löffel voll Mehl und einer Zwiebel ein, rühret das zerlaſſene Schmalz an die Erbſen, bringt das Fleiſch wieder dazu, und läßt Alles zuſammen noch eine Viertelſtunde kochen. Man kann auch das Fleiſch zuletzt auf das angerichtete Gemüſe legen.

297. Abgeſchmalzte Linſen.

Die Linſen werden ganz ſo, wie dürre Erbſen weich geſotten, dann paſſirt man ſie mit fein geſchnittener ſpaniſcher Zwiebel mit Speck in Fleiſchtagen, in Faſttagen aber mit Butter an. Nach einigen Malen Ueberſchwingen ſalzt und richtet man ſie aufgehäuft an, überſäet ſie mit Semmelbröſeln, und übergießt ſie zur Vollendung mit heißem Butter. Man kann auch die Semmelbröſeln gleich im Butter oder Schmalz röſten und darüber brennen.

298. Linſen zu Rebhühnern.

Die Linſen werden eben ſo, wie zum Einbrennen gekocht. Dann gibt man braune Sauce und etwas Glaß-Saft (oder auch nur braune Einbrenn) nebſt etwas Gewürz dazu, und ſäuert ſie mit gutem Eſſig, um ſie über gebratene oder gedünſtete Rebhühner anzurichten.

299. Linſenmus-(Püré).

Dieſes wird ganz ſo, wie die durchgeſchlagenen Erbſen bereitet und belegt; man kann es auch über Rebhühner geben.

300. Abgeſchmalzte Bohnen.

Alle Gattungen Bohnen oder Fiſolen kann man dazu verwenden. Am beſten ſind die friſch ausgelöſten jungen

Bohnen; alte und dürre müssen vor dem Kochen einige Zeit in Fluß= oder sonst nicht zu hartem Wasser eingeweicht werden, was auch bei den Erbsen nothwendig ist.

Uebrigens werden sie ganz wie die Erbsen oder Linsen gesotten, wenig gesalzen, trocken abgeseiht, mit zerlassenem Speck oder Butter, auch mit kleinen zusammengeschnittenen Zwiebeln, Petersilie und Schalotten, Salz und Pfeffer flüchtig anpassirt, auf dem Feuer mehrere Male überschwungen, und warm angerichtet. Man kann sie auch einfach licht einbrennen, und dann gesäuert oder ungesäuert abschmalzen.

Zu Belegen können alle zu Erbsen oder Linsen passenden Fleisch= oder Fischspeisen dienen.

301. Bohnen-Mus (durchgeschlagenes Bohnen-Püré).

Die weich gekochten Bohnen werden gestoßen, mit etwas Rindsuppe gemischt, durch ein Sieb getrieben, mit frischem Butter oder Schmalz über Kohlenfeuer abgerührt, gesalzen und mit Muskatnuß und Pfeffer gewürzt, etwas braune Sauce oder Suppe dazu gegeben, und ohne zu sieden, heiß angerichtet. Man kann auch durchgeschlagene Zwiebel damit mischen.

Dies Püré dient vorzüglich als Unterlage zu glasirten Fischen.

Dreizehnte Gattung. Schwämme.
302. Gedünstete Schwämme jeder Art.

Jede Art Schwämme muß zu diesem Zwecke geputzt, geschält, mit siedendem Wasser abgebrüht, gut abgeseiht, gesalzen, mit Butter oder Schmalz in einer Rein oder Kafferole gedünstet, und mit Pfeffer gewürzt werden. Man pflegt sie dann mit Mehl, fein geschnittenem Petersiliekraut und Schnittlauch zu bestreuen, auch mit einigen Eidottern zu binden, und dann mit Brieseln, Carbonaden u. dgl. zu belegen.

303. Gedünstete Pilzlinge (Pilze).

Diese werden gereiniget, dünn geschnitten, und mit siedendem Wasser überbrüht. Dann lege man etwas Butter oder Fett in eine Rein, schwitze darin einige fein geschnittene Zwiebeln, schütte die gesalzenen Pilze hinzu, und lasse sie in ihrer eigenen Sauce unter öfterem Umrühren dämpfen. Sind sie

7

weich, so gibt man fein geschnittene Petersil und Pfeffer dazu, und bindet das Ganze mit einem Eidotter; manchmal gibt man auch etwas Milchrahm bei. Die Pilzlinge können auch früher in Salzwasser gekocht, und dann erst, wie oben gedünstet werden.

304. Gebratene Schwämme.

Dazu nimmt man die rothen Brätlinge, geschälte Täublinge, Pfefferlinge oder größere Schampions, schneidet die Stängel halb ab, wälzt sie, rein gewaschen, in zerlassenem Butter und fein geschnittenen Petersiliekräutern, und bratet sie, mit dem Stängel aufwärts, auf einem mit Butter bestrichenen Rost, wornach sie mit Salz und Pfeffer bestäubt aufgetragen werden.

305. Gedünstete frische Morcheln (Maurachen).

Sie werden gereiniget, gewaschen, abgebrüht, gesalzen, im Reindl mit Butter gedünstet, mit geschnittenem Petersiliekraut, gestoßener Muskatblüthe und Semmelbröseln bestreut, mit Suppe aufgekocht, und zuletzt mit Eidottern verrührt. Man pflegt dieses Gemüse zu Rind= und Kalbsfleisch, zu Hühnern und Tauben zu geben.

Die Morcheln können auch mit grüner Petersilie in Butter kurz überdünstet, im Ganzen zu Ragouts, Eingemachtem, zu Faschen, zum Dekoriren und Garniren verschiedener Speisen an Fleisch= und Fasttagen, zu Eierspeisen, zu Saucen und Suppen verwendet, und frisch abgesotten, in Eier und Semmelbröseln gewalkt, sogar aus Schmalz gebacken werden.

306. Gedünstete Schampions.

Sie werden gereiniget, geschält, blattweise geschnitten, gesalzen, und in einer Rein etwas gedünstet, wobei sich Wasser ausscheidet, welches man wegseiht. Dann gebe man ein Stück Butter dazu, und lasse sie mit Salz und fein gehacktem Petersilie weich dünsten; man kann etwas Mehl daran stäuben und gute Rindsuppe damit verkochen, oder blos Rahm dazu geben, und sie damit aufkochen lassen. Das Pfeffern darf nicht vergessen werden.

Auch kann man im Butter etwas Zwiebel oder Schalotten anpassiren.

307. Schampions in saurer Sauce.

Diese Schwämme werden gereiniget, geschält, der Stängel etwas abgeschnitten. Dann zerläßt man ein Stück Butter in einer Kasserole, legt die Schwämme darein, drückt den Saft von einer Citrone dazu, und läßt sie recht langsam dünsten, damit sie weiß bleiben.

Wenn sie weich sind, sprudelt man ½ Seitel recht kräftige Fleischbrühe mit 4 Eidottern ab, gibt Salz mit etwas fein gestoßener Muskatblüthe dazu, dann den Saft von den Schampions darein, gießt es auf eine Schüssel, und stellt die Schwämme hinein. Diese Schüssel stellt man dann gut zugedeckt auf ein Gefäß mit siedendem Wasser, bis die Sauce sulzig ist, oder gibt auch vorsichtig Feuer darunter, und läßt das Gericht langsam dünsten.

308. Trüffeln in Wein gesotten.

Die Trüffeln werden gereiniget, gewaschen, mit Zwiebel, ganzem Gewürze, Schneideschinken, fein geschnittenen Speckscheiben, Kernfett, mit halbem Theile weißer Suppe, und mit halbem Theile gutem rothen Wein, ein wenig gesalzen, weich gesotten, dann sammt der Schale gut abgetrocknet, einzeln in Papier eingewickelt, oder Alle zusammen in eine zierlich gefaltete Serviette eingeschlagen, und so zur Tafel gegeben.

Man kann sie auch einfach in der Suppe oder Bräse weich sieden und serviren, oder zur Garnirung verwenden.

309. Gedünstete Trüffeln.

Sie werden gereiniget, geschält, fein blattweise geschnitten, mit einigen fein geschnittenen Schalotten, einem Büschchen fein zusammen geschnittener Petersilie, ein wenig Salz und Gewürz, mit einem Stück frischer Butter, und mit ein paar Anrichtlöffeln voll guter Suppe gut zugedeckt, kurz eingedünstet, und so zur Unterlage verschiedener gespickter glasirter Fleische, Schnitzeln, Geflügel, so wie zu Fischen (an Fasttagen) verwendet.

310. Gebackene Trüffel.

Die gereinigten und in messerrückendicke Blätter geschnittenen Trüffel werden roh in Eierteig, wohl auch in Bier-

7 *

ober Weinteig nicht zu dick eingetaucht, im Rindschmalze
langsam ausgebacken, noch heiß ein wenig mit Salz besprengt,
und hoch angerichtet auf die Tafel gegeben.

Fünfte Klasse.
Gemüse-Belege und Einschiebspeisen.

1. Ordnung.
Fleisch-Belege und Einschiebspeisen.
311. Erste Gattung. Gekochtes Schöpsenfleisch.

Das in Stücke geschnittene Fleisch wird gesalzen, mit
Zwiebel und Lorbeerblättern weich gesotten, und dann von
den Knochen abgelöst, entweder auf das Gemüse gegeben,
oder mit einer lichten Einbrenn in der vom Fett gereinigten
Suppe mit etwas Kümmel aufgekocht zu Tische gegeben.

312. Schweinfleisch.

Das sorgfältig gereinigte Fleisch wird mit Wasser,
Salz und einer Zwiebel weich gekocht, von den Knochen ge=
löst, und als Beleg besonders zu Möhren, Kraut und Kohl
verwendet, auch mit Kren oder in der aus der Suppe berei=
teten Sauce gegeben. Auf dieselbe Art wird der Schweinskopf
zugerichtet, nur nimmt man da gewöhnlich Essig dazu.

313. Böhmischer Schweinskopf.

Ein Schweinskopf wird in Salzwasser weich gekocht,
dann, ziehe man die Haut, ohne sie zu zerreißen, behutsam
ab, und lege sie auf ein feuchtes Tuch; löse darauf alle Kno=
chen vom Fleische hacke letzteres mit einem Hackmesser ganz
fein, gebe gestoßene Nelken, englisches Gewürz, 3 Löffel voll
Brühe und länglich geschnittene Citronenschalen hinein. Die=
ses Gemisch lege man nun auf die Haut, und bilde daraus
so viel als möglich ihre vorige Gestalt, schlage das Tuch
herum, und presse es mit etwas Schweren so lange, bis es
fest ist. Er wird in Scheiben geschnitten entweder auf das
Gemüse, oder mit Essig und Oel gegeben.

314. Gekochtes Spanferkel.

Das geputzte und in Stücke zertheilte Spanferkel wäscht man rein aus, und läßt es mit Wasser, etwas Essig und Salz, Gewürznelken, Pfefferkörnern und einer Zwiebel kochen. Wenn es weich ist, wird es mit grüner Petersilie geziert zur Tafel gegeben, oder auf das Gemüse gelegt.

·315. Rindszunge mit Hetschepetsch (Hagebutten.)

Man siedet die Zunge, schält und schneidet sie der Länge nach auseinander. Indeß läßt man Hagebutten weich kochen, treibt sie hernach durch, gibt etwas Fleischbrühe, ein Glas Wein, Zucker, einige Citronenscheiben und 1 Löffel voll Essig hinzu, läßt dies mit einem Stückchen Butter noch etwas aufkochen, und gießt es über die Zunge.

316. Gekochtes Selchfleisch.

Man weicht dasselbe etwas in lauem Wasser, und putzt das Unreine mit Kleien weg, spült es darauf mit frischem Wasser ab, kocht es langsam mit Zwiebel, Basilikum und Thimian im Wasser weich, und bestreut es, ehe es auf den Tisch gegeben wird, mit grob gestoßenen Nelken, Pfeffer und Neugewürz. — Geräucherte Zungen werden, wenn sie gekocht sind, abgehäutet.

317. Geselchtes Euter.

Ein Kuheuter in 2 Theile geschnitten, mit Salz, gestoßenen Wachholderbeeren, Rosmarin und Kuttelkraut eingerieben, lasse man einen Tag zugedeckt abliegen und zwei Tage räuchern, siede es dann in Salzwasser ab, und gebe es in dünnen Schnitzeln auf Sauerkraut.

Das Kuheuter wird auch, frisch abgekocht, zu Karbonaden zugerichtet.

318. Gekochtes Wildschweinfleisch.

Man wäscht das Fleisch gut aus, übersiedet es im gesalzenen Wasser, läßt es dann mit Wein, ganzem Pfeffer, Gewürznelken, Muskatblumen, Citronenscheiben, einigen Lorbeerblättern und einem Theile von der Suppe, worin es früher gekocht worden, von welcher jedoch das Fett rein abgenommen ist, ganz weich kochen.

Beim Anrichten ziert man es mit Zwiebeln, und gießt etwas Suppe oder eine passende kalte Sauce darüber.

319. Wildschweinkopf.

Dieser wird gut ausgewässert und geputzt; darauf zieht man die Haut von der Zunge ab, bindet den Kopf in ein Tuch, und siedet ihn mit Essig, Wasser, Wein, Salz, Zwiebeln, Möhren, Petersiliewurzeln, Sellerie, Citronenschalen, Wachholderbeeren, Lorbeerblättern, Basilikum, Knoblauch und ganzem Gewürze weich. Dann setzt man ihn auf eine gebrochene Serviette, verziert ihn mit grüner Petersilie, rothen Rüben, hart gekochten Eiern, Citronenschalen und grünen Lorbeerblättern, und gibt ihn mit Kren auf die Tafel.

320. Ungarischer Kalbskopf.

Den gereinigten und gewaschenen Kalbskopf siedet man in Salzwasser weich, und schreckt ihn dann mit kaltem Wasser ab, dann schneidet man denselben in Stückchen, richtet ihn in eine Schüssel, gibt etwas Brühe daran, und läßt ihn so aufsieden. — Während dieser Zeit läßt man Mehl in Butter anlaufen, gibt Zwiebel und etwas grüne Petersilie hinein, füllt es mit Suppe auf und läßt die Sauce verkochen.

Beim Anrichten gießt man noch 3 abgequirlte Eidotter über denselben, und belegt ihn ringsum mit Butterteig.

Gewöhnlich wird der frisch abgesottene Kalbskopf mit Essigkren aufgetischt, in welcher Form er auch am beliebtesten ist.

Zweite Gattung. Geröstetes und Gebratenes.

321. Kalbsschnitzeln (Karbonaden, Cotlettes).

Nachdem die Schnitzeln rein gewaschen, geklopft, die Haut sorgfältig von den Beinen abgelöst und in Stücke gehörig geformt worden, gibt man selbe in eine Kasserole, auf deren Boden früher Speckblätter, Möhren und Zwiebeln gelegt sind, und schmoret sie, bis sie auf beiden Seiten gleich braun sind; nun nimmt man sie heraus, stäubt Mehl auf das Wurzelwerk und übergießt es wenn es braun ist, mit Suppe, seiht nach einigem Sieden die vom Fett gereinigte Sauce durch ein Sieb, und läßt die Karbonaden mit Citronensaft und Schalen noch etwas darin aufsieden.

Auf andere Art können die vorbereiteten Schnitzeln auch mit feinem Salze bestäubt, in zerlassenen Butter getaucht, mit Semmelbröseln bestreut, auf einem mit Butter bestrichenen Roste auf recht heller Glut erst auf einer, dann umgewendet auf der andern Seite schön braun gebraten, und in dieser Form aufgetragen oder zu Belegen verwendet werden.

Man stellt auch, nachdem die Schnitzeln mit Semmelbröseln bestreut worden, eine eiserne Kasserolle oder flache Pfanne auf frische Glut, läßt Butter darin heiß werden, legt die Schnitzeln hinein, und bratet sie auf beiden Seiten schön braun; wenn sie gar gebraten sind, drückt man Citronensaft darüber, läßt sie etwas damit aufkochen, und gibt sie mit feinen Kapern und klein gehackten Citronenschalen bestreut zur Tafel. — Zum Säuern kann auch Essig genommen werden.

Man kann in der nämlichen Rein auch etwas Rahm mit guter Fleischsuppe und gehackten, von Gräten gereinigten Sardellen aufkochen, und die Sauce entweder über die Schnitzeln geben, oder diese nochmals damit aufsieden.

322. Schöpsenschnitzeln.

Diese werden wie die Kalbsschnitzeln bereitet, und dienen gewöhnlich nur zum Beleg der Gemüse.

Will man sie spicken, so werden sie etwas dicker geschnitten, mürbe geklopft, mit feinem Speck zierlich gespickt, mit etwas Butter und in Streifen geschnittenen Zwiebeln in eine Kasserole gegeben und zugedeckt gedünstet, bis der ihnen entquellende Saft anfängt braun zu werden; dann wird der Deckel weggenommen, und man bratet die Schnitzeln auf beiden Seiten gelbbraun.

323. Schweinerne Schnitzeln.

Diese klopft man, nachdem die eckigen Knochen von den Rippen beseitiget worden, ganz mürbe, bestäubt sie mit Salz, und bratet sie wie die Kalbsschnitzeln. Sie können auch in gequirlte Eier getaucht, und in Semmelbröseln gewalzen, in einer flachen Pfanne mit Butter oder Fett gebraten werden.

324. Geröstete Schweinsnieren.

Eine Rein oder Kasserole bestreicht man messerrücken-

dick mit Butter oder Schmalz, läßt in Streifen geschnittene
Zwiebel darin anlaufen, gibt dann die blattweise geschnittenen
Nieren darein, läßt sie, jedoch nicht zu lange rösten, und
gibt sie gesalzen auf den Tisch.

Sollen sie mit Sauce gemacht werden, so schneide
man die Zwiebel, Schalotten und ein wenig grüne Petersilie fein, und lasse sie mit Butter etwas dünsten, gebe die
Nieren mit Salz und Pfeffer darein, lasse sie nochmals
dünsten, stäube 1 Löffel voll Mehl daran, gieße gute Rindsuppe und etwas Essig darauf, lasse sie verkochen, und bestreue sie zuletzt mit feinstreifig geschnittenen Citronenschalen.

325. Hendeln (Hühnchen) am Rost gebraten.

Man putzt die Hendeln, schneidet sie in 2 Hälften, und
den Rückgrat so wie das Brustbein heraus, wäscht sie, hauet
die Füße bis zu den Knieen ab, bricht die Knie über der
Kniescheibe ab, schiebt dann das Fleisch etwas zurück, und
steckt das entblößte Rohrbeinchen in die unter dem Biegel
gemachten Einschnitte. Endlich klopft man das Ganze etwas
flach, bestäubt es mit feinem Salz und etwas weißem Pfeffer, taucht es in gesalzenen Butter, und bestreuet es stark mit
Semmelbröseln. Eine kleine Viertelstunde vor dem Anrichten
gibt man diese Stücke erst auf den Rost über mittelstarke
Glut, und bespritzt sie mit frischem Butter.

326. Hendeln in brauner Sauce.

Man quirlt das beim Abstechen des Hendels aufgefan-
gene Blut mit Essig ab, legt in eine Rein oder Kasserole
Speckblättchen, eine mit Gewürznelken gespickte Zwiebel,
ganzen Pfeffer und Neugewürz, die rein geputzten Hendeln
dazu, und röstet sie nur so lange, bis sie weich, nicht aber
braun sind. Nun nimmt man sie heraus, stäubt in die Kasserole etwas Mehl, und läßt es darin bis zum Braunwerden,
dann gibt man Citronensaft dazu, gießt Rindsuppe auf, und
läßt Alles gut versieden. Zuletzt seiht man die Sauce zum
Blut, gibt die Hendeln darein, und läßt sie noch einige Minuten aufsieden.

327. Tauben mit Maschanzeräpfeln.

Man dämpft die Tauben, gereiniget und in 4 Theile

zertheilt, in halb Waffer und Wein mit geschälten, kleinen ge=
schnittenen Maschanzeräpfeln, Rosinen und Zucker weich;
röstet zuletzt etwas geriebene Semmeln, thut sie zu einer
Sauce, läßt sie noch etwas aufkochen, und stäubt beim An=
richten Zimmt darüber.

328. Gebratene junge Tauben.

Diese werden gereiniget, mit Weinlaub oder Speckblätt=
chen umwunden, am Spieße, sonst aber in einer mit Schmalz
belegten Rein gebraten, und auf grüne Erbsen oder zu
einem anderen Gemüse gegeben.

329. Gebratene Krametsvögel (Kronawetter).

Wenn diese rein geputzt sind, biegt man die Füße und
Flügel um, salzt selbe ein, und bratet sie, nachdem zwischen
den Vögeln kleine Blättchen von Semmel und Speck ange=
steckt worden, schnell am Spieße, wo sie aber fortwährend
mit heißem Butter bespritzt werden müssen. Kurze Zeit, be=
vor die Vögel vom Feuer genommen werden, bestreut man
sie mit feinen Semmelbröseln, und röstet sie noch ein wenig.

330. Modriacher Kronawetter in Wandeln.

Man kocht einen Reis sehr dick in Milch, läßt ihn kalt
werden, und füllt das Wandel damit, stellt es in kaltes Was=
ser, stürzt es heraus, walkt es in Ei und Semmelbröseln,
und backt es in Schmalz. Wenn sie kühl sind höhlt man
sie aus. Die Vögel müssen ganz schön geputzt sein; die
Köpfe werden abgeschnitten, der Bauch von unten hinauf
aufgeschnitten und ganz ausgeweidet. Von den Eingeweiden
wird ein Salmie gemacht. Man läßt nämlich in Fett Sem=
melbrösel und Kräutel und etwas sehr fein geschnittenen Zwie=
bel anlaufen, thut von den Eingeweiden die Fasch, welche
man stoßt und durchpassirt, hinein, und vergießt es mit
Suppe und sauern Rahm ein wenig, daß es in der Dicke
recht ist; mit dieser Salmie streicht man die Wandeln inwen=
dig gut aus. Die Vögel werden aber mit einer frischen
Kalbsfasch gefüllt und schön wieder zusammen gemacht, mit
Fett, Zwiebel und etwas Suppe zugedeckt gedünstet, in die
Wandeln gegeben, und die Köpfe künstlich dazu gelegt.

331. Gebratene Lerchen.

So vorgerichtet wie die Krametsvögel, bestreut man sie mit Pfeffer und Salz, läßt sie ¼ Stunde liegen, und bratet sie sodann an einem kleinen Spieße, indem man selbe während des Bratens immer mit Butter besprengt. Endlich gibt man sie auf die Platte, streut über dieselben geriebenes und mit Butter gelb geröstetes Semmelmehl, und gibt sie mit Petersiliekräutl garnirt auf die Tafel.

332. Gebratene kleine Vögel.

Den Boden einer eisernen Rein oder Kasserole belegt man mit blattweis geschnittenem Speck und einer in Streifen geschnittenen Zwiebel, legt dann die rein geputzten und gewaschenen Vögel, von welchen die Köpfe weggenommen, darauf, bestreut sie mit Salz und Semmelbröseln, gibt unten und oben Glut, um sie schnell zu braten. Sie werden dann entweder zierlich auf einen Teller angerichtet, oder auf das Gemüse (vorzüglich Sauerkraut) gegeben.

333. Gebratene Wachteln.

Diese werden ganz so behandelt, wie die Lerchen, mit Butter und Citronensaft begossen, und dann auf ein Gemüse (gewöhnlich Sauerkraut) gegeben.

Lieber dünstet man die gebratenen oder gerösteten Wachteln aber mit resch gekochtem Reis oder Brein auf.

334. Rebhühner in der Sauce.

Die dressirten und gespickten Rebhühner werden in einer Rein oder Kasserole, welche mit Speckblättern, Möhren, Petersiliewurzeln und ganzem Gemüse belegt ist, gedämpft. Sodann gibt man noch Mehl dazu mit kaltem Wasser abgerührt, wie auch den Saft von 2 Pomeranzen, etwas Schale und Zucker. Zuletzt seiht man die Sauce über die zertheilten Rebhühner.

335. Gedünstete Wildtauben.

Diese werden wie die zahmen vorbereitet, dann dünstet man sie mit ein paar Eßlöffeln voll Wachholderbeeren halbweich, begießt sie endlich mit etwas Essig und brauner Sauce und kocht sie unter oftmaligem Bespritzen mit Fett ganz mürb und weich.

336. Fasan mit Sauerkraut.

Den reingeputzten, eingesalzenen und in der Beiz gele= genen Fasan überbinde man mit einem Speckblattel, brate ihn an dem Spieß, daß er geschwind eine Farbe bekommt, und lasse ihn unter dem Kraut ganz ausdünsten, damit das Kraut einen Geschmack davon erhält; richte dann das Kraut auf eine Schüssel, und gebe den Fasan und Speck darauf.

337. Fasan auf steirische Art.

Man löset von einem Fasan die Knochen aus, und gibt eine Fasch hinein, formirt ihn wieder, bindet ihn dann mit Speck, Schinken und Limonienschalen in ein Papier, legt ihn auf einen mit Butter bestrichenen Kasseroldeckel, und stellt ihn in die Röhre. Es wird dann folgende Sauce gemacht: Man gibt etwas Butter in eine Kasserole, läßt ihn warm werden, gibt Schinken und Schampions klein geschnitten dazu, stäubt etwas Mehl daran, gießt etwas braune Suppe darauf, und läßt es anlaufen, macht dann das Ganze mit Limonien= saft etwas pikant, läßt es aufsieden, schöpft das Fett rein davon herab, und gibt diese kleine Sauce über den Fasan.

338. Kapaun in Sauerkraut.

Der geputzte, an der Brust gut untergriffene Kapaun wird eingesalzen, und ein Schnitt Speck zwischen Haut und Fleisch auf die Brust gesteckt, dann am Spieß bei einer gä= hen Hitze geschwind gebraten, hernach gibt man ihn in ge= dünstetes Sauerkraut, läßt ihn ganz ausdünsten, richtet das Kraut in eine Schüssel, und legt den Kapaun mitten darauf.

339. Geselchte Gans.

Diese wird mit einem Strohwisch und heißem Wasser gereiniget, einige Stunden in kaltes Wasser gelegt, damit sie aufläuft, dann weich gekocht, und in zierlichen Stücken zu Grünspeisen (besonders zu Erbsen) gegeben.

340. Geröstete Gansleber.

Man gebe in heißgewordenes Gansfett oder Schmalz in

Streifen geschnittene Zwiebel, und wenn dieselbe anfängt gelb zu werden, die blattweis geschnittene Leber darein, lasse sie etwas rösten, bestreue sie ein wenig mit Majoran, und röste sie wieder, salze sie zuletzt und trage sie ganz heiß auf.

341. Gansleber mit Kartoffeln.

Die Gansleber wird gewaschen und mit etwas zerlasse= nem Butter gedämpft. Inzwischen röstet man gekochte und in Scheiben geschnittene Kartoffeln in Butter, legt selbe auf eine Platte, richtet die gedämpfte Leber, nachdem sie zuvor gesalzen ist, darauf an, und tropft etwas Citronensaft darüber.

342. Schnepfen im Koth.

Die geputzten, ausgewaschenen und eingesalzenen Schne= pfen bratet man saftig am Spieß oder in der Pfanne, gibt in ein Reindl etwas Butter, geschnittene Zwiebel, den frü= her ausgenommenen Koth (fein zusammen geschnittene Gedärme) und klein geschnittene Limonienschalen, läßt es ein wenig rösten, stäubt 1 Löffel voll Mehl daran, gibt ein wenig Rindsuppe, Salz, etwas Pfeffer, von einer halben Limonie den Saft dazu, und läßt es gut sieden; wenn die Schnepfen schön gebraten sind, werden sie zierlich in die Schüssel gelegt und mit der Sauce begossen.

343. Schnepfenschnitteln.

Der Schnepfenkoth wird mit etwas Limonienschalen fein zusammengeschnitten, dann läßt man in einem Reindl ½ eigro= ßes Stück Butter zergehen, gibt klein geschnittene Sardellen und 2 Eßlöffel voll fein geriebene Semmelbröseln dazu, läßt es gut anlaufen, gibt den Schnepfenkoth dazu, und läßt es so lange rösten, bis es die Farbe verliert, gibt ein wenig Pfeffer und ein paar Löffel voll Rahm dazu, wie auch von einer halben Limonie den Saft, pfarzt Semmelschnitten aus dem Schmalz, streicht den Koth darauf, legt sie in eine ge= schmierte und mit Rahm begossene Schüssel, läßt die Schnit= ten ein wenig aufdünsten und bringt sie sogleich auf den Tisch.

Dritte Gattung. In Schmalz Gebackenes.

344. Hirnpofesen.

Diese wurden zwar schon bei der Fleischsuppe angegeben.

Hier noch eine modifizirte Art. — Kleine Semmeln werden in ziemlich dicke Blätter geschnitten und in Milch getaucht. Dann wird Kalbshirn, welches gekocht und von allen Häutchen gereiniget worden, mit etwas grünem Peter=silie fein gehackt, in Butter geröstet, gesalzen und mit etwas fein gestoßenem weißen Pfeffer vermischt, zweimesserrückendick auf eine Platte gestrichen, und mit einer andern zugedeckt, in abgeschlagenen Eiern umgekehrt, mit Semmelbröseln bestreut und in Schmalz gebacken. — Sie dienen zu Belegen fast jeden Gemüses.

345. Gebackenes Kalbshirn.

Von einem durch mehrere Stunden in frischem Wasser gelegenen, gereinigten Kalbshirn schneide man fingerlange und eben so dicke Streifen, bestäube diese mit feinem Salz und Mehl, kehre sie in abgeschlagenen Eiern um, bestreue sie mit Semmelbröseln und backe sie aus heißem Schmalze, um Gemüse zu belegen.

346. Gebackene Kalbsfüße.

Gereinigte und im gesalzenen Wasser weich gekochte Kalbsfüße werden von den Knochen gelöst und in Stücke ge=schnitten, mit Mehl bestäubt, dann in abgeschlagene Eier ge=taucht und gut mit Semmelbröseln bestreut, schnell aus hei=ßem Schmalz gelbbraun gebacken. Sie werden vorzüglich zu grünen Gemüsen gegeben.

347. Gebackener Kalbsbrustkern.

Das in zierliche Stücke geschnittene Brüstel wird gewa=schen, in Butter oder Schmalz weich gedünstet, abgekühlt, und dann wie die Kalbsfüße in Eier getaucht und mit Sem=melbröseln bestreut, in Schmalz gebacken.

348. Gebackenes Lämmernes.

Dieses wird ganz auf dieselbe Art behandelt, wie das Kalbfleisch. — Der Lammskopf wird früher gut gesotten, und das zu backende Fleisch vom Knochen gelöst. Die ge=backenen Stücke werden (wie überhaupt alles soartig ge=backene Fleisch) mit in Schmalz resch anpassirtem Petersilie=kräutel geziert.

349. Gebackene Kalbsleber.

Man steche die Leber mehrfach mit einer Gabel an, lege sie durch 2 oder 3 Stunden in Milch, gebe sie auf ein Bret, schneide schöne dünne Schnitzel daraus, salze sie ein, walze sie in Mehl und Semmelbröseln, gebe in eine flache Pfanne ein wenig Fett und die Leber hinein, lasse sie rösten, daß sie auf jeder Seite eine Farbe bekommt, oder backe sie resch aus dem Schmalz, um sie dann auf das Gemüse zu geben.

350. Gebackenes Kalbsbries.

Ein gereinigtes Kalbsbries überbrüht man in Rindsuppe, schneidet es zu dünnen Blatteln, salzt es ein wenig ein, walzt es in einem abgeschlagenen Ei, und backt es, mit Semmelbröseln bestreut, aus dem Schmalz.

351. Pofesen mit Kalbsmilz.

Man streicht eine Kalbsmilz aus, schneidet Petersilienkräutel und Limonienschalen klein zusammen, gibt in ein Reindl ein Stück Butter, läßt ihn zergehen, gibt 3 oder 4 Löffel voll Semmelbrösel dazu, läßt sie anlaufen, dann die Milz hinein, röstet sie so lange, bis sie die Farbe verliert, gibt Salz und Pfeffer dazu, ein wenig Rahm, daß die Fasch zum Streichen wird, streicht sie auf die Semmel, wie bei den Hirnpofesen, weicht die Rinde in Milch oder Rindsuppe, und bäckt sie, in abgeschlagenen Eiern gewalzen, endlich aus dem Schmalz.

352. Gebackene Gansleber.

Man schneidet die Leber in halbfingerdicke Scheiben, bestäubt sie mit Salz und Mehl, taucht sie in abgeschlagene Eier, und bäckt sie, mit Semmelbröseln bestreut, resch aus heißem Schmalz.

353. Gebackene Hendeln.

Die Hendeln werden geputzt, ausgewässert, und jedes in 4 Theile zerschnitten. Dann salzt man sie ein, wälzt sie in einem abgeschlagenen Ei, besäet sie mit fein geriebenen Semmelbröseln, bäckt sie schön langsam aus dem Schmalz, damit sie semmelbraun werden, und gibt sie auf eine Schüssel mit grünem in Schmalz aufgeröschten Petersilie darauf.

Auf andere Art schlägt man von 2 Eiern einen Schnee, streicht ihn über die eingesalzenen Stücke, und bestreut sie vor dem Backen mit Semmelbröseln.

Auf noch eine andere Art setzt man auf 3 Hendeln ein Seitel weißes Bier zum Feuer, und läßt es nur ein wenig warm werden, gibt in einen Weidling nicht gar eine Handvoll schönes Mehl, rührt es mit dem warmen Bier ab, daß der Teig in der Dicke wie ein Schmarnteig ist, wischt die eingesalzenen Hendelbiegeln mit einem Tuche ab, wälzt sie in dem Teig, gibt sie in ein heißes Schmalz, und läßt sie langsam backen, bis sie schön lichtbraun sind; legt sie dann auf einen Rost, gibt ein wenig heiße Asche darunter, damit sie resch bleiben, und nicht fett werden. Darauf gibt man sie in die Schüssel, und länglich geschnittene Limonienschalen darüber.

354. Gebackene Tauben.

Diese werden ganz auf dieselbe Art bereitet, wie die Hendeln, und sind besonders dann beliebt, wenn noch keine Hendeln zu haben sind.

Vierte Gattung. Würste.

355. Blunzwürste.

Man schneide Semmel und 1 Vierting Speck fein würflig, lasse diesen etwas zerschleichen, und gieße ihn über die Semmel; nehme $\frac{1}{2}$ Maß Blut von einem Schwein, und 3 Seitel guten Rahm, rühre es unter einander ab, gieße es über die Semmel, gebe Salz, etwas Pfeffer, klein geschnittene Limonienschalen, ein wenig gestoßenen Koriander, Majoran; dies Alles rühre man unter einander, und fülle es in saubere Bratwürstdärme, mache recht kleine Blünzeln, brühe sie im Salzwasser ab, aber nicht zu lange, damit sie nicht zerspringen; lege sie dann heraus, damit das Wasser davon abläuft, und röste sie gelegentlich mit Fett in einer Pfanne. Sie müssen aber bald verbraucht werden, da sie sich nicht lange halten.

356. Bratwürste.

Man hackt reines Schweinfleisch mit etwas Speck möglichst klein, salzt und pfeffert das Ganze, und giebt auch Citronenschalen darein. Uebrigens schüttet man unter fortwährendem Abwischen eine halbe Maß Wasser an das Brät, und füllt dasselbe endlich einen Finger dick in reine Schafdärme.

357. Bratwürste ohne Därme.

Man hacke ½ Pfund Schweinfleisch mit einem eigroßen Stücke Speck fein zusammen, gebe dieses in ein Gefäß und verrühre es mit ½ Seitel Wasser, fein geschnittener Zwiebel, Pfeffer, Ingwer, Majoran und Salz. Nun bestreue man ein Brät mit Mehl, gebe das Gehäcke, eßlöffelweis, darauf, und forme kleine Würstchen davon, welche in heißem Schmalz oder Butter gebacken, und als Belege zu passendem Gemüse verwendet werden.

358. Leberwürste.

Zuerst werden Herz, Nieren und Milz von einem frisch geschlachteten Schwein in Salzwasser weich gekocht, dann herausgenommen und mit der Leber, ein paar in Schmalz gerösteten Zwiebeln, etwas Thimian und Majoran fein zusammengehackt. Dieses Gehäck wird nun mit Salz und Pfeffer gewürzt, und mit etwas fetter Brühe vermischt, in die Därme gefüllt. Diese werden eine Spanne lang unterbunden, in die Brühe, worin die Lunge gekocht, gegeben, und ein paar Mal darin aufgekocht, dann herausgenommen, und nachdem sie ausgekühlt, zum Gebrauche aufbewahrt.

Sie lassen sich aber nicht lange halten und werden in einem mit Fett bestrichenen Reindl auf beiden Seiten braun gebraten. Damit sie nicht aufspringen, kann man sie etwas anstechen.

Sie werden, wie die Würste überhaupt, zum Gemüse gegeben, und dienen häufig zum Gabelfrühstück.

359. Leberwürste ohne Darm.

Man hackt eine ausgeblutete und gehäutete Leber sehr fein, gibt Gewürz, Citronenschalen, zwei Eier, Salz, Majoran u. dgl. hinzu. Nun rührt man das Ganze bis zum

Schäumen, vermengt es mit etwas Semmelbröseln, rollt es in Speckscheiben ein, umwindet diese mit Fäden, und bratet sie in einem niedern Tiegel fertig.

Nach beseitigten Speckblättchen pflegt man Gemüse damit zu belegen.

360. Kalbswürste.

Mageres Kalbfleisch und fettes Schweinfleisch hackt man zu gleichen Theilen zusammen, mit einer Handvoll Salbei, ein wenig Salz, Pfeffer und einigen Sardellen, dann stoßt man Alles in einem Mörser; wenn es gebraucht werden soll, rollt man es auf, um es zu braten, und mit gebackenen Brotschnitten oder auf einem Gemüse auf den Tisch zu geben.

361. Hirnwürste.

Man siede ein Kalbshirn in gesalzenem Wasser und häute es gehörig ab, weiche dann ein wenig Semmel in der Milch, drücke sie aus und schneide sie mit dem Hirn klein zusammen, gebe es in ein Häfen, Salz und Pfeffer dazu, 3 ganze Eier, und rühre es gut ab; gebe in ein Reindl ein Stück Butter, lasse ihn zergehen, gieße das Geschnittene hinein, rühre es so lange, bis es schön dick wird, und lasse es dann auskühlen.

Inzwischen muß ein Stück Butter flaumig abgetrieben ein ganzes Ei daran geschlagen und darunter gerührt werden. Aus dieser Fasch bilde man dann runde Würsteln, und brate sie in einem geschmierten Reindl, in dem unten und oben Glut gegeben wird.

362. Ragou-Würste.

Man überbrühe ein Kalbseuter und 2 Briese in gesalzenem Wasser, schneide Alles mit ein wenig klein geschnittenen Limonienschalen, ausgelösten Krebsschweifeln und einigen Maurachen klein gewürfelt unter einander, gebe in ein Reindl ein Stück Butter, lasse ihn zerschleichen, das Geschnittene darin etwas anlaufen; stäube ein wenig Mehl daran, etwas Muskatblüthe und Salz, gebe in ein Häferl 2 Eidotter, rühre sie mit ein wenig Rahm oder guter Milch ab, gebe es über das Geschnittene, und rühre es wohl unter

8

einander; bestreiche dann viereckige Oblaten mit Eiklar, gebe löffelweis die Fasch darauf, rolle sie wie Würste zusammen und besäe sie, nachdem sie in einem abgeschlagenen Ei gewälzt worden, mit Semmelbröseln, um sie geschwind aus heißem Schmalz zu backen.

363. Cervelatewürste.

Man hacke mageres Schweinfleisch mit Pfeffer, Salz, Gewürznelken und ein wenig Basilikum recht fein und zermalme es noch einmal im Mörser. Dann schneide man Speck in möglichst kleine Stücke, mische ihn nebst Kümmel unter das Fleisch, knete dasselbe mit beiden Händen tüchtig durcheinander, stopfe es recht fest in weite Rindsdärme, und lasse dann die Würste räuchern.

2. Ordnung.

Fasten-Beleg- und Einschießspeisen.

Erste Gattung. Eierspeisen.

364. Gebackene Semmelschnitten.

Kleine Semmeln werden halbfingerdick scheibenweise geschnitten, in Milch getaucht, wenn sie angezogen haben, in abgeschlagenen Eiern umgedreht und mit Semmelbröseln bestreut in gutem Schmalz hochgelb gebacken, um das Gemüse damit zu belegen.

365. Weiche Eier.

Man nimmt ganz frische Eier, wäscht und setzt sie mit kaltem Wasser zum Feuer, und nimmt sie bei anfangendem Sieden gleich heraus, um sie auf den Tische zu geben.

Will man sie gleich in siedendes Wasser legen, so müssen sie so lange darin bleiben, als man langsam hundert zählt.

366. Harte Eier.

Diese werden in siedendes Wasser gelegt, und 5 Minuten lang gekocht, dann schnell mit frischem Wasser abgeschreckt, damit die Schale sich leicht ablöst.

367. Schmalz-Eier.

Etwa 10 Eier werden gesalzen und gut abgesprudelt, dann stellt man in einer Pfanne etliche Loth Butter oder Schmalz über starke Glut, bis es heiß ist, schüttet die Eier darein, und läßt sie anziehen, daß sie auf der untern Seite bräunlich werden, doch müssen sie oben nicht ganz fest sein, stürzt sie dann auf eine Schüssel, und gibt sie gleich zur Tafel. Auf diese Art können sie auch mit fein gehackter grüner Petersilie, mit Sardellen, Spargel oder Erdäpfeln gegeben werden.

Die Sardellen werden fein gehackt, der Spargel klein würflig, die Erdäpfel in Streifen, geschnitten, und wie es sich von selbst versteht, früher gekocht, zugleich mit den Eiern gemischt, in das Schmalz gegeben.

Wenn das Schmalz sehr heiß ist, muß man es gleich, wie die Eier eingeschüttet sind, vom Feuer nehmen, weil sie sonst zu fest werden.

Besonders schmackhaft werden die Schmalz-Eier, wenn man sie mit der Hälfte süßen Rahm zusammen sprudelt.

368. Gebackene Ochsenaugen.

Man schlägt ganze Eier in heißes Schmalz, drückt die Blasen, welche sie machen, etwas nieder, wendet die Eier um, und gibt sie, ehe sie gar zu fest werden auf das Gemüse.

Manche schlagen die Eier auch in siedende Rindsuppe, bis sie zusammenhalten, und bestreue sie mit Semmelbröseln, um sie dann schnell aus heißem Schmalz zu backen.

369. Gefüllte Eier.

Mäßig hart gesottene, geschälte Eier schneidet man in der Mitte auseinander, treibt das Gelbe derselben mit Butter, frischen Eidottern, etwas Semmelbröseln, Salz und Pfeffer ab, füllt sodann die halben Eier mit diesem Gemenge, legt sie mit der innern Seite auf eine mit Butter bestrichene Schüssel, gibt auch sauern Rahm daran, jedoch nicht so viel, daß er über die Eier geht, streuet fein geschnittenen Lauch und grüne Petersilie, daran und läßt es auf der Glut ein wenig aufkochen.

8 *

370. Eingerührtes.

Man schlägt frische Eier mit süßem Rahm und fein ge=
schnittenem Schnittlauch gut unter einander, gibt selbe gesal=
zen mit einem ziemlich großen Stück Butter oder Schmalz in
eine messingene Pfanne, und rührt sie auf Kohlenglut, bis
sie dick sind, jedoch dürfen sie nicht hart werden.

Sie müssen auf einen warmen Teller angerichtet, und
vor dem Auftragen noch gerührt werden.

Man kann beim Rühren auch fein gewiegte ausgelöste
Sardellen, Häringmilch, gekochte Spargelköpfe, Krebsschwei=
feln u. dgl. beisetzen, so wie zum Schmalz auch Krebsbut=
ter nehmen.

371. Eier Hupfauf.

Ein Seitel süßer Rahm wird mit 6 Eiern ½ Stunde
lang zusammen gesprudelt, dann gibt man Zucker, etwas
Zimmt, und von einer Citrone die fein gehackte Schale dazu.
Nun bestreicht man eine Kasserole mit Butter, gießt die
Milch hinein, und gibt es in einen kühlen Ofen, oder von
unten und oben wenig Glut.

Gut aufgegangen wird das Gericht in der Kasserole
aufgetragen.

372. Eier-Fladen (Omelett).

½ Seitel süßer Rahm wird mit 6 Eiern und 2 Löffel
voll Mehl verrührt, dann setzt man Butter oder Schmalz
in einer Pfanne über das Feuer, und gibt, wenn dasselbe
heiß ist, das Abgesprudelte darein, läßt es auf einer Seite
braun werden, und gibt den Kuchen (Fladen) auf die Tafel.

Man pflegt ihn auch umzukehren, und auf der andern
Seite zu bräunen; da muß man aber sehen, daß er nicht zu
fest und schwer verdaulich wird.

Ueberhaupt dürfen die Eierspeisen, wenn sie der Ge=
sundheit zuträglich sein sollen, nie zu viel und zu fest ge=
kocht werden.

373. Eier-Flecken (Fladeln).

Diese sind kleiner, werden aber ganz auf dieselbe Art
bereitet, wie die Fladen. Es wird nur 1 Löffel voll Teig in

die Pfanne gegeben, und wenn es auseinander gelaufen ist, umgekehrt. — Die Eier-Flecken pflegt man auf Spinat zu geben, oder auch mit eingesottenen Früchten zu belegen.

374. Gesetzte Eier.

Man lasse Butter oder Schmalz in einer Kasserole heiß werden, schlage so viele Eier darein, als man benöthiget, doch so, daß sie ganz bleiben, gebe dazwischen stückweis mit frischem Butter abgeriebene Sardellen, salze es, aber nicht zu viel, weil schon die Sardellen gesalzen sind, gebe sie in die Röhre, und lasse sie ein wenig aufkochen, doch nur so viel, daß die Dotter noch weich bleiben.

Auf andere Art wird in das heiße Schmalz löffelweise Rahm gegeben und mit den darauf geschlagenen Eiern das Ganze auf Glut oder in der Röhre leicht gebacken.

375. Schwamm-Eier.

Man schneide gereinigte Schwämme (Pilze, Schampions, gute Täublinge u. dgl.) lasse sie mit Butter, grüner Petersilie und Pfeffer ausdünsten, quirle dann Eier mit grüner Petersilie ab, salze sie, gieße sie in eine Kasserole in heißen Butter, mache ein Gerührtes, jedoch nicht zu fest, gebe die Eier in die Mitte der Schüssel oder eines Tellers, je nachdem die Menge beträgt, formire aus den Schwämmen einen Kranz, oder umgekehrt, und bringe sie schnell auf die Tafel. — Man kann auch die zum Eingerührten abgesprudelten Eier geradezu in die dünstenden Schwämme geben und damit verrühren, darf sie aber nicht gar zu fest werden lassen.

376. Verlorne Eier.

In einer Rein lasse man gesalzenen Essig mit Zwiebel siedend werden, schlage 6 oder 8 Eier hinein, gebe aber Acht, daß die Eier ganz bleiben, lasse sie aufsieden, daß der Dotter noch weich bleibt, gebe sie in eine Schüssel, ein wenig Essig dazu und säe Semmelbröseln darüber, dann lasse man in einer Pfanne etwas Schmalz heiß werden, schneide eine Zwiebel klein zusammen, gebe es in das heiße Schmalz, bis es geblich wird, und gieße es über die Eier, um das Ganze schnell zur Tafel zu geben. — Die Eier dürfen nicht hart werden.

377. Kartoffel-Eier.

Man schneide 8 — 10 gesottene und geschälte Kartoffeln in runde Blättchen, mache Eier-Flecken oder Fladeln, und schneide kleine Nudeln davon, gebe dann etliche gereinigte und entgrätete Sardellen in einen Mörser, und stoße sie mit einem Stück Butter schön fein zusammen; lege den Sardellenbutter in ein Reindl, lasse ihn ein wenig zerschleichen, beschmiere damit eine Schüssel, begieße sie mit Rahm, belege den Boden mit geschnittenen Erdäpfeln, gebe ein wenig Rahm und Sardellen darauf, dann eine Handvoll geschnittene Eiernudeln, und so fort, bis Alles eingelegt ist, und lasse es auf der Glut ein wenig aufdünsten.

378. Sauerampfer-Eier.

Man schlägt in eine gewöhnliche in einer Kasserole kochende Sauerampfersauce Eier, eines neben dem andern, so daß sie ganz bleiben, und läßt sie etwa 2 Minuten darin aufkochen, wobei der Dotter noch weich bleibt.

379. Eier-Käs.

Man quirlt etwa 12 Eier mit 2 Maß süßer Milch, und seiht sie durch ein Sieb, gibt Zucker und Vanille bei, rührt das Ganze in einer Pfanne auf gelindem Feuer so lange ab, bis es anfängt käsig zu werden, nimmt es hierauf vom Feuer, seihet es wieder durch ein Sieb, um das Käsige der Masse zu erhalten, welches man dann in eine eigene Form füllen, und in selbe fest hineindrücken muß, damit die flüssigen Theile durch die in dieser Form angebrachten Oeffnungen ablaufen. Dann läßt man den Käs abkühlen, um ihn kalt aufzutischen. Wenn das Gemisch nicht käsig wird, können einige Tropfen Essig dazu gegeben werden. Hat man keine Käsform, so kann man die Masse auch in einem reinen Tuch ablaufen lassen und auspressen.

Zweite Gattung. Milchspeisen.

380. Milch-Nockerl.

Man macht Mehl- oder Gries-Nockerl auf dieselbe Art, wie bei den Suppen- und Einkochspeisen angegeben worden, stellt sodann eine Kasserole mit Milch oder Rahm und einem Stückchen Zucker über Glut, legt, wenn erstere kocht, mit einem Löffel von dem Teige Nockerln darein, bedeckt sie oben mit einem eisernen, mit Glut bestreutem Deckel, und läßt sie so mit Glut von unten langsam ausdünsten.

381. Milch-Knödel.

Man treibt aus Butter, Eiern und Mehl mit etwas ge= stoßener Muskatblüthe und Salz (immer nach einer Seite hin= rührend) einen Knödelteig ab, läßt gute Milch in einer Rein aufsieden, sticht mit einem Löffel kleine Knödel hinein, legt solche, wenn sie gekocht sind, auf eine tiefe Schüssel, zieht die Milch mit Eidotter ab, und würzt sie mit Zucker und Zimmt. Man kann dieses Gericht sehr verschönern, wenn man von Krebsen die ausgebrochenen Schwänze in die Milch zu den Knödeln geben, und die von den Schalen angefertigte Krebsbutter mit durchkochen lassen will.

382. Milch-Reis.

½ Pfd. geklaubter und rein gewaschener Reis wird in 1 Maß siedender Milch mit etwas Schmalz und Zucker weich gedünstet. Es muß aber, wenn die Milch zu viel verdampfen soll immer wieder frische nachgegeben werden, so daß die Masse flüßig und die Körner ganz bleiben. Beim Anrichten wird derselbe mit Zucker und Zimmt oder Vanille bestreut.

383. Erdäpfel-Milchmuß.

Mehlige Erdäpfel werden, geschält und zerviertheilt in gesalzenem Wasser gekocht. Wenn sie weich sind, seiht man das Wasser davon ab, zerdrückt sie im Topfe mit einem Koch= löffel, und gießt während dieser Verrichtung siedende Milch darauf, bis es einen dicken Brei gibt. Zuletzt röstet man klein geschnittene Zwiebeln in Butter schön gelb, und gießt sie darüber.

384. Milchgries.

In einer Maß Milch mit etwas Butter werden 3 Hand= voll Gries unter Umrühren dick gekocht und dann kühl ge= stellt. Inzwischen klopft man Eidotter mit 3 Löffel voll Zucker ab, und rührt dieses an das erkaltete Mus, gibt sol=

ches auf eine mit Butter bestrichene Platte, und läßt es im Ofen langsam aufziehen.

385. Topfen-Nudel.

Reiner trockener Topfen wird mit etwas Butter oder Schmalz flaumig verrührt, auch werden 3 ganze Eier und 3 Dotter nebst etwas Salz dazu gegeben, und mit Mehl ein den Mehlnockerln gleicher Teig angemacht; dann wird ein Bret mit Mehl bestäubt, von dem Teig werden finger= lange und dicke Nudeln geformt, diese in einer Kasserole mit Butter oder Schmalz gelbbraun gebacken, dann in kochende Milch gegeben, mit Zucker bestäubt, wohl aufgekocht, und gleich aufgetragen.

386. Schmankerlkoch.

Es wird 1 Vierting Mehl in einer Rein oder Kasse= role mit einer nach und nach zugegossenen halben Maß Milch oder Rahm recht gut verrührt, gezuckert über Glut gestellt, und unter beständigem Rühren kochend gemacht; sollte das= selbe zu dick sein, so wird Milch nachgegossen.

Es muß jedoch recht gut verkochen, damit ja der Mehl= geruch nicht vorschlage.

Mit diesem Kindskoch verfährt man auf folgende Art: Es wird eine recht flache Pfanne über die Glut gestellt, ein ganz kleines Stückchen Schmalz, und wenn dasselbe heiß ist, ein paar Löffel voll Koch darein gegeben. Die Pfanne wird während dieser Zeit von einer Seite zur andern gedreht, damit das Koch auseinanderlaufe; wenn dasselbe von unten eine Kruste bekommt, wird es sogleich umgedreht, auf der andern Seite ebenfalls getrocknet, und dann schnell das Fleck= chen in 4 Theile geschnitten, und in kleine Stanitzchen gedreht. Auf diese Weise wird fortgefahren, bis ungefähr der fünfte Theil des Koches verbraucht ist. — Beim Anrichten wird das Koch auf eine Schüssel gerichtet, und zierlich mit den Stanitzchen besteckt, dann mit Zucker bestäubt aufgetragen.

387. Kindskoch-Auflauf.

Man macht von Milch und einigen Löffeln Mehl ein dickes Kindskoch, und verrührt es, so lange es noch warm ist, mit 6 Loth Butter und 6 Eidottern recht flaumig, gibt

dann hinreichend Zucker und das zu Schnee geschlagene Weiße
von den Eiern darein, reibt 2 Citronen mit Zucker ab, und
mischt es ebenfalls dazu. Dann wird ein Reifen mit Butter
oder mürbem Teige gefüttert, das Koch darein gegeben, und
oben die geschälten und der Länge nach in Streifen zerschnittenen Citronen zierlich darauf gelegt. Es wird in einem abgekühlten Ofen oder in einer Tortenpfanne gebacken, und
nachdem die Reifen beim Anrichten weggenommen worden,
mit Zucker bestreut gleich aufgetragen.

388. Regenwürmer in Milch.

Man gibt Mehl auf ein Nudelbret, schlägt etliche Eier
darein, gibt ein Stück zerlassenen Butter mit etwas Salz
dazu, macht den Teig etwas weicher als gewöhnlich, walkt
ihn unter der Hand fein ab, bedeckt ihn mit einem Tuche,
und läßt ihn so einige Zeit stehen. Dann dreht man den
Teig unter der flachen Hand und in Form eines langen
Regenwurmes dünn aus.

Diese regenwurmförmigen Nudeln werden in süßer Milch
so gekocht, daß sie schöne Kammeln bekommen.

389. Hühner-Fasch-Nockerl.

Es wird von einer großen Henne die rohe Brust ausgelöst, eine abgeriebene, in Milch genetzte Semmel am Feuer
so lange gerührt, bis sie einem Teig ähnlich ist, und dann
ausgekühlt. Hierauf wird dieselbe sammt der Hühnerbrust,
einem ganzen Ei und 1 Dotter, etwas Salz, Gewürz und
4 Loth Butter gestoßen und durchpassirt. Nun versuche
man eines. Sollte es zu fest sein, rühre man einige Löffel
Buttersauce dazu, ist es aber zu weich, so gebe man einen
Eidotter hinzu. Diese Nockerln werden, um eine schöne Form
zu bekommen, mit zwei in heißes Wasser getauchten Kaffee-
löffeln ausgehoben, in eine mit Butter ausgeschmierte Minut-
Kasserole nicht gar zu enge eingelegt, kochendes Salzwasser
aufgegossen, daß es darüber zusammengeht, zugedeckt, aufgekocht, dann mit einem Packlöffel herausgenommen, und in
einer braunen angerichteten Suppe am Tisch gegeben.

390. Kälber-Fasch-Nockerl.

Aus 1 Pfund kälbernen Schnitzeln, 2 mit Milch ge-

nezten Semmeln, 5 Loth Butter, 2 Eierdottern, einem gan=
zen Ei, etwas Salz und Gewürz wird ein gewöhnlicher Fasch
verfertiget. Ausgemacht, gekocht und angerichtet werden selbe
wie die Hühner=Fasch Nockerln.

391. Fasch-Roulade.

Es wird ein gewöhnlicher Fasch gemacht, und hievon
2 Theile auf einen Bogen weißes, mit Butter geschmiertes
Papier messerrückendick aufgestrichen, der dritte Theil entwe=
der mit passirter Milz oder Leber, oder Spinattopfen gefärbt
und über den bereits aufgestrichenen Fasch gestrichen. Hierauf
wird selber mit einem in heißes Wasser getauchten Messer
zusammengerollt, auf einem mit Mehl bestaubten Papierbo=
gen gerollt, in selben eingewickelt und in eine Ovalpfanne
gegeben. Nun gieße man kochendes Salzwasser darüber, lasse
es $\frac{1}{4}$ Stunde kochen, seihe dann das Wasser behutsam weg,
lasse die Roulade auf ein Brett herausrollen und einige
Minuten in dem Papier eingewickelt liegen, damit es von
der Luft keine braune Farbe bekomme; hierauf wird das
Papier abgelöst, die Roulade in fingerdicke Scheiben geschnit=
ten, und so in die angerichtete braune Suppe gegeben.

392. Erdäpfel-Wannel.

4 Loth Butter werden flaumig abgetrieben, in dieselbe
$\frac{1}{4}$ Pfund gekochte, passierte Erdäpfel mit 3 Eierdottern,
etwas Salz und Muskatnuß eingerührt, und der Schnee
aus dem Weiß, 1 Klar von 3 Eiern leicht eingemischt, dann
die Wannelform mit Butter ausgeschmiert, mit Mehl aus=
gefäht, zur Hälfte eingefüllt und selbes im Dunst gekocht.

393. Brösel-Wannel.

Es wird $\frac{1}{4}$ Pfund Butter flaumig abgetrieben und
5 Eierdotter, etwas Salz und Muskatnuß eingerührt; dann
4 Loth weiße, trockene Semmelbrösel nebst dem Schnee
aus dem Weiß von 5 Eiern leicht eingemischt. Das Ein=
füllen und Backen ist wie bei den obigen.

394. Mark-Wannel.

$\frac{1}{4}$ Pfund Mark wird fein würflig geschnitten, in einen
Weidling gegeben und nachdem es weich geworden flaumig

abgetrieben, in ſelbes 3 abgeriebene, fein würflig geſchnittene, mit Milch genezte Semmeln, etwas Salz und 3 Eierdotter eingerührt, ſo wie der Schnee von dem Weiß 3 Eiern einge= miſcht und ſodann gefüllt und gebacken.

395. Krebs-Wannel.

Von ungefähr 15 Stück Krebſen und $\frac{1}{4}$ Pfund Butter wird eine Krebsbutter*) gemacht, und in dieſe $\frac{1}{2}$ Seidel weiße, mit Milch genetzte Semmelbröſeln, die ausgelöſten feingeſchnittenen Scheeren und Schweife der Krebſe, 3 Eierdotter, eine Meſſerſpitze voll feingeſchnittene, grüne Peterſilie, etwas Salz und Muskatnuß leicht eingerührt, ſo wie von dem Weiß von 4 Eiern der Schnee eingemiſcht. Hat man die Wannelform mit Krebsbutter ausgeſchmiert und mit Mehl ausgefäßt, ſo wird es eingefüllt und ſo in Dunſt gekocht. (Gehört auch zu den Faſtenſuppen.)

396. Hachè-Knödel.

3 Loth Butter werden flaumig abgetrieben und in dieſe 2 abgeriebene, würflig geſchnittene und mit Milch genetzte Semmeln, 1 Teller voll geſchnittenes gebratenes Fleiſch et= was anpaſſirte fines herbes, 2 Eierdotter, ein ganzes Ei, Salz, Muskatnuß und 1 Löffel voll Mehl eingerührt, wo= raus dann Knödel nach beliebiger Größe ausgemacht werden können.

Alle Arten von Knödeln und Nockerln müſſen jedoch in weiße Suppe oder Salzwaſſer eingekocht werden, damit ſie nicht beim Kochen ſchon eine braune Farbe bekommen.

397. Leber-Knödel.

$\frac{1}{2}$ ℔ geſchabte und fein geſchnittene Kalbsleber, etwas grüne in Butter anpaſſirte Peterſilie, Majoran und Zwie= bel, 3 abgeriebene, in Waſſer geweichte und gut ausge= drückte Semmeln, nebſt 12 Loth fein geſchnittenem Mark werden mit einander geſtoſſen, ſodann paſſirt; ein ganzes Ei, Salz und Gewürz eingerührt, mit Semmelbröſeln be= feſtigt und daraus Knödel geformt.

---

*) Die Art der Zubereitung derſelben ſiehe bei den Krebſenſpeiſen.

398. Abgetriebene Speck-Knödel.

Man gebe ¼ ℔ fein würflig geschnittenen Speck in eine Kasserole und lasse ihn so lange auf der Maschine bis er weiß zu werden anfängt, dann werden 6 abgeriebene würflig geschnittene Semmeln mit Milch genetzt, der Speck darüber gebrannt und durcheinander gemischt. Nun werden 4 Loth Butter abgetrieben, diese Semmeln sammt dem Speck, 3 Eierdottern, 2 ganzen Eiern, etwas Salz und 1 Eßlöffel voll Mehl in selbe eingerührt und sodann ausgemacht.

399. Ordinäre Speckknödel.

¾ Pfund Speck werden fein würflig geschnitten und ausgelassen, bis der Speck glasartig aussieht, sodann über 12 abgeriebene, würflig geschnittene mit ½ Seidel Milch genetzte Semmeln darübergebrannt und gut durcheinander gemischt. Nun wird ½ Seidel Milch mit 3 ganzen Eiern abgesprudelt, über die Semmeln gegossen, etwas gesalzen, das Ganze mit ½ Seidel Mehl gut durchgerührt, und daraus Knödel nach beliebiger Größe geformt.

400. Weiße Brösel-Knödel.

In 6 Loth abgetriebene Butter werden ¾ Seitel weiße, in Milch genetzte Bröseln, nebst 1 ganzen Ei, 3 Eierdottern mit etwas Salz eingerührt, anziehen gelassen und daraus nußgroße Knödelchen geformt, die sowohl in die Suppe als auch zum Eingemachten verwendet werden können.

401. Hirn-Knödel.

Diese werden ganz aus derselben Masse wie die Bröselknödel gemacht, mit dem Unterschiede jedoch, daß ein halbes abgehäutetes, blanchirtes und passirtes Kalbshirn nebst etwas weißen Pfeffer und 1 Löffel voll weißer trockener Bröseln dazugerührt wird.

402. Mehl-Knödel.

¼ Pfund Butter oder 6 Loth Schmalz werden heiß gemacht und über 6 abgeriebene, würflig geschnittene, mit ½ Seidel Milch genetzte Semmeln darübergebrannt ¾ Seidel Milch und 1 Eierdotter sammt 3 ganzen Eiern abge=

sprudelt, über diese Semmeln gegossen, gesalzen und mit ½ Seidel Mehl befestigt, woraus dann Knödel geformt werden können. Werden selbe in Salzwasser gekocht und mit Butter und Semmelbröseln abgebrannt, so können sie mit verschiedenen Gattungen Gemüse, Saucen oder Obstspeisen angerichtet werden.

403. Abgetriebene Griesknödel.

Nachdem man ¼ Pfund Butter flaumig abgetrieben, einen Löffel voll Wasser, 2 Eierdotter, 2 ganze Eier, etwas Salz, nebst 1½ Seidel Gries dazugerührt hat, wird es ¼ Stund stehen gelassen, sodann damit sie einen Kern bekommen ¼ Seidel Gries nachgerührt und 1½ Stunden anziehen gelassen.

Ist dieses geschehen, so werden sie als kleine Knödelchen ausgemacht, ¼ Stunde gelassen, mit einigen Löffeln voll kalten Wassers abgeschreckt einige Minuten zugedeckt, herausgenommen und so in die Suppe gegeben.

404. Abgebrennte Gries-Knödel.

Unter eine halbe Gries wird 1 Seidel in Schmalz gelb geröstete Semmelbrösel gemischt, dann fein geschnittene Petersilie und Zwiebeln in ¼ Pfund Schmalz anpassiert und über diesen Gries gebrannt, gesalzen und gut durcheinander gerührt. Sodann wird 1 Seidel kochendes Wasser oder Rindsuppe darüber gebrannt und so gerührt, bis es einen festen Teig bildet, woraus Knödel in beliebiger Größe geformt und in Petersilienwasser abgekocht werden, jedoch nicht viele in einem Behältniß.

Werden selbe mit in Butter abgerösteten Zwiebel abgebrannt, so kann man sie auch mit verschiedenem Gemüse, Obstspeisen oder Saucen serviren.

405. Reis-Knödel.

4 Loth Reis werden in heißem Wasser gut ausgewaschen, in einem starken ½ Seidel Milch blanchirt und ausgekühlt, sodann in ¼ Pfund abgetriebene Butter sammt 4 abgeriebenen, geschnittenen und mit Milch genetzten Semmeln nebst 2 ganzen Eiern, 3 Eierdottern, etwas Salz und Muskatblüthe eingerührt und mit so viel Mehl als nöthig befestigt.

406. Mark-Knödel.

Nachdem man $1/4$ Pfund Mark fein geschnitten und ein wenig lau werden gelassen hat, wird es recht flaumig abgetrieben und 3 abgeriebene, fein würflig geschnittene mit Milch genetzte Semmeln, 2 Eierdotter, 2 ganze Eier nebst etwas Salz und 2 Eßlöffel voll feines Mehl dazugerührt und sodann ausgemacht.

407. Erdäpfel-Knödel.

In $1/4$ Pfund abgetriebenen Butter werden $3/4$ Pfund gekochte, heiß passierte Erdäpfel, 3 Eierdotter, 2 ganze Eier nebst 1 $1/2$ Kaffeebecherl Gries, eben so viel Mehl und etwas Salz eingerührt, etwas anziehen gelassen und daraus Knödel geformt.

408. Semmel-Knödel.

Wenn man $1/4$ Pfund Butter abgetrieben hat, werden 5 Semmeln fein würflig geschnitten, mit Milch genetzt, und diese Butter mit 3 Eierdottern, 2 ganzen Eiern, etwas Salz, einen Löffel voll Mehl und weißen Bröseln in die Semmel eingerührt, sodann mit Mehl ausgemacht.

409. Mehl-Nockerl.

Es wird $1/4$ Pfund Butter abgetrieben, 3 Eßlöffel voll kalter Milch und nach jedem Löffel Milch 1 Löffel voll Mehl eingerührt, dann 3 ganze Eier, 2 Eierdotter, etwas Salz dazugerührt, mit Mehl befestiget und mit einem Eßlöffel in die kochende Suppe eingelegt.

Kleine mürbe Backereien.

Zu diesen Mehlspeisen braucht man verschiedene Arten von Teigen.

410. Vom Nudel- und Strudelteig

war bereits bei den Suppen mit Eingekochtem die Rede. Hier nur noch vom Butterteig und vom Pastetenteig.

411. Butterteig.

3 Vierting feines, trockenes Auszugmehl wird mit 2 Eidottern, $1/2$ Seitel süßen Rahm oder Wasser mit etwas Salz

zu einem Teig recht fein geknetet und mit einer Serviette
bedeckt.

Diesen Teig nennt man **Vorteig**.

Dann wird 1 Pfund Butter mit 1 Vierting Mehl ver=
mischt, darauf der obige Teig in eine runde Platte gewalkt,
von allen Seiten recht gut über die Butter geschlagen und
mit einer Serviette bedeckt an einen kühlen Ort gestellt.
Nach einigen Minuten wird der Teig behutsam auf ein großes
Viereck gewalkt, dieses von beiden Seiten zusammengeschla=
gen, und von oben nach unten, und so umgekehrt, wieder
von unten nach oben gebogen, daß er dreifach übereinander zu
liegen kömmt. Diese Behandlung nennt man den Teig schla=
gen. Derselbe wird nun wieder bedeckt und kalt gestellt.

Nach einigen Minuten wird dasselbe wiederholt, bis
er fünfmal geschlagen ist; nun ist er, nachdem er noch=
mals gerastet, als vollendet zu betrachten, und kann so=
wohl zu Pasteten, als auch zu kleinen Backereien verwendet
werden.

Das Schlagen des Butterteiges muß mit möglichster
Geschwindigkeit und Vorsicht geschehen, damit der Teig nicht
abreiße.

Man versteht aber unter dem Worte: schlagen, nicht
auf den Teig mit Gewalt schlagen, sondern nur: ihn meh=
rere Male übereinander legen, und dann leicht und gering
auswalken, wobei man das Einstauben mit Mehl sparsam
anzuwenden hat.

Auf andere Art nimmt man statt der Butter fri=
sches, trockenes, gereinigtes Rindskernfett, stoßt es im Mör=
ser, und mischt es mit etwas Provenzeröl. Solcher Teig ist
aber mehr zu warmen Pasteten, als zu süßen Backereien
geeignet.

412. Mürber oder Pastetenteig.

1 Pfund feines Mehl wird mit 3 Vierting zerschnit=
tenen Butter mittelst des Nudelwalkers sehr fein gemischt.
Dann wird ein Kranz davon auseinander gestrichen, in dessen
Mitte werden 2 Eier, 2 Löffel voll Rahm, eben so viel
Wein und etwas Salz gegeben, mittelst eines Messers gut
mit dem Mehl abgemischt und dann zusammengeknetet; doch
darf dieses nicht mit dem Händen geschehen. Wenn er ganz

beifammen ift, wird er in ein großes Vierect gewalkt, von beiden Seiten übergeschlagen, und der Länge nach 3 Mal zuſammengelegt, wieder ausgewalkt, und damit ſo lange fortgefahren, bis er Blaſen macht. Nun wird er wenigſtens eine Stunde lang (je länger je beſſer) an einen kühlen Ort, mit einer Serviette bedeckt, geſtellt, und dann nach Belieben zu Paſteten oder anderem Backwerk verwendet.

Die ganze Arbeit muß aber mit möglichſter Geſchwindigkeit vollzogen werden, damit der Teig durch langes Arbeiten unter warmen Händen von außen nicht fett werde, nicht von allen Seiten breche, die Butter nicht ſchmelze, und das Ganze unbrauchbar werde. Daher man ihn auch, ohne ſich dabei lange zu verhalten, mit dem Nudelwalker nur gering finderdünn auswalkt, und auf einen Schuh im Vierect zuſammenſchlägt.

Um dieſen Teig noch mürber zu machen, ſtoßt man den in Eiswaſſer erſtarrten und wieder gut abgetrockneten Butter mit 3 oder 4 hartgeſottenen Eidottern gut untereinander, und gibt ſolches aus dem Mörſer zu dem Mehle, wodurch ſich die Butter viel leichter, geſchwinder und vollkommener vermiſchen läßt.

413. Germ-Butterteig.

Man miſcht 10 Loth feines Mehl mit 1 Vierting Butter auf einem Nudelbret, gibt etwas Salz dazu, ſchlägt 4 Eidotter, 2 Löffel voll Rahm und 1 Löffel voll gute Germ daran, macht den Teig geſchwind ab und ſchlägt ihn dreimal, wie die vorigen, macht daraus vierecige Fleckel, gibt Eingeſottenes darauf, und rollt ſie wie ein Kipfel zuſammen, oder macht runde gefüllte Krapfel, oder was man will, ſtellt ſie auf ein Plattel, beſchmiert ſie mit Eierklar, läßt ſie mit Zucker beſaet ein wenig gehen (aber nicht an einem gar zu warmen Ort) und bäckt ſie dann geſchwind aus dem Oferl.

414. Butterteig mit Rahm.

Fünf Vierting feines Mehl ſalzt man am Nudelbrett, ſchlägt 2 Eidotter daran, macht den Teig mit ½ Maß Rahm ſchön klar an, arbeitet ihn gut ab, macht ihn wie ein Laibel zuſammen, und läßt ihn raſten; dann wäſcht man 1 Pfund Butter, daß er recht zähe wird, walkt den Teig von einander, legt den Butter darauf, und schlägt ihn 3 Mal, läßt ihn dann noch eine Weile rasten, und macht daraus Torten, Pasteten, Krapfen oder Wandeln.

Er ist überhaupt, so wie die vorbeschriebenen Teige zu allerhand kleineren so wie größeren Backereien zu gebrauchen, deren Formen und Eintheilung in den speciellen Fällen dem Gutdünken und dem Geschmacke der Köchin überlassen bleibt.

415 Crême-Krapfen.

1 Seidel Obers mit 6 Dottern, 4 Loth Orangenzucker, 1 Eßlöffel Mehl sehr fein abrühren, in eine ausgeschmierte Sturz-Kasserole einfüllen, ½ Stunde in Dunst backen, dann stürzen und auskühlen lassen.

Aus diesem werden nun mit einem Ausstecher nach beliebiger Größe Krapfen geformt, diese in Eier getunkt, mit Semmelbröseln panirt, dann in heißem Schmalz gäh blasgelb gebacken und mit Vaniglie-Zucker bestreut.

416. Gebackene Aepfel.

Von deutschen Maschanzger (Bosdorfer)-Aepfeln wird der Stengel rund herausgeschnitten, die Kerne ausgehöhlt und wenn die Aepfel abgeschält sind, sammt den Stengeln in Mehl eingewälzt, in aufgeklopfte Eier getunkt und in Semmelbröseln panirt.

So zubereitet werden selbe in heißem Schmalze gebacken, darauf mit beliebigem Eingesottenen gefüllt, die Stengel wieder in ihre frühere Lage eingesetzt und wenn selbe mit Zucker bestreut sind, angerichtet.

417. Gebackene Aepfelscheiben.

Hierzu werden entweder deutsche Maschanzger-, Rosen- oder Ranett-Aepfel gewählt, abgeschält, in fingerdicke Scheiben geschnitten, die Kerne mit einem kleinen runden Ausstecher ausgestochen, die Scheiben in Zucker eingewälzt und 1 Stunde liegen gelassen, worauf sie in Weinteig getunkt, in heißem Schmalz gebacken, herausgenommen und mit Zucker bestreut angerichtet werden. Sie können auch glacirt werden, indem man sie nämlich dicht mit Zucker bestreut, selbe in eine gäh erhitzte Röhre stellt bis der Zucker schmilzt und dadurch glaceartig wird.

418. Gebackene Zwetschken.

Von aufgeschwellten, dürren oder frischen, Zwetschken werden die Kerne ausgelöst, dafür Mandelkerne eingesetzt, darnach in Bier- oder Weinteig getunkt, in heißem Schmalz gebacken und entweder bloß in Zucker oder in Chocolade mit Zucker eingewälzt und angerichtet.

419. Gebackene Mandeln.

Werden 6 Loth Mandeln mit einem Tuche abgewischt, mit den Schalen fein gestoßen, dann auf 1 Brett 10 Loth Mehl, 4 Loth Geruch-Zucker, 4 Loth Butter, Zimmt, Gewürznelken, Muskatnuß und die gestoßenen Mandeln gegeben, mit einem Walker abgedrückt, mit beiden Händen abgebröselt, dann 3 Eierdotter mit einem Messer eingemischt und zu einem Stritzel geformt. Hat man diesen mit einem Messer durchstrichen, so wird er abermals zu einem Stritzel geformt, steif werden gelassen, fingerdick ausgewalkt, mit einer Mandelform ausgestochen und nachdem es in heißem Schmalze gebacken ist, mit Zucker und Zimmt bestreut und angerichtet.

420. Früchten-Pofesen.

Hiezu werden die Semmelscheiben wie bei den Hirn-Pofesen zubereitet, mit Eingesottenem oder zubereiteter Zwetschkenfülle gefüllt. Hierauf wird rother Wein mit Zimmt, Gewürznelken und Zucker gekocht, ausgekühlt, die gefüllten Semmeln darein getunkt, etwas ansaugen gelassen, herausgenommen, dann entweder mit Eier und Semmelbröseln panirt, oder in Milch und darauf in Weinteig getunkt, sodann in heißem Schmalz gelb gebacken, mit Zucker und Zimmt bestreut nnd angerichtet.

421. Zwetschkenfülle zu bereiten.

Diese Fülle wird bereitet, indem man weichgekochte Zwetschken auslöst, fein schneidet, mit etwas Zwetschkensaft, Zucker, Zimmt und Limonienschalen abrührt und dieses zum Füllen verwendet.

422. Zwetschkenflecken.

Wird der vorbeschriebene Teig messerrückendick gewalkt,

zu einem Viereck geschnitten und dieses auf ein mit Butter
geschmiertes Backblech gelegt; darauf einige unbemerkbare
Einschnitte mit einem feinen Messer gemacht, dann der äußere
Rand regelmäßig aufgebogen, der Boden mit Zucker dicht,
wie auch etwas mit Gewürznelken, Zimmt, fein geschnittenen
Limonienschalen bestreut, mit frischen von den Kernen ausge=
lösten Zwetschken dicht belegt, der Rand mit aufgeklopften
Eiern angestrichen, hierauf auf den Boden der Röhre gestellt,
damit es von unten mehr Hitze erhält, so gelb gebacken, mit
Zucker bestreut in nette Stücke geschnitten und angerichtet.

423. Früchten-Dalcin.

Wird derselbe Teig wie oben genommen, in einen run=
den Flecken zweifingerbreit größer, als das dazu bestimmte
Tortenplattel gewalkt, auf dieses geschmierte Plattel aufge=
legt, in der Mitte mit der Messerspitze wie bei dem vorigen
Einschnitte gemacht, worauf man den Rand zwischen dem
Daumen und Zeigefinger in nett dressirte zweifingerbreite
Falten aufbiegen, mit ausgelösten Zwetschken, Pfirsichen, Kir=
schen, abgerebelten Ribiseln, Stachelbeeren, Himbeeren oder
Erdbeeren belegen, den Rand mit aufgeklopften Eiern anstrei=
chen, sodann in einen Reisen einsetzen wie die obigen backen,
mit Zucker bestreuen und anrichten muß.

Bei saueren Früchten wird doppelt so viel Zucker zum
Boden, dagegen wenn eingelegte Compots gebraucht werden,
sehr wenig Zucker gegeben.

424. Französische Guiche.

Hiezu wird 1 Pfund gegangenen Semmelteiges genom=
men, in diesem ¼ Pfund Butter eingeknettet und etwas ra=
sten gelassen; dann wird ein Backblech mit Butter geschmiert,
der Teig messerrückendick und so groß als das Blech ausge=
walkt, darauf gegeben, sodann einige Einschnitte in der Mitte
gemacht, wie beim vorigen, der Rand dressirt und gefaltet.
Hat man dann ½ Maß Milchrahm mit 7 Eierdotter abge=
sprudelt, gesalzen und auf die Mitte aufgegoßen, so wird es
mit etwas Butter belegt, gelb gebacken, heiß in Stücke ge=
schnitten und zum Thee gegeben.

9 *

425. Aepfelstrudel von englischem Teig.

Der vorbeschriebene Teig wird messerrückendick 2 Hände breit und backblechlang ausgewalkt, daraus 1 Streifen geschnitten, auf das mit Wasser genetzte Backblech gelegt, der Boden von dem Teige dicht mit Zucker und etwas Zimmt, feingeschnittenen Limonienschalen bestreut; dann werden entweder geschälte deutsche Maschanzger oder Ranett-Aepfel in kleine Spalten geschnitten, geputzte Rosinen oder Weinbeeren auf die Hälfte des Teiges nach der Länge gelegt, der Rand mit aufgeklopften Eiern angestrichen, sodann die andere Hälfte überschlagen, daß beide Enden zusammenpassen, mit einem Messer auf dem Rande mehrere Einschnitte gemacht, oben mit Eier angestrichen, gelb gebacken und in Stücke geschnitten angerichtet.

426. Mandelstrudel.

Zu diesem wird der Teig wie vor zubereitet, dann $\frac{1}{4}$ Pfund Geruchzucker $\frac{1}{4}$ abgezogene gestoßene Mandeln welche beim Stoßen mit etwas Eiweiß genetzt werden, und 8 Eierdotter mitsammen $\frac{1}{2}$ Stunde gerührt, dazu etwas Zimmt, Muskatnuß, von der Klar von 2 Eiern der Schnee leicht eingemischt, sodann auf den Teig aufgestrichen, wie die vorigen überschlagen, am Rand einige Einschnitte gemacht, hierauf wie bekannt gebacken und angerichtet.

427. Butterteig-Torte.

Aus dem messerrückendick ausgewalkten Butterteig werden 3 Blätter schüsselgroß geschnitten, auch 1 mit Wasser genetztes Blech nebeneinander gelegt und in der Mitte der Blätter einige Einschnitte gemacht, daß es kleine Blasen bekömmt und mit aufgeklopften Eiern angestrichen.

Auf das eine angestrichene Blatt wird von Fingerbreit geradelten Butterteig-Streifen ein Gitter geflochten, mit aufgeklopften Eiern angestrichen, den Rand mit einen Fingergerbreiten Butterteigreif bedeckt, welcher ebenfalls mit Eiern angestrichen wird, befestigt und gebacken. Die andern 2 Blätter werden entweder mit Eingesottenen oder Aepfelpüree überstrichen, sodann auf einandergelegt, daß das mit dem Gitter belegte nach oben kommt. Dann werden in diese

Quarees eingesottene Ribisel oder Weichsel eingefüllt mit Zucker bestreut und angerichtet.

428. Butterreifen-Torte.

Wird 1 Pfund Butterteig messerrückendick gewalkt, 8 Reifen daraus geformt, und zwar jeder um eine Finger=breite kleiner, dann mit aufgeklopften Eiern angestrichen und auf einem mit Wasser genetzten Blech gelb gebacken. Hierauf wird Schnee geschlagen der Rand des Reifens damit bestrichen, darauf in fein geschnittene Mandeln, welche mit Grobzucker gemischt sind eben eingerollt und getrocknet; so=dann muß man vier Reifenkanten in mit Alkermessaft ge=färbten Grobzucker gemischten Pistazien einwälzen, auf einem warmen Orte trocknen und wechselfärbig auf einander legen. Von jedem Reifen wird die obere Fläche mit beliebiger Marmelade bestrichen, der letzte mit Zucker=Glasur überzo=gen, getrocknet und mit Früchten zierlich belegt.

429. Englische Dateln.

Von englischen Teige wird ein messerrückendicker Hand=breiter Streifen gewalkt, auf ein mit Wasser genetztes Blech gelegt, mit aufgeklopften Eiern angestrichen und etwas durch=gestochen. Sodann werden deutsche Maschanzger=Aepfel in feine Spalten geschnitten, der Boden der Teigplatte messer=rückendick mit Zucker und Zimmt bestreut, mit den Spalten belegt und mit einem harten Linzerteig überflochten. Hat man den Rand mit einem Reifen von englischen Teig, wel=cher mit Eiern angestrichen ist, befestigt, ihr wird die ganze Oberfläche mit Eiern angestrichen, gelb gebacken, in beliebig große Stücke geschnitten und mit Zucker bestreut.

430. Aepfel im Schlafrock.

Diese werden ausgehöhlt, abgeschält, in Zucker einge=wälzt, und mit Eingesottenen gefüllt. Der Butterteig wird messerrückendünn ausgewalkt, in Quadrate geschnitten, dann werden ebenfalls ein Fingerbreiter für jeden Apfel aber zwei Streifen, welche über dieselben kreuzweise eingeschlagen wer=den, ganz mit Eiern angestrichen, auf die Mitte des Qua=dratfleckchens, welches so groß sein muß, daß es den ganzen

Apfel deckt, befestigt und die 4 Ecken aufgebogen, welche an
den angestrichenen Streifen festhalten müssen.

Die 4 übereinander zu liegen kommenden Spitzen wer=
den mit einem kleinen mit aufgeklopften Eiern angestrichenen
Fleckchen befestigt. Darnach wird die ganze Oberfläche mit
aufgeklopften Eiern überstrichen, mit fein gesähtem Zucker
überstreut, gelb gebacken und angerichtet.

431. Butterteig-Kipfeln.

Hierzu wird der Butterteig messerrückendick gewalkt, in
Dreiecke geschnitten auf deren Mitte ein Kaffeelöffel voll
Eingesottenes gegeben, ringsherum mit Eiern angestrichen,
dann so zusammengerollt, daß das Eck nach außen zu liegen
kommt und das Ganze die Form eines Kipfels erhält. Ist
es sonach ganz mit Eiweis angestrichen und mit Grobzucker
oben bestreut, so wird es gelb gebacken.

432. Maultaschen.

Wird der Butterteig messerrückendick gewalkt, in Fin=
gerlange und 3 Fingerbreite Streifen geschnitten, mit Eiern
ringsherum angestrichen, auf dessen Mitte ein Kaffeelöffel
voll Mandelfülle gegeben, die Theile gegen einander so über=
schlagen, daß die Kanten in die Mitte fallen, sich zugleich
kreuzen und durch ihre kleine Oeffnung die beim Backen auf=
gehende Fülle zum Vorschein kommt. Die ganze Oberfläche
wird mit Eiern angestrichen mit Zucker bestreut und sodann
gelb gebacken.

433. Butter-Krapfen.

Wenn der Butterteig papierdünn gewalkt und daraus
runde Blättchen gestochen sind, so werden sie auf ein Blech
fingerbreit von einander gelegt und mit aufgeklopften Eiern
angestrichen. Sodann werden etwas kleinere Reifchen, als
das Blättchen ist, ausgestochen, mit Eiern angestrichen und
auf das Blättchen gelegt, auf dieses werden dann mit einem
Dessin ausgestochene Reifchen befestigt, worauf es mit etwas
Eiweis bestrichen, gelb gebacken, mit Zucker bestreut und mit
Eingesottenem gefüllt wird.

434. Butterteig-Krapfen mit Mandeln.

Der Butterteig wird messerrückendick ausgewalkt, mit einem Rosetten Ausstecher Blätter, und zwar für jeden Krapfen 2 angestochen. Nun wird das untere mit Eiern angestrichen, mit Marillen-Marmelade gefüllt, passend auf einander gelegt, etwas niedergedrückt, oben mit Eiern angestrichen, mit feingeschnittenen Mandeln und Grobzucker bestreut, gelb gebacken, mit eingesottenen Weichseln belegt und mit Zucker bestreut.

435. Pariser-Stangel.

Der Butterteig wird messerrückendick ausgewalkt, darauf eine Eierglasur gestrichen, sodann mit einem heißen Messer fingerlange und daumbreite Streifen herabgeschnitten, mit Hilfe eines Messer auf das Backblech gelegt, in einer unteren überkühlten Röhre blasgelb gebacken und dann in einer Serviette im Kranz angerichtet.

436. Glacirte Butterteig-Filets mit Mandeln.

Der Teig wird wie der obige ausgewalkt, ebenso glacirt und mittelst einer heißen Filetform Filets ausgestochen, worauf man auf die Mitte eines solchen Filets eine abgezogene Mandel einsetzt, sodann wie die vorigen backt und anrichtet.

437. Glacirte Früchtenschnitten.

Zu diesen wird der Butterteig papierdick ausgewalkt, mit Aepfelpürée dünn überstrichen ein eben so großes Butter teigblatt darüber gelegt und etwas auf einander gedrückt. Hat man es mit Eiern angestrichen gelb gebacken, mit beliebiger Marmelade überzogen und in einer überkühlten Röhre etwas getrocknet, so wird es mit einer Wasserglasur überzogen, getrocknet und in fingerlange, zwei fingerbreite Streifen geschnitten.

438. Cremeschnitten.

Nachdem der Butterteig wie der obige gewalkt, auf das Backblech gegeben und darin einige Einschnitte gemacht sind, werden 2 Eßlöffel Mehl, 6 Eierdotter, 1 Seidel Obers,

¼ Pfund Baniglie= oder Orangen=Zucker in eine Kasserole gegeben, sehr rein und glatt abgerührt, sodann am Feuer gerührt, bis es dick wird. Hierauf wird es ausgekühlt, der Schnee aus der Klar von 5 Eiern eingemischt, die Teigplatte darauf gegeben, etwas niedergedrückt, dann mit Eiern ange= strichen, blasgelb, wie die vorigen geschnitten und mit Zucker bestreut.

439. Gewundene Butterteig-Stangeln.

Der messerrückendick ausgewalkte Teig wird in daum= breite beliebig lange Bänder geschnitten, die Bänder gewun= den, mit beiden Enden auf das Backblech befestigt, mit Eiern angestrichen, mit Zucker bestreut und gelb gebacken. Sodann wird es von dem Backblech abgenommen, die beiden Enden in Eierschnee getunkt, und wie bei der Butter=Reif= Torte gefärbt und über zwei etwas erhabenen Gegenstän= den z. B. Kochlöffel u. d. gl. getrocknet. Zwischen die Oeff= nungen kommt Ribisel= oder Aepfelfülle.

440. Brioche.

½ Pfund Mehl, 2 Loth Germ, etwas lauwarmes Wasser und Salz; diese Masse wird auf einem Brette mit beiden Händen sehr fein wie ein Strudelteig bearbeitet, so= dann auf ein mit Mehl bestaubtes Brett gegeben und mit einem gewärmten Weidling zugedeckt. Wenn er sich zwei Finger breit gehoben hat, wird er klein zerbröckelt. In ½ Pfund Butter wird 1 Pfund Mehl, Salz, 9 Dotter und 4 ganze Eier, ½ Seidel dickes Obers, 2 Löffel Zucker hineingegeben, selbes zu einem Teige bearbeitet, auf kleine Stücke abgebröckelt, sodann mit dem früher zubereitetem Teige gemischt und gut abgeknetet. Hat man es zu einem Laibe geformt und in eine Serviette eingeschlagen, so wird es in einem irdenen Geschirr an einen kühlen Ort oder auf das Eis zugedeckt gestellt, bis es doppelt so hoch aufgegan= gen ist, dann abermals auf ein Brett herausgegeben und für ein kleines Laibchen davon 1 Stück abgenommen. Hierauf wird das andere zu einem flachen runden Laib ausgewalkt, in dessen Mitte eine kleine Vertiefung gemacht, mit Eiern angestrichen und auf ein mit Butter geschmiertes Papier in einer Plattform eingesetzt, von dem abgenommenen Teige wird ein gespitztes Laibchen geformt, in die Vertiefung des großen eingesetzt, dann nochmals mit Eiern angestrichen, mit einem Messer ringsherum Einschnitte gemacht, sehr langsam durch 1¹/₂ Stunde gebacken und zum Thee gegeben.

441. Milchbrod.

Um selbes gut zu bereiten, muß man 12 Seidel Mehl in einen Weidling geben, 5 Loth Germ mit 3 Seidel Milch darin glatt abrühren, klein schlagen, aufgehen lassen, 4 Dotter mit ¹/₂ Seidel lauwarmer Milch absprudeln. ¹/₂ Seidel klärisirte lauwarme Butter, ¹/₄ Limonien-Zucker, etwas Ingwer, etwas Salz, dieses ebenfalls absprudeln und in den Teig einkneten. Sodann läßt man selben aufgehen gibt etwas Weinbeeren und Rosinen darein und legt ihn dann auf ein Brett, wo man daraus Laibchen nach beliebiger Größe formen, auf ein mit Schmalz bestrichenes Backblech legen, etwas aufgehen lassen, mit Eiern anstreichen und langsam backen muß.

442. Mohn-Stritzeln.

Zu diesen wird der vorige Teig genommen, 1 Stück in zehn Theile getheilt und zu beliebig langen Streifen gewalzt. Von diesen werden zuerst fünf, dann drei mitsammen geflochten, die zwei letzten werden blos gedreht, mit Eiern angestrichen, aufeinander gelegt, nochmals aufgehen gelassen dann mit aufgeklopften Eiern angestrichen, mit Mohn bestreut und so wie der obige gebacken.

443. Erdäpfelbrot.

3 Pfund Mehl, 14 Loth Butter werden mitsammen abgedrückt, dann 16 Loth passirte trockene Erdäpfel, 3 Loth Germ, 3 Seidel lauwarme Milch, 3 Loth gestoßenen Baniglie-Zucker, 8 Dotter, dieses Alles mitsammen abgesprudelt, ¹/₂ Löffel voll Salz wie auch die Erdäpfel und das Abgesprudelte in das Mehl gegeben und mit einem Messer gut durchgemischt. Hat man es mit beiden Händen fein bearbeitet und in drei Theile getheilt, so werden daraus 3 Laibchen geformt, in mit Mehl ausgefähte Backsimperln eingelegt, aufgehen gelassen, dann auf ein mit Butter

beschmiertes Backblech gestürzt, mit Milchwasser überstrichen und langsam 2 Stunden gebacken.

444. Feines Kletzenbrod.

1 Pf. Feigen, 1½ ausgelöste große Rosinen, 1 Pf. abge= zogene Mandeln, 1 Pf. abgeklaubte Weinbeeren, ½ Pf. ausge= löste Datteln, ½ Pf. Citronade, ¼ Pf. Pignoli, ¼ Pf. Pistazien, 2 Pfund geschwellte ausgelöste Zwetschken, ½ Pf. ge= trocknete Birnen, 1 Pfund Amorellen, ½ Pfund ausgelöste Nüsse, dieses Alles wird in Nudelform geschnitten, mit Ma= raschino, Rosoglio oder Punsch=Essenz angefeuchtet und so über Nacht stehen gelassen. Dann wird eine Orangen= und Limonienschale sehr fein geschnitten, ½ Pfund Baniglie=Zu= cker, Zimmt, Gewürz=Nelken, Muskatnuß und Ingwer unter= einander gemischt, und mit diesen Ingredienzien 2 Pfund brauner Brotteig vermengt. Nun wird 2½ Pfund Milch= brotteig auf so viele Theile getheilt, als man Stritzeln oder Laibchen formen will, diese werden dann messerrückendick aus= gewalkt, mit Eiern angestrichen, die obige Masse darauf ge= geben und vermacht. Hat man ihnen die beliebige Form ge= geben, sie auf ein mit Butter geschmiertes Backblech gelegt, und aufgehen gelassen, so werden sie mit aufgeklopften Eiern angestrichen, langsam ½ Stunde gebacken und nach einigen Tagen erst zum Gebrauch genommen.

445. Käse-Kuchen.

¾ Pfund Mehl werden in einem Weidling gegeben, ½ Seidel Obers mit 1 Loth Germ, 1 ganzen Ei, 3 Dot= tern, 2 Loth klärisirter Butter, etwas Salz, 1 Kaffeelöffel voll Zucker mitsammen abgesprudelt, in das Mehl eingerührt, der Teig festgehalten, fein abgeschlagen und aufgehen gelassen. Hierauf wird selber auf ein mit Mehl bestäubtes Brett herausgegeben, fingerdick ausgewalkt mit einem Krapfenste= cher ausgestochen. Diese ausgestochenen Kuchen auf ein mit Butter geschmiertes Backblech gelegt, nochmals aufgehen ge= lassen, worauf man in jeden einige Grübchen eindrückt mit Eiern anstreicht, in die Grübchen etwas Butter gibt, sodann mit geriebenen Parmesan=Käse bestreut, gäh backt und heiß zum Thee gibt.

446. Germschnitten.

Wenn man ¼ Pfund Butter flaumig abgetrieben, 2 Dotter, 1 ganzes Ei, eines nach dem andern eingerührt hat, so werden 4 Löffel lauwarmes Obers mit 1 Loth Germ abgerührt, 12 Loth Mehl nebst etwas Salz theilweise in das Ganze eingerührt, und diese Massa auf ein mit zerlassener Butter bestrichenes Backblech gestrichen, aufgehen gelassen, mit aufgeklopften Eiern angestrichen, mit Mandeln, welche mit Grobzucker gemischt sind, bestreut und langsam gebacken und beliebig geschnitten.

447. Thee-Bretzen.

Zu diesen muß man 15 Loth Butter flaumig abtreiben, darein 4 Dotter, 3 ganze Eier, 6 Loth Vaniglie-Zucker einrühren, dieses nebst etwas Salz zu einem Teig bearbeiten und selben aufgehen lassen. Nun werden davon kleine Bretzeln geformt, auf ein mit Butter bestrichenen Papier bedecktes Blech aufgelegt, nochmals aufgehen gelassen, und mit Eiern angestrichen, langsam gelb gebacken.

448. Germkipfel mit Mohn.

Zuerst wird ¼ Pfund Butter flaumig abgetrieben, 5 Dotter und 1 Löffel voll Geruch-Zucker eingerührt, dann 1 Loth Germ mit ½ Seidel Obers abgerührt und in das Obige theilweise einrühren, dieses nebst etwas Salz zu einem Teig bearbeiten und selben aufgehen lassen. Nun werden davon kleine Bretzeln geformt, auf ein mit butterbestrichenen Papier bedecktes Blech aufgelegt, nochmals aufgehen gelassen, und mit Eiern angestrichen, langsam gelb gebacken.

449. Westphälinger Kipfeln.

Wenn man ¼ Pfund Butter und ¼ Pfund Mehl auf einem Brette gut abgedrückt, in der Mitte des Häufchens eine Grube gemacht, 2 Dotter und 3 Eßlöffel lauwarmen Obers, welches man mit ½ Loth Germ abgerührt hat, nebst einer Messerspitze voll Salz darein gegeben hat, so muß man selbes mit einem Messer gut vermischen, mit beiden Händen zu einem Stritzel bearbeiten, denselben 1 Stunde rasten lassen, dann der Länge nach auswalken. Dieses Ausgewalkte wird auf 3 Theile überschlagen und so 3 mal wiederholt verfahren, worauf man dann selbes fein messer= rückendick auswalken, 1 fingerlange, 2fingerbreite Streifchen abradeln und mit aufgeklopften Eiern ringsherum anstrei= chen muß. Die Hälfte von jedem Fleckchen wird entweder mit der schon bekannten Mandelfülle oder Eingesottenem be= strichen, dabei einzurollen angefangen, sodann mit der oberen Seite in einen schwachen Eierschnee getunkt, auf ein geschmiertes Blech gelegt, nochmals aufgehen gelassen, dann mit zerlassenem Schmalze bestrichen und schnell gebacken, nach diesem aber gleich vom Bleche abgenommen.

450. Karlsbader-Golatschen.

6 Loth Butter wird flaumig abgetrieben, in selbe 3 Dotter, 1 Loth Germ, welche man mit 2 Löffeln lauwar= men Obers abgerührt hat und 12 Loth Mehl theilweise eingerührt, aufgehen gelassen, sodann auf einem Brett zu einem Stritzel schnell geformt. Aus diesem Stritzel werden halbeigroße Stückchen herausgeschnitten, Laibchen daraus ge= macht, diese auf ein geschmiertes Blech gelegt, in die Mitte eines jeden ein Grübchen eingedrückt, welche mit Eingesotte= nem gefüllt, etwas gehen gelassen, mit feingestoßenen Zucker dicht bestreut, sodann auf ein Backblech gelegt und langsam kühl gebacken.

451. Zwetschken-Tascheln mit Germteig.

2 Loth Butter und 2 Loth Rindschmalz muß man flaumig abtreiben, 3 Dotter, 2 Löffel gestoßenen Zucker mit 1 Kaffeebecherl lauwarmen Obers oder Milch und 1½ Loth Germ abrühren aus der Klar 2 Eiern den festen Schnee, 1 Löffelvoll Milchrahm, ½ Kaffeelöffel voll Salz in ¾ Pfund Mehl einrühren, aufgehen lassen, sodann auf ein Brett geben, und messerrückendick auswalken. Ist dann der Teig in 1fingerlange, 2fingerbreite Fleckchen geschnitten, auf diese 1 Löffel voll schon bereiteter Zwetschkenfülle gegeben, so wird die Hälfte des Fleckchens überschlagen, und dann mit aufgekloften Eiern bestrichen werden.

Hat man dann das Eingesottene daraufgelegt, so wird der Schnee aus der Klar von 2 Eiern mit 4 Loth Zucker und 4 Loth feingeschnittenen Mandeln vermischt in einem zierlichen Kranz aufgetragen und selbe dann langsam gebacken.

452. Gebackene Topfen-Nudeln.

In 5 Loth flaumig abgetriebener Butter werden 2 handvoll passirter Topfen, 5 Dotter, 1 ganzes Ei, ½ Seidel Obers, welches Alles man mit 1½ Loth Germ abgerührt hat, nebst 1 Pfund Mehl theilweise eingerührt, 1 Kochlöffel voll Zucker und eben so viel Salz dazugegeben, der daraus bereitete Teig aufgehen gelassen, und aus diesem auf einem mit Mehl bestaubten Brett fingerdicke und eben so lange Würstchen geformt. Diese legt man auf ein mit Mehl bestaubtes Tuch, läßt sie nochmals aufgehen, worauf sie in heißem Rindschmalze gebacken mit Zucker bestreut und warm angerichtet werden.

453. Bisquit-Nudeln.

Zu diesem muß man 15 Loth Butter flaumig rühren, 4 Dotter, 1 ganzes Ei, 8 Löffel lauwarmes Obers mit 1 Loth Germ abrühren, ¼ Pfund Mehl, 2 Messerspitze voll Salz und 1 Löffel Vaniglie-Zucker einrühren, in einem Weidling aufgehen lassen, dann auf ein mit Mehl bestaubtes Brett auslegen und kleinfingerdick auswalken. Sind sie mit einer Bisquitform ausgestochen, das Ausgestochene auf ein mit klärisirter Butter geschmiertes Blech gegeben, mit zerlassener Butter überstrichen und dicht mit Vaniglie-Zucker bestreut, so werden sie mit einem zweiten ausgestochenen Blatt gedeckt, nochmals aufgehen gelassen, mit Eiern bestrichen, mit Zucker bestreut und blaßgelb gebacken.

454. Gewickelte Zimmt-Nudeln.

Zur Bereitung derselben muß man 6 Loth Butter abtreiben, 4 Dotter einrühren, ½ Seidel lauwarmes Obers mit 1½ Loth Germ abrühren, dieses sammt 1 Pfund Mehl, ½ Kaffeelöfferl Salz einrühren, und in einem Weidling aufgehen lassen, worauf der Teig auf ein mit Mehl bestaubtes Brett ausgelegt, messerrückendick ausgewalkt und 1 fingerbreite, 3 fingerlange Streifen davon herabgeschnitten und dicht mit Zucker und Zimmt bestreut werden. Sind sie zusammengerollt, so werden sie in eine gut ausgeschmierte Kasserole oder

Bratpfanne eingelegt, inzwischen mit etwas Butter befeuchtet, aufgehen gelassen, eine halbe kochende Milch darüber gegeben, langsam in der Röhre gebacken und zuletzt mit Zucker bestreut.

, 455. Zwetschken-Wuchteln.

Wenn man 6 Loth Butter, 3 Loth frisches Rindschmalz recht flaumig abtreiben und in selbe 3 Dotter, 1 ganzes Ei, $\frac{1}{2}$ Seidel Milch mit 1 Loth Germ, welches man früher abrührt, nebst guten $\frac{3}{4}$ Pfund Mehl, 1 Messerspitze voll Salz und 1 Kaffeelöffel Zucker eingerührt hat, so wird es in einen Weidling aufgehen gelassen, dann auf ein mit Mehl bestaubtes Brett gegeben, messerrückendick ausgewalkt, daraus 3 fingerbreite und 2 fingerlange Streifen geschnitten, auf diese eine gut bereitete Zwetschkenfülle gestrichen und zusammengerollt. So zubereitet werden sie in eine gut ausgeschmierte flache Kasserolle eingelegt, zwischen jedes etwas Schmalz eingeschmiert und darin aufgehen gelassen, worauf selbe gelb gebacken, gestürzt, heiß auseinander gelöst, und mit Zucker bestreut werden.

456. Gewöhnliche Wuchteln.

Zu diesem wird 1 Pfund Mehl in einen Weidling gegeben, $1\frac{1}{2}$ Loth Germ mit $\frac{1}{4}$ Seidel lauwarmer Milch abgerührt, das Dampfel damit eingerührt und aufgehen gelassen. Wenn dann 4 Loth zerlassenes Schmalz mit $\frac{1}{2}$ Seidel Milch, 2 Dotter und 2 ganze Eier abgesprudelt und nebst $\frac{1}{2}$ Kaffeelöffel Salz in das Dampfel eingerührt sind, so wird es recht fein abgeschlagen, bis der Teig vom Löffel fällt, sodann mit einem großen Anrichtlöffel, welcher in Schmalz getunkt wird, Stücke herausgefaßt, in eine geschmierte flache Kasserole eingelegt und gut mit Schmalz bestrichen. Hat man sie darin nochmals aufgehen gelassen, so werden sie gelb gebacken, gestürzt, in noch heißem Zustande auseinander gelöst und mit Zucker bestreut.

457. Dampfnudeln.

Man wird 1 Pfund Mehl in einem Weidling gegeben, $\frac{1}{4}$ Seidel lauwarmen Obers und $\frac{1}{2}$ Loth Germ ein Dampfel setzen und aufgehen lassen, dann $\frac{3}{4}$ Seidel lauwarmen Obers mit 4 Dottern und 1 ganzen Ei, 6 Loth zerlassener Butter,

1 Eßlöffel voll Zucker mitsammen absprudeln, in das Mehl mit ½ Kaffeelöffel voll Salz einrühren, den Teig fein abschlagen und etwas aufgehen lassen, hat man ihn dann auf ein mit Mehl bestaubtes Brett gegeben, daumdick ausgewalkt mit einem mittelgroßen Krapfenstecher oder Oval-Stecher ausgestochen, so wird eine flache Kasserole mit lauwarmen Obers dünn überzogen, einige Löffel Zucker, einige Löffel zerlassener Butter dareingegeben, das Ausgestochene nicht zu enge zusammen eingelegt und nochmals gut aufgehen gelassen. Ist dieses geschehen, so wird es ½ Stunde vor dem Gebrauche in die Röhre gestellt, blasgelb gebacken, angerichtet, und dann 2 Dotter, ½ Seidel Obers und Vaniglie-Zucker mitsammen abgesprudelt und in einer Sauciere beigesetzt.

Diese dürfen erst eine Stunde vor dem Gebrauche zu machen angefangen werden, wenn man sich nämlich überzeugt hat, daß die Germ gut ist, so wird sie mit Mehl und Milch abgerührt und gehen gelassen, geht sie selber, so ist sie zum Gebrauche gut.

458. Dukaten-Nudeln.

¼ Pfund Butter und ¼ Pfund Schmalz sehr flaumig rühren, 16 Dotter, ½ Seidel Obers mit 1½ Loth Germ abrühren, ¾ Pfund Mehl, 1 Löffel voll gestoßenen Vaniglie-Zucker, 1 Messerspitze voll Salz einrühren, aufgehen lassen, dann erst auf ein mit Mehl bestaubtes Brett geben uud daumdick auswalken. Sind sie dann mit einem kreuzergroßen Ausstecher ausgestochen, so wird ein Großseidel Obers in einer flachen Kasserole nebst 4 Loth Krebsbutter und 4 Loth Zucker lau werden gelassen, diese ausgestochenen Nudeln eingelegt, nochmals aufgehen gelassen und mit zerlassener Butter bestrichen. ¼ Stunde vor dem Gebrauche werden sie in die Röhre gestellt, gut zugedeckt, daß sie von oben nicht backen können, dann herausgenommen angerichtet und ein Obers-Chaudeau beigesetzt.

459. Ordinäre Germ-Nudeln.

Wenn man 1 Pfund Mehl in einem Weidling mit lauwarmer Milch und 1½ Loth Germ abgerührt, ein Dampfel damit gesetzt, und aufgehen gelassen hat, so werden

4 Loth Rindschmalz in ½ Seidel Milch lau werden gelassen, mit 3 Dotter abgesprudelt, in das aufgegangene Dampfel nebst 2 Messerspitzen voll Salz eingerührt, der Teig fein geschlagen, bis er Blasen macht, und nochmals gehen gelassen. Dann werden selbe mit einem Anrichtlöffel, der in Schmalz zuvor getunkt wird, in Nockerlform herausgefaßt, in eine ausgeschmierte Kasserole eingesetzt, jedes mit Schmalz gut befeuchtet, die Kasserole voll angesetzt, und abermals gut aufgehen gelassen. Hat man dann ein großes Seidel gezuckerte kochende Milch mit einem Löffel behutsam darüber gegeben, so werden sie ¼ Stunde vor dem Gebrauche in die Röhre gestellt, darin gelb gebacken und mit Zucker bestreut zum Tische gegeben.

460. Böhmische Dalken.

Hiezu 1 Maß Mehl warm stellen, ½ Maß lauwarmes Obers, 2 Loth zerlassener Butter 1½ Loth Germ und 8 Dotter sehr gut absprudeln, und in das Mehl mit 1 Eßlöffel voll Zucker nebst 1 Kaffeelöffel voll Salz einrühren. Ist dann der Teig abgeschlagen, so wird er doppelt so viel auf= gehen gelassen, dann in ein dazu bestimmtes Dalkenreindel mit Schmalz bestrichen, der Teig löffelweise in die auf dem Reindel befindlichen Schüsseln gegeben, auf beiden Seiten gelb gebacken, worauf sie mit eingesottenen Zwetschken oder einer ähnlichen Fülle bestrichen, ein zweites Dalkerl darauf= gelegt, heiß angerichtet und mit Zucker bestreut werden.

461. Zwetschken-Strudel.

⅓ Pfund Schmalz oder 14 Loth Butter recht flaumig rühren, 4 Dotter und 2 ganze Eier, 2 Loth Germ mit 1 Seidel lauwarmer Milch abrühren, theilweise mit 1¼ Pfund Mehl, 1 Eßlöffel voll Zucker, 1 Kaffelöffel voll Salz ein= rühren, den Teig sehr fein abschlagen, und in einem Weid= ling gehen gelassen. Wenn er aufgegangen ist, wird selber auf ein mit Mehl bestaubtes Brett gegeben ein messerrücken= dicker, handbreiter und blechlanger Streifen ausgewalkt, dicht mit guter Zwetschkenfülle überstrichen, zusammerollt, und auf ein mit Schmalz geschmiertes Backblech gelegt, worauf er nochmals etwas gehen gelassen, mit aufgeklopften Eiern bestrichen, dann gelb gebacken und kalt angerichtet wird, wenn er in Stücke geschnitten und mit Zucker bestreut ist. Dieses Maß gibt 6 Strudeln.

462. Tiroler-Strudel.

Zu diesen muß man ¼ Pfund Butter flaumig rühren, 3 Dotter, 6 Löffel lauwarmes Obers mit 1 Loth Germ abrühren, ½ Mehl, 1 Loth Zucker, 1 Messerspitze voll Salz theilweise einrühren und im Weidling aufgehen lassen. Ist er dann auf ein mit Mehl bestaubtes Brett gelegt, finger= dick ausgewalkt, so wird er mit der schon vorbesagten Man= delfülle bestrichen, mit Rosinen, Weinbeeren, kleingeschnitte= ner Citronade und Orangenschalen bestreut, dann zusammen= gerollt auf ein geschmiertes Blech gelegt und nochmals etwas aufgehen gelassen, worauf er mit aufgeklopften Eiern bestri= chen und wie die vorigen zubereitet wird.

463. Baumwoll-Strudel.

Zu diesen wird vorerst 1 Pfund Mehl in einem Weid= ling warm gestellt, 1 Seidel lauwarmes Obers mit 1½ Loth Germ und 8 Eierdotter abgesprudelt, nebst ½ Kaffee= löffel Salz in das Mehl eingerührt, daher sehr fein geschla= gen, und etwas gehen gelassen. ⅓ Pfund Butter wird flau= mig abgetrieben, ¼ Pfund Limonien Zucker, 4 Dotter ein= gerührt, und der feste Schnee aus der Klar von 3 Eiern eingemischt. Hat man den Teig auf ein mit Mehl bestaub= tes Brett gegeben, messerrückendick ausgewalkt, und das vor= her Abgetriebene aufgestrichen, so wird er dicht mit Zimmt bestreut, zusammengerollt, und in einer dicht mit Butter ausgeschmierten Kasserole nochmals aufgehen gelassen.

Zuletzt wird es mit klärifirter Butter angestrichen, blaßgelb gebacken, gestürzt, in beliebige Stücke geschnitten, mit Zucker bestreut und warm angerichtet.

464. Germ-Kuchen.

6 Loth Butter abgetrieben, 4 Dotter einrühren, 1 Loth Germ mit ½ Seidel lauwarmer Milch abrühren nebst ¾ Pfund Mehl, 1 Eßlöffel Zucker, ½ Kaffeelöffel Salz theil= weise einrühren, den Teig aufgehen lassen, sodann in 2 Theile theilen. Jeder Theil wird dann zu einem Laibchen geformt, diese nach ihrer Größe ausgewalkt, und 1 hiervon in eine

ausgeschmierte, und mit Mehl ausgefähte große Minut=Kaf=
ferole eingelegt, ausgeglichen, der Rand fingerbreit mit
aufgeklopften Eiern, die Mitte aber mit Eingesottenem be=
strichen und mit der andern Platte gedeckt.

So läßt man sie aufgehen, worauf sie mit aufgeklopf=
ten Eiern angestrichen, mit geschnittenen Mandeln und Grob=
Zucker bestreut, gelb gebacken, mit Zucker bestreut und ziem=
lich warm servirt werden. Von dieser Massa können in
einer gewöhnlichen Tortenplatte 3 verfertigt werden.

465. Germ-Torte.

Wenn man ³/₄ Pfund Butter flaumig gerührt und in
selbe 10 Dotter nebst 2 Löffel Vaniglie = Zucker einge=
rührt hat, werden 6 Löffel lauwarmen Obers mit 1
Loth Germ abgerührt, 28 Loth Mehl, 2 Messerspitzen voll
Salz theilweise in die Butter eingerührt, etwas aufgehen ge=
lassen und dann auf ein mit Mehl bestaubtes Brett gegeben.
Ist dann der Teig in 4 Stücke zertheilt, und 2 Tortenplat=
ten ausgeschmiert und mit Mehl ausgefäht, so wird der in
der Platten ausgewalkte Teig dareingelegt, jedoch nur 2 Blät=
ter, der Rand fingerbreit mit aufgeklopften Eiern angestri=
chen, die Mitte aber mit Eingesottenem belegt. Von der an=
dern Hälfte werden Stangeln gemacht und darüber geflochten
mittelst eines Teigreifes das Geflochtene befestigt, nochmals
aufgehen gelassen, dann mit aufgeklopften Eiern angestrichen,
gelb gebacken, kalt geschnitten, mit Zucker bestreut und an=
gerichtet.

466. Ordinärer Gugelhupf.

1 Maß Mehl wird in einen Weidling gegeben, 1 großes
Seidel lauwarme Milch mit 1¹/₂ Loth Germ abgerührt, 4
Dotter, 1 ganzes Ei und ¹/₄ Pfund zerlassenes Schmalz
mitsammen abgesprudelt und nebst 1 Kaffeelöffel voll Salz
in das Mehl eingerührt, der daraus bereitete Teig wird dann
sehr fein abgeschlagen, etwas Weinbeeren und Rosinen hinein=
gegeben, und damit eine gut ausgeschmierte, mit einem Zap=
fen versehene Gugelhupfform, die mit Mehl oder Semmel=
bröseln ausgefäht wird, halbvoll angefüllt, sodann etwas
über ³/₄ voll aufgehen gelassen und zuerst etwas gäh, dann
langsam vollkommen ausgebacken, gestürzt, mit Zucker bestreut
und kalt geschnitten. Der Versuch des Fertigbackens geschieht

dadurch, daß man eine Stricknadel in den Teig einſticht, iſt ſelbe beim herausziehen vom Teige frei und ganz trocken, ſo iſt er auch vollkommen gebacken.

467.. Gebröckelter Gugelhupf.

In 1 Pfund Mehl wird auf einem Brett ½ Pfund Butter dareingeſchnitten, mit einem Walker gut abgedrückt mit beiden Händen abgebröſelt und in einem Weidling ge= geben, worauf man 1 Seidel lauwarmes Obers mit 1½ Loth Germ abrührt, 2 Eßlöffel voll Zucker, 5 Dotter und 2 ganze Eier gut abgeſprudelt und in das Mehl nebſt ½ Kaffeelöffel Salz eingerührt, gut abſchlägt bis ſich die Butter ganz glatt geſchlagen hat. Roſinen und Weinberen einmiſcht, und ſo wie den Obigen verfertigt.

468. Feiner Gugelhupf.

Nachdem man 12 Loth Butter ſehr flaumig gerührt, 9 Dotter und 1 Loth Germ mit einem ſchwachen Seitel lauwarmen Obers abgerührt, ſelbes theilweiſe mit 1 Pfund Mehl, 2 Löffel voll Vaniglie=Zucker und von 2 Eierklar den Schnee, nebſt Meſſerſpitz voll Salz, ½ Pfund Roſinen und Weinberen eingerührt hat ſo wird er verfertigt wie der vorige.

469. Kaiſer-Gugelhupf.

Zu dieſem muß man 10 Loth Butter flaumig rühren, 10 Dotter, 4 Löffel lauwarmes Obers mit 1 Loth Germ abrühren, 3 Löffel Vaniglie=Zucker, 1 Meſſerſpitze Salz, von 5 Eierklar den Schnee und zugleich mit dieſem 1½ Pfd. Mehl einmiſchen. Iſt die Gugelhupfform mit abgetriebener Butter ausgeſchmiert und mit ſtiftlich geſchnittenen Mandeln ausgelegt, ſo wird etwas mehr als die Hälfte mit obigem Teig eingefüllt, langſam aufgehen gelaſſen, langſam gebacken, dann geſtürzt und dicht mit Vaniglien=Zucker beſtreut. Kommt größtentheils zu Thee oder Kaffee, kann auch ſeiner Feine wegen nicht gefüllt werden.

470. Germ-Wandeln.

Zu dieſen werden 6 Loth Butter recht flaumig abge= trieben 5 Dotter und 1 ganzes Ei eingerührt, ½ Seidel

lauwarmes Obers mit 1 Loth Germ abgerührt; ½ Pfund
Mehl, 3 Eßlöffel Vaniglie=Zucker, 1 Messerspitze Salz,
theilweise eingerührt, dann die Wandeln mit Butter ausge=
schmiert, mit Mehl ausgefäht und halbvoll eingefüllt. So
läßt man sie aufgehen, bis die Form voll ist, worauf sie
langsam gebacken, mit Vaniglie=Zucker bestreut und zum
Thee gegeben werden.

471. Ordinäre Fasching-Krapfen.

Zur Bereitung derselben muß man 2 Pfund Mehl
in einen Weidling geben, 7 Loth zerlassenes Rindschmalz
und 1 halbe lauwarme Milch mit 2 Loth Germ abrühren,
4 Dotter und 1 ganzes Ei mitsammen absprudeln, in das
Mehl nebst 1 Kaffeelöffel voll Salz einrühren und diesen
Teig sehr fein schlagen, bis er Blasen macht, worauf man
denselben in einen Weidling aufgehen läßt, dann auf ein mit
Mehl bestaubtes Brett legt und kleinfingerdick auswalkt.
Die Hälfte muß man dann mit einem runden Ausstecher
betupfen, in die Mitte der sich bildenden Kreise beliebige
haselnußgroße Stückchen Eingesottenes geben und mit der
andern ausgestochenen Hälfte so decken, daß die mit Mehl
bestaubte Seite auf das Eingesottene kommt. Darnach wird
es um die Fülle herum etwas niedergepreßt, mit einem um
ein Nummer kleineren Ausstecher, als der erste, Krapfen
ausgestochen, auf ein mit Mehl bestaubtes Tuch mit der
oberen Seite nach unten gelegt, mit einem lauwarmen Tu=
che zugedeckt und gut aufgehen gelassen. Ist dieses geschehen,
so werden sie in 2 Pfund nicht gar heißes Schmalz mit der
obern Seite nach unten gelegt, zugedeckt; wie sie gelb zu
werden anfangen, mittelst einer Dressirnadel schnell umgewen=
det; dann wird auf sie etwas geblasen, nicht mehr zu=
gedeckt, wodurch sie einen schönen weißen Reifen in der
Mitte bekommen, mittelst eines Stecklöffels auf Flußpapier
ausgelegt und mit Zucker bestreut.

472. Feine Krapfen.

1 Pfund Mehl mit 7 Eier werden durch mehrere
Stunden nebst dem dazu gehörigen Geschirr auf einem war=
men Orte gehalten, dann 1 Seidel lauwarmen Obers mit
1⅓ Loth Germ abgerührt von den Eiern die 7 Dotter

und 1 Löffel voll Zucker mitsammen abgesprudelt, in das
Mehl 2 Messerspitzen voll Salz und das Abgesprudelte durch
ein Sieb geseiht. Ist dann der Teig damit er seine Blasen
bekommt, klein geschlagen, und darin 6 Loth Butter nachge-
schlagen, so wird selber sehr fein fertig geschlagen und etwas
aufgehen gelassen, worauf man ihn auf ein warmes mit Mehl
bestaubtes Nudelbrett herausgibt kleinfingerdick auswalkt und
wie die vorigen verfertigt. Selbe werden mit feiner Himbeer-
oder Marillen-Marmelade gefüllt.

473. Mittelfeine Krapfen.

Selbe werden wie die übrigen behandelt, nur daß auf
1 Pfund Mehl 5 Loth klärisirte Butter mit einem Seitel
lauwarmer Milch und 1½ Loth abgerührter Germ und 6
Eierdotter mitsammen abgesprudelt in das etwas gesalzene
Mehl hineingeseiht, eingerührt und sehr fein geschlagen, auch
im Weidling etwas aufgehen gelassen, dann verfertigt werden
wie die übrigen.

474. Waffelkrapfen mit Germ.

½ Pfund Butter flaumig rühren, 18 Dotter, 1 Löffel
Zucker, ½ Kaffeelöffel Salz, 24 Löffel Mehl, 24 Löffel
lauwarmen Obers mit 1 Loth Germ abrühren, in die Butter einrühren, 1 Stunde aufgehen lassen und von 8 Klar
den festen Schnee leicht einmischen. Sodann wird das
Waffeleisen heiß gemacht, mit warmen Rindschmalz ausgeschmiert ein Anrichtlöffel voll Teig hineingeben, worauf das
Eisen zugemacht, auf beiden Seiten die Waffelkrapfen in
dem Windofen gelb gebacken, beschnitten und herausgenommen, dann mit Zucker bestreut werden. Bei dem äußern
Rande drängt sich gewöhnlich etwas Teig heraus, dieser
muß also, bevor das Eisen aufgemacht wird, weggeschnitten
werden.

475. Feiner Kaiserschmarn.

Nachdem man in 6 Loth fein abgetriebene Butter 8
Löffel Mehl, 8 Dotter, 8 Löffel Zucker, 1 Seidel Obers
eingerührt und von 8 Klar den festen Schnee, Zimmt, Weinbeeren und Rosinen eingemischt, werden ½ Stunde vor
dem Gebrauche in einer flachen breiten Kasserole 4 Loth

klärifirter Butter heiß gemacht, dieser Teig eingegossen, dann in die Röhre gestellt, darin gelb gebacken, klein zerstossen und mit Zucker und Zimmt bestreut angerichtet.

476. Gewöhnlicher Kaiserschmarrn.

8 Eßlöffel Mehl mit 1 Seidel Obers, 4 Eierdotter, 1 Löffel Zucker, ½ Kaffeelöffel Salz abrühren von 6 Klar den festen Schnee leicht einmischen, mit 4 Loth Butter wie den vorigen backen und anrichten.

477. Mehlschmarren.

Eine halbe Mehl in einen Weidling geben, mit 8 ganzen Eiern, 1 halben Milch, 1 Eßlöffel Salz sehr fein abrühren, mit ¼ Pfund Schmalz heiß wie vor backen und anrichten.

478. Milchrahmschmarren.

Wenn man 10 Löffel Mehl mit 4 Dotter, 3 ganzen Eiern, einer halben Milchrahm, 1 Löffel Zucker, etwas Zimmt und Salz sehr fein abgerührt hat, so wird es mit 3 Loth klärifirter Butter wie vor gebacken und angerichtet.

479. Mandelschmarren.

6 Loth Butter flaumig rühren, 4 Loth abgezogene feingestossene Mandeln, 6 Dotter, 8 Loth Mehl, 8 Löffel Zucker, 1 Großseidel Obers einrühren, von 8 Klar den festen Schnee leicht einmischen mit 6 Loth klärifirten Butter backen und anrichten. Diese Gattungen Schmarren dürfen erst eine starke Viertelstunde vor dem Anrichten in die Röhre gegeben werden.

480. Kipfelschmarren.

Zuerst müssen 8 Kipfel fein blattlig geschnitten, mit 1 Seidel Milch genetzt, dann ½ Seidel Milch mit 5 ganzen Eiern, 1 Löffel Zucker und etwas Zimmt abgesprudelt über die geweichten Kipfel gegeben und gut durcheinander gemischt werden. Hat man sie dann in ¼ Pfund heißes Rindschmalz eingelassen, so werden sie auf der Maschine gelb abgedünstet und mit Zucker bestreut.

481. Semmelschmarren.

Hierzu 6 Semmeln blattlig schneiden, 1 Großseidel Milch mit 3 ganzen Eiern, 2 Eßlöffel Mehl, nebst $\frac{1}{2}$ Löffel Salz glatt abrühren, die Semmel mit $\frac{1}{2}$ Seidel Milch netzen, mit dem Abgerührten gut mischen in $\frac{1}{4}$ Pfund Schmalz wie die vorigen abdünsten, daß selber schöne Krusten bekommt, mit Zucker und Zimmt bestreuen und anrichten.

482. Griesschmarren mit Eiern.

3 Seidel Gries werden in einen Weidling mit 6 Dotter gut mit beiden Händen abgetrieben, mit einer Maß kalter Milch gut abgerührt, $\frac{1}{2}$ Seidel Milchrahm 1 Eßlöffel Salz und 2 Löffel Zucker eingerührt, durch 2 Stunden geweicht und dann in $\frac{1}{2}$ Pfund heiße klärifirte Butter eingegossen. Hier läßt man ihn durch 1 Stunde gelb ausdünsten, gibt einige Minuten vor dem Anrichten $\frac{1}{4}$ Seidel Milch darüber, damit er recht saftig ist, worauf man ihn mit Zucker und Zimmt bestreut, anrichtet.

483. Griesschmarren ohne Eier.

1 Maß Gries wird mit 5 Seideln kalter Milch und 1 Löffel Salz abgerührt dazu 2 Stunden geweicht, in 10 Loth heißes Schmalz eingegossen und wie der vorige verfertigt.

484. Gelinder Sterz.

Ein braunes Mehl wird in einer Kasserole gesalzen und sehr heiß gerührt zugleich in selbes eine Grube bis auf den Kasserol-Boden gemacht, und in diese sehr gut kochendes Wasser gegossen, sodann wird über das Mehl das Wasser gehäuft, so einige Minuten kochen gelassen, dann gut durcheinander gerührt, und mit kochendem Wasser nachgeholfen. Auf diese Art wird es zu einem festen ganzen Klumpen gebildet, mit einer Schmarrenschaufel sehr klein zerstoßen, mit sehr heißem Schweinfett oder geschnittenem Speck überbrennt, abgedünstet und angerichtet.

485. Nudeln mit Parmesan-Käse.

Wenn man den messerrückendick ausgewalkten Nudelteig in kurze Nudeln nach Verhältniß der Dicke geschnitten, in kochendem Salzwasser abgekocht und in frisches reines

Waſſer gegeben hat, ſo werden ſie gleich abgeſeiht, in heißer Butter heiß werden gelaſſen, dann geſalzen und beim An= richten mit geriebenem Parmeſan=Käſe beſtreut.

486. Nudeln mit Gries.

Dieſe muß man abkochen, abſeihen und abwäſſern, dann etwas Gries in heißes Schmalz geben, räſch, jedoch nicht gelb röſten laſſen und mit einem Löffel kalter Milch abſchre= cken. In dieſes werden Nudeln gegeben, geſalzen, etwas ge= röſtet und angerichtet. Von demſelben Teig und auf ſelbe Art werden die Fleckchen mit Gries verfertigt, nur daß ſelbe in Flecken geſchnitten ſind.

487. Nudeln mit Mohn.

Die Nudeln wie die vorigen zubereiten, mit etwas trocke= nem Mohn und Zucker beſtreuen und gleich anrichten.

488. Nudelfanzel.

Die Nudeln werden wie bekannt abgekocht, in zerlaſſene Butter gegeben, in eine gut ausgeſchmierte Sturzkaſſerole eingefüllt, gelb gebacken, geſtürzt und zu Tiſche gegeben.

489. Ausgedünſtete Nudeln.

Um ſelbe gut zu bereiten, muß man $\frac{1}{2}$ Maß Mehl, 2 Loth Butter, etwas Salz, 2 ganze Eier, 2 Dotter mit etwas Milch zu einem Nudelteig kneten, meſſerrückendick aus= walken, daraus Nudeln ſchneiden, dieſe in 3 Halbe kochender Milch, $\frac{1}{4}$ Pfund friſches Rindſchmalz, 1 handvoll geſtoßenen Zucker geben, mit einen Kochlöffelſtiel rühren, damit ſie nicht aneinander kleben. Hat man ſie ſo dick ankochen gelaſſen, ſo werden ſie in einer flachen Kaſſerole in die Röhre geſtellt, mit einer Schmarrenſchaufel behutſam gehoben, gelb abge= dünſtet, mit Zucker und Zimmt beſtreut, dann angerichtet.

490. Ausgedünſtete Mohnnudeln.

In 1 halbe kochender Milch wird man 4 Löffel voll Gries einkochen, aufkochen laſſen, darein 4 Loth Butter, 1 Pfund Mehl und etwas Salz einrühren, wie einen Brand= teig rühren und ſelben auf ein Brett herausgegeben. Sind dann davon ſehr kleine Nudeln geformt und in ein Stück zerlassene Butter gegeben, so werden sie dicht mit gestoffenem Mohn und Zucker bestreut und angerichtet. Die Nudeln werden nicht gewalkt, sondern kleine Stückchen Teig genommen und mit dem Ballen geschupft.

491. Erdäpfel-Nudeln.

Mit einer Maß heißpassirter Erdäpfel wird 1 Halbe Mehl abgetrieben mit 2 ganzen Eiern und 1 Löffel voll Salz zu einen feinen Teig geknetet und wie oben Nudeln davon geformt, welche man in bedeutend viel Salzwasser abkocht, wenn sie schwimmen, mehreremale taucht, dann abseiht, in ein frisches Wasser gibt, sodann sie von hieraus sogleich abseiht, wenn unterdessen Semmelbröseln oder Gries in Butter geröstet ist, so werden die Nudeln dareingegeben, gesalzen, ein wenig abgedünstet und angerichtet. Sie können auch ohne Eier gemacht werden, nur muß dann mehr Mehl beigesetzt werden.

492. Ausgedünstete Erdäpfel-Nudeln.

Aus 1 Pfund Mehl, 1½ Pfund passirter Erdäpfeln, 1 Dotter, 2 ganzen Eiern, etwas Salz werden wie oben Nudeln verfertigt, selbe in 3 Seidel kochender Milch nebst ¼ Pfund Butter eingekocht, dick ankochen gelassen, dann in eine andere Kasserole gegeben, wo sie hierauf in der Röhre trocken ausgedünstet und mit Zucker und Zimmt bestreut werden.

493. Ausgedünstete Regenwürmer.

Wenn man von einer Halben Mehl, 4 Dottern, etwas Milchrahm und Salz einen gewöhnlichen Nudelteig gemacht hat, diesen 1 Stunde rasten gelassen, dann regenwürmerlange und ähnliche Nudeln davon mit den Ballen geformt hat, so werden selbe in 1 Maß kochende Milch nebst 3 Loth Butter und einer handvoll gestoffenen Zucker ausgekocht, wie bekannt in der Röhre ausgedünstet und angerichtet. Sie können jedoch auch vom Brandteig verfertigt werden.

494. Maccaroni mit Käse.

Diese werden in Stücke gebrochen, ¼ Stunde in Salzwasser gekocht, dann in kaltes Wasser gegeben, nach ¼ Stunde abgeseiht, in heißer Butter heiß werden gelassen, dann mit geriebenen Parmesan=Käse bestreut und angerichtet.

495. Maccaroni auf französische Manier

werden so wie die obigen abgekocht, dann in einem Theile aufgelöster Glace und geriebenen Parmesan=Käse gemischt, in einem Tünbal angerichtet, mit Käse bestreut und angerichtet.

496. Maccaroni mit Beschamele und Parmesan-Käse.

Auch diese werden wie die vorigen zubereitet, in der zerlassenen Butter kalt werden gelassen, hierauf eine gute Einmachsauce mit Obers zu einer Beschamele eingekocht, mit einigen Eierdottern legirt und etwas Parmesankäse in selbe eingemischt. Nun wird eine Porzellan=Schüssel mit Butter ausgeschmiert, ein Theil Maccaroni, so zweimal wiederholt, daß es eine erhabene Form bekommt, dann abermals mit Beschamele überzogen, dicht mit geriebenen Parmesan=Käse bestreut, und zerlassene Butter löffelweise darüber gegeben. Sind sie dann $\frac{1}{4}$ Stunde in der Röhre gestanden, daß sie eine Kruste bekommen, so werden sie mit der Schüssel zu Tische gegeben.

497. Maccaroni mit Schinken.

Nachdem man $\frac{1}{2}$ Pfund Maccaroni wie vorbekannt abgekocht, mit Butter abgeschmalzen und kalt gestellt hat, so wird 1 Pfund gekochter Schinken fein geschnitten, 1 Seidel Milchrahm mit 3 Dottern abgerührt, die Maccaroni und Schinken dareingegeben, und gut durchgemischt, worauf man den Boden einer gut ausgeschmierten Sturz=Kasserole mit einem von Maccaroni geflochtenenen Gitter belegen, den Rand aber mit Streifen verzieren, die Masse einfüllen, gute $\frac{3}{4}$ Stunden backen, stürzen und zum Tische geben muß.

498. Schinken-Fleckerl.

Man walkt von einem Ei einen Nudelteig fein aus, schneidet daraus Fleckeln größer wie die die obigen, gibt sie in heiße Butter, salzt selbe und läßt sie auskühlen. Sodann muß man 1 Pfund Schinken, welcher zuvor gekocht ist, sehr fein schneiden, 1 Seidel Milchrahm mit 3 Dottern abrühren, den Schinken dareingeben, und die Fleckeln einmischen, dann eine Sturz-Kafferole dicht mit Butter ausschmieren, mit groben Bröfeln ausfähen, die Fleckeln einfüllen langsam durch ¼ Stunde backen, zuletzt stürzen und zu Tische geben.

499. Holzhacker-Nockerl.

Nachdem man 1 Maß Mehl in einem Weidling mit 1 Löffeln voll Salz, 2 ganzen Eiern und Milch zu einem Teige abgerührt und selben fein abgeschlagen hat, so wird er auf ein näßgemachtes kleines Brett herausgegeben, mit einem Messer nach beliebiger Größe in kochendes Salz-Wasser Nockerln eingeschnitten und gut ausgekocht, worauf man sie in kaltes Wasser gibt, abseiht und in heiße Butter einlegt. Selbe werden als Garnirung zu Fleischspeisen oder als Speise für sich gegeben, wo dann 3 ganze Eier mit ½ Seidel Milchrahm abgesprudelt und darüber gegeben, und selbe ¼ Stunde zugedeckt dünsten gelassen werden.

500. Semmel-Strudel.

In 5 Loth heißem Schmalze wird feingeschnittene Zwiebel gelb geröstet, ½ Maß Semmelbröseln mitgeröstet und auskühlen gelassen. Ebensoviel Teig wie vorher wird ausgezogen, mit Eiern bestrichen, und mit den Semmelbröseln löffelweise gegeben, sonst wie die vorigen verfertigt.

501. Milchrahm-Strudel.

Wenn man 6 Loth Butter abgetrieben, darein 6 Eidotter, 6 Loth Geruch-Zucker und 1 Halbe guten Milchrahm eingerührt hat, so wird von 6 Klar der feste Schnee ½ Kaffeelöffel Salz und 1 Messerspitze voll Zimmt eingemischt.

Von 1 Halben Mehl wird der Strudelteig wie gewöhnlich gemacht, rasten gelassen und ausgezogen. Ist dann die Fülle aufgestrichen, mit feinen weißen Semmelbröseln und geputzten Weinbeeren bestreut und sehr leicht zusammengerollt, so wird der Teig in eine mit Butter ausgeschmierte Kafferole eingelegt, oben mit zerlassener Butter bestrichen, und entweder trocken gebacken, oder wenn er halb gebacken ist, 1 Seidel kochender mit Zucker gemischter Milch darüber gegeben und fertig gebacken, dann mit Zucker bestreut. 1 Seidel gekochte mit 2 Eidottern, Zucker und Zimmt abgesprudelte Milch wird in einer Sauciere beigesetzt.

502. Topfen-Strudel.

Zur Bereitung derselben muß man 6 Loth Butter flaumig abtreiben, ³/₄ Pfund passierten Topfen, 4 Dotter, 6 Loth Geruch-Zucker, 1 Seidel Milchrahm, etwas Salz und Zimmt einrühren, und von 6 Klar den Schnee leicht einmischen, hat man von einer Halben Mehl einen gewöhn- lichen Nudelteig gemacht, selben ausgezogen, die Fülle da- rauf gestrichen, und mit ¼ Pfund geputzter Weinbeeren bestreut, so muß man ihn leicht zusammenrollen, wie oben, aber trocken backen und mit Zucker bestreut anrichten. Eine mit 2 Dottern, Zucker und Zimmt abgesprudelte Milch wird dazu servirt.

503. Erdäpfel-Strudel.

Wenn 8 Loth Butter flaumig abgetrieben und in selbe ½ Pfund heißpassirte Erdäpfel, 4 Dotter, 6 Loth Limonie- Zucker, 1 Messerspitze voll Zimmt, ½ Kaffeelöffel Salz und ½ Seidel Milchrahm eingerührt, dann von 6 Klar der Schnee leicht eingemischt ist, so wird diese Fülle auf den von einer Halben Mehl gemachten und ausgezogenen Strudelteig aufgestrichen, darüber ¼ Pfund gereinigte Weinbeeren, ¼ Pfund Rosinen gegeben, der Teig leicht zusammengerollt, und in eine mit Butter ausgeschmierte Kasserole eingelegt, hier wird er mit zerlassener Butter überzogen, ¼ Stunde gebacken, 1 Seidel gezuckerte Milch darüber gegossen, fertig gebacken und mit Zucker bestreut zu Tische gegeben.

504. Aepfel-Strudel.

Der von einer Halben Mehl verfertigte und ausge- zogene Strudelteig wird mit in 12 Loth Butter gerösteten und ausgekühlten ½ Seidel Semmelbröseln löffelweise bestri- chen, darauf blattig oder würflig geschnittene Maschanzger,- Rosen- oder Ranett-Aepfel gegeben, dicht mit Zucker, Wein- beeren, Rosinen und etwas Zimmt bestreut darauf der Teig zusammengerollt, in eine dicht mit Butter ausgeschmierte flache Kasserole eingelegt, mit zerlassener Butter überzogen, durch ½ Stunde kühl gebacken und mit Zucker bestreut angerichtet.

505. Zwetschken Taschen.

Werden so wie die obigen verfertigt, aber nur mit einer Zwetschkenfülle statt des Topfens gefüllt.

506. Zwetschken-Knödel.

In eine Halbe Mehl, 2 Eier etwas Milch und Salz einrühren, sehr fein wie einen Strudelteig bearbeiten, davon Stückchen abnehmen, damit sehr reife Zwetschken fein überziehen in kochenden Salz-Wasser abkochen, abseihen und mit Butter und Semmelbröseln überbrennen.

507. Salzburger-Nockerl.

Man macht von ½ Pfund Mehl einen gewöhnlichen Brandteig, füllt selben in eine mit einem fingerdicken Anstecker belegte Spritze, gibt ¼ Stunde vor dem Anrichten in eine flache Kasserole 3 Seidel Obers. Wenn dieses kocht, werden die Nockerln eingeschnitten, kochen gelassen und dabei mehrmalen die Kasserole geschwungen. Einige Löffel von diesem Obers werden mit 3 Dotter und 6 Loth Vaniglie-Zucker gesprudelt, über die Nockerl gegeben, die Kasserole etwas geschwungen und in der Röhre einige Minuten eingehen gelassen. Ist die Anricht-Schüssel mit Schmankerln belegt und darauf die Hälfte von den Nockerln gegeben, so wird abermals eine Lage Schmankerln und darauf die übrigen Nockerln gelegt, worauf sie dicht mit Zucker bestreut, mit einer glühenden Glacirschaufel glacirt und mit Schmankerln bedeckt werden.

508. Milch-Reis.

Man läßt 3 Seidel kuhwarme Milch kochen, gibt dann 3 Loth Butter, 4 Loth Zucker, 1 Messerspitze voll Salz nebst ¼ Pfund gut ausgewaschenen und abgelaufenen Reis darein, läßt ihn dick ankochen, worauf er auf einer dazu bestimmten Schüssel angerichtet und mit Zucker und Zimmt bestreut wird.

509. Gries-Nockerl in der Milch.

In 7 Loth flaumig abgetriebene Butter werden 1 Eßlöffel voll Wasser, 2 ganze Eier, 2 Dotter, ½ Kaffeelöffel voll Salz gegeben, und in 1 Seidel Gries eingerührt, ½

158

Stunde anziehen gelaffen, dann mittelft eines Eßlöffels in
3 Halbe kochender Milch Nockerln eingelegt, welche man auf=
kochen läßt, dann in die Röhre ftellt, daß fie oben etwas
gelblich werden, fodann angerichtet und mit Zucker und
Zimmt beftreut.

510. Gebackene Fridatten.

Hierzu muß man ½ Seidel Mehl mit einem Seidel
kalter Milch abrühren, 2 ganze Eier und etwas Salz ein=
rühren, eine heiße Fridatten=Pfanne mittelft eines Feberpin=
fels, welcher in Rindschmalz getunkt ift, beftreichen, einige
Löffel von diefem Teige darauf geben, und damit die ganze
Pfanne überziehen. Wenn es auf der einen Seite gelb zu
werden anfängt, wird es mit einem Meffer in der Mitte
gefaßt, umgewendet, ebenfalls gelb gebacken und dann zum
Gebrauche genommen.

511. Rifotto.

In 8 Loth Butter wird 1 Häuptel feingeschnittene
Zwiebel etwas anpaffirt, 1 Pfund mehrmals ausgewasche=
ner gut abgefeihter Reis nebft einem Seidel weißer Suppe,
eine handvoll geriebenen Parmefankäfe, wie auch etwas Salz
auch von in Butter anpaffirten und in einer Suppe abge=
kochten Champignons der Saft dazu gefeiht, dann gedünftet
und von Zeit zu Zeit 1 Löffel Suppe nachgegeben und
beim Anrichten mit Käfe beftreut.

512. Pfannen-Kuchen.

Nachdem man 6 Eßlöffel voll Mehl mit 4 ganzen Eiern,
½ Seidel Obers, 1 Eßlöffel voll Zucker und ½ Kaffee=
löffel Salz fehr fein abgerührt hat, wird 1 großes Stück
Rindfchmalz auf einer Fridatten=Pfanne heiß werden gelaffen,
½ von diefem Teig daraufgegoffen, die Pfanne damit ge=
fchwungen, und wenn felbes auf der untern Seite gelb ift,
mit einem langem Meffer umgewendet. Sodann wird in der
Mitte etwas eingefchnitten, mit Zucker und Zimmt beftreut,
der Teig zu einem Viereck eingefchlagen und mit den umge=
fchlagenen Enden zum Boden gelegt, worauf man ihn mit
Zucker und Zimmt beftreut und anrichtet. Diefe obige Maffe
muß 3 Kuchen geben.

513. Dalken ohne Germ.

In ¼ Pfund flaumig abgetriebene Butter werden 5 Dotter, 1 Großseidel Mehl, 1 Seidel Obers, 4 Loth Zucker und 1 Messerspitze voll Salz eingerührt, von 6 Klar der Schnee leicht eingemischt, dann gebacken und angerichtet.

514. Kipfel-Koch.

8 Stück Kipfel werden jedes in 3 Theile getheilt, und jeder Theil nach der Länge zweimal durchgeschnitten, dann mit 1 Seidel Milch angefeuchtet, der Boden einer mit Butter ausgeschmierten Kasserole damit belegt, mit Weinbeeren und Rosinen bestreut, worüber man einige Löffel zerlassene Butter, dann wieder eine Lage Kipfel gibt und so wiederholt verfährt, bis die Kasserole ganz voll aufgefüllt ist. Nun wird 1 Großseidel Milch mit ¼ ℔ Zucker, 3 Dotter 4 ganze Eier und etwas Zimmt abgesprudelt, darüber gegossen, einige Löffel Butter darüber gegeben, durch ¾ Stunden licht gebacken und mit Zucker und Zimmt bestreut angerichtet.

515. Gries-Auflauf.

Wenn man 3 Seidel Milch kochend werden gelassen und darin 1 Seidel Gries eingekocht hat, wird es während des Kochens gerührt und dick kochen gelassen, dann eine Messerspitze Salz und ¼ Pfund Butter eingerührt und ausgekühlt. Wenn dieses geschehen, sodann ¼ Pfund Limonie=Zucker nebst 9 Dottern eingerührt und von 9 Klar der Schnee leicht eingemischt. Das Drittel von der Masse kann auch mit 2 Tafeln geriebener Chocolade gemischt werden. Dann kommt zum Boden einer mit Butter ausgeschmierten Form eine Lage von der gelben Massa, auf die Mitte die mit der Chocolade gemischte, darüber wieder eine Lage von der gelben Massa, wo es dann durch ¾ Stunden in Dunst gesotten, gestürzt, mit einem beliebigen Guß überzogen, oder gebacken mit Zucker bestreut wird.

516. Reis-Auflauf.

¼ Pfund in heißem Wasser gereinigter Reis wird in einer Halbe kochender Milch dick ankochen gelassen, in selben

6 Loth Butter eingerührt, auskühlen gelaſſen, worauf man
5 Dotter, ¼ Pfund Geruchzucker, von 5 Klar den Schnee,
1 Meſſerſpitze voll Salz und ebenſoviel Zimmt einmiſcht,
in eine ausgeſchmierte Kaſſerole einfüllt, dann backt oder in
Dunſt ſiedet.

517. Kaiſer-Koch.

¼ Pfund Reis, den man gereinigt und in einer Halben Milch dick ankochen gelaſſen hat, wird geſtoſſen. 6 Loth
abgetriebene Butter, ¼ Pfund geſtoſſene Mandeln, 8 Loth
Geruchzucker und 6 Dotter in ſelben eingerührt, von 6 Klar
der Schnee leicht eingemiſcht und das ganze in eine mit Butter ausgeſchmierte Kaſſerole eingefüllt, eine Stunde kühl gebacken, dann geſtürzt und mit Zucker beſtreut, angerichtet.

518. Apfel-Koch.

10 Stück abgeſchälte, fein blattig geſchnittene deutſche
Maſchanzger-Aepfel werden mit Zucker und etwas Waſſer
ſehr trocken gedünſtet, paſſirt und ausgekühlt, worauf man
4 Loth abgetriebene Butter, 8 Loth Limonien-Zucker und 6
Dotter in ſelbe eingerührt, von 4 Klar den Schnee leicht
einmiſcht und in ein mit Butter ausgeſchmiertes, mit
ausgefähtes Tortenblattel einfüllt darin ½ Stunde backt,
mit Zucker beſtreut und ohne den Reiſen anrichtet.

519. Bisquit-Rouladen mit Rosmarin-Aepfeln.

Nachdem man 1 Pfund Zucker mit ½ Seitel Waſſer
ſchwer gekocht, geſchälte Rosmarin-Aepfel in nette Spalten
geſchnitten und davon einige Stücke nebſt dem Saft einer
ganzen Orange hineingegeben hat, wird es ſo lange gekocht,
bis die Aepfel durchſichtig werden, worauf man ſie auf ein
Sieb, auslegt und ſo wiederholt mit den andern verfährt;
dann wird eine reine und trockene Sturz-Kaſſerole mit fran-
zöſiſchen Bisquits ausgefüttert, ſo daß die glänzende Seite
nach Außen kommt und eine über der andern das Drittel
deckt. Mit dieſen bereiteten Aepfeln wird der Boden ganz
belegt, darauf Bisquit, mit Himbeer- oder Erdbeerſaft angefeuchtet, dann wieder Aepfel und ſofort verfahren, bis die
Kaſſerole ganz voll iſt, kurz vor dem Gebrauche etwas in

die Röhre gelegt, damit sie warm werden, dann gestürzt und
zu Tische gegeben.

520. Gestürztes Marillen-Koch.

Zur Bestreitung dieses muß man 2 Loth Butter ab=
treiben, 4 Loth Marillen=Marmelade, 3 Loth Zucker und
5 Dotter einrühren, so ½ Stunde rühren, dann von 5
Klar den Schnee leicht einmischen, eine beliebige mit Butter
ausgeschmierte Form mit Bisquit auslegen, die Masse ein=
füllen, ½ Stunde in Dunst sieden, dann stürzen und mit
beliebigen Ueberguß anrichten.

521. Ordinäres Milchrahm-Koch.

1 Seitel Milchrahm mit 3 Eßlöffeln Mehl und 6
Eierdotter, 6 Loth Limonien=Zucker gut abrühren, von 6
Klar den Schnee leicht einmischen, in eine ausgeschmierte
Kasserole einfüllen, ½ Stunde kühl backen, dann mit Zucker
bestreut anrichten.

522. Semmel-Koch.

Zu diesem werden 4 Loth abgeriebene Semmel fein
blattlich geschnitten, mit Obers genetzt, am Feuer gerührt,
daß es wie ein Koch wird, dann auskühlen gelassen und in
¼ Pfund abgetriebene Butter eingerührt, so wie auch ¼
Pfund Limonien=Zucker, 8 Dotter, von 5 Klar der Schnee
leicht eingemischt. Diese Massa muß man in eine mit But=
ter ausgeschmierte, mit Mehl ausgesähte Form einfüllen,
½ Stunde in Dunst sieden dann stürzen, mit beliebigem
Ueberguß, oder wenn es gebacken ist, mit Zucker bestreut
anrichten.

523. Aufgelaufenes Kinds-Koch.

Nachdem man 4 Löffel Mehl mit 1 Seidel kalter Milch
abgerührt und am Feuer so lange gerührt hat bis es kocht
und dick wird, so läßt man es auskühlen, rührt ¼ Pfund
abgetriebener Butter nebst 4 Dotter, 8 Loth Limonien=Zucker
darein, so wie man von 4 Klar den festen Schnee leicht ein=
mischt, und in eine ausgeschmierte Form eingefüllt, welche
man ½ Stunde backen oder in Dunst- kochen läßt, mit be=
liebigen Guß überzieht, beim ersteren aber mit Zucker be=
streut anrichtet.

524. Mandel-Koch.

¼ Pfund abgeschälte Mandeln werden fein gestoßen, in ¼ Pfund abgetriebene Butter eingerührt, nebst einer halben in Milch geweichten gut ausgedrückte Semmel, ¼ Pfund Geruchzucker, 8 Dotter und von 8 Klar der Schnee leicht eingemischt, dann wie die übrigen verfertigt.

525. Erdäpfelkoch mit Mandeln.

4 Stück mittlere gekochte und heiß passirte Erdäpfel in 4 Loth abgetriebene Butter nebst 24 Stück abgezogenen fein gestoßenen Mandeln und 3 Dotter einrühren, von 3 Klar den festen Schnee leicht einmischen und wie die obigen backen.

526. Bisquit mit Crême.

12 Loth gebackenes Bisquit wird in Würfeln geschnitten und auf eine mit Butter bestrichene Schüssel erhaben darauf gegeben. Dann muß ½ Seidel Obers, 4 Eierdotter und 4 Loth Vaniglie=Zucker mitsammen absprudeln und löffelweise über das Bisquit geben, mit Marmelade überziehen dann von 5 Eierweis einen festen Schnee schlagen, 10 Loth gesähten Zucker darein mischen und in fünf Theile abtheilen. Vier Theile davon werden gefärbt, und zwar mit Chocolade, Spinat, Topfen, Alkermes=Saft und der letzte mit Orangenschalen=Saft. Nun wird jeder in eine dazu bestimmte Spritze eingefüllt und über das Bisquit in schöne Formen aufdressirt, ½ Stunde in kühler offener Röhre trocknen gelassen, dann sammt der Schüssel zu Tische gegeben.

527. Karmelzucker-Soufflée.

4 Loth Zucker werden gäh in's Wasser gegeben, gleich herausgenommen in einer Kasserole gelb schaumig werden gelassen, ohne jedoch umzurühren, dann einige Löffel weiches Wasser daraufgegeben und auskühlen gelassen. Ist dieses geschehen, so wird es mit 1 Seidel kalten Obers gemischt, mit 4 Loth Mehl, 3 Dottern und 2 ganzen Eiern fein abgerührt, 4 Loth Butter, ¼ Pfund Zucker am Feuer dazu gerührt, bis es dick ist, wornach man es wieder auskühlen läßt, dann mit Butter eine Melonenform ausschmiert und Mehl ausfäht. In dieser wird die Massa gute ¾ Stunde

in Dunst gesotten, auf die dazu bestimmte Schüssel gestürzt, dann etwas Schaumkoch in eine Spritze eingefüllt, der Länge nach Streifen darüber dressirt, einige Minuten in der Röhre trocknen gelassen und dann angerichtet.

528. Omolette-Soufflée auf englische Art.

Die Massa hierzu wird von 6 Eiern genommen, die Dotter mit 2 Löffel voll Zucker gerührt, darein von 5 Klar der Schnee eingemischt, $1/4$ Theil davon auf der Fridatten=pfanne wie oben gebacken, dann gestürzt, dicht mit Vaniglie=Zucker bestreut und 1 Löffelvoll Maraschino=Rosoglio dar=über gegeben. Mit den andern 3 Theilen wird wie mit dem Obigem verfahren, dann übereinander gedeckt, eine kleine $1/4$ Stunde in die Röhre gestellt, mit Zucker bestreut und sammt der Schüssel zu Tische gegeben.

529. Kaiserwandel mit Chaudeau.

In $1/2$ Pfund flaumig abgetriebene Butter werden 5 Dotter eingerührt, 8 Loth feingestoßenen Limonien=Zucker, 4 Löffel voll kalten Obers, 10 Loth Mehl eingerührt, von 4 Klar der feste Schnee leicht eingemischt und nachdem man die dazu bestimmten Wandeln mit Butter ausgeschmiert, mit Mehl ausgefäht hat, dieselben über handvoll angefüllt, wor=auf sie $1/4$ Stunde in der Röhre gebacken gestürzt, heiß auf eine Schüssel gehäuft angerichtet und ein Chaudeau darüber gegeben wird.

530. Kaiser Pudding.

Man muß $1/4$ Pfund Butter flaumig abtreiben, 6 Loth abgezogene mit einem Eierklar fein gestoßene Mandeln ein=rühren, nebst 7 Dottern und 6 Loth Limonienzucker so durch $1/4$ Stunde rühren, von 4 Klar den Schnee leicht einmi=schen, $1/2$ Stunde in Dunst kochen, dann stürzen und mit Chaudeau überzogen anrichten.

531. Englischer Plum-Pudding.

Um selben schmackhaft zu bereiten wird man 5 Loth Butter flaumig abtreiben, 8 Dotter und $1/4$ Pfund Limo=nienzucker einrühren, durch $1/4$ Stunde rühren nebst 1 Eß=löffel Rum, $1/4$ Pfund fein würflich geschnittenes Mark, 8

11 *

abgeriebenen fein würflig geschnittenen mit Obers genetzten Kaiserfemmeln, Rosinen und Weinbeeren, von 8 Klar den Schnee leicht einmischen, worauf die Masse in eine ausgeschmierte Form eingefüllt, 1 Stunde in Dunst gesotten, gestürzt, darüber entweder ein rothes Chaudeau oder Himbeeren-Marmelade gegeben und angerichtet wird.

532. Biskoten-Pudding.

Man bestreicht ¼ Pfund mittelfeine Biskoten auf der untern Seite mit Marillen-Marmelade, legt sie zu Zweien auf einander, und sprudelt dann 6 Loth Vanigliezucker, 1 Großseitel Obers und 6 Dotter zusammen ab, worin dann die Biskoten getunkt, in eine mit Butter ausgeschmierte, mit Mehl ausgesähte Melonenform eingelegt, das übrige Abgesprudelte darüber gegeben, und dann ¾ Stunden in Dunst gebacken werden, worauf man stürzen und einen Salsenguß oder Chaudeau darübergibt.

533. Krebs-Pudding mit kleinem Ragout.

Wird ganz so wie früher verfertigt nur statt des Zuckers kommen feine blanchirte Erbsen oder Spargelköpfchen nebst abgekochten fein würflig geschnittenen Brieseln, etwas Salz zum Einrühren, und um den Rand der Schüssel wird ein kleines legirtes Ragout gegeben.

534. Französischer Blätterpudding.

Zu diesem nimmt man ¼ Pfund Geruchzucker und 5 Dotter flaumig rühren, 5 Loth Mehl, von 5 Klar den Schnee leicht einmischen, dann 2 Backbleche mit Butter bestreichen. Nun werden nach der Größe der dazu bestimmten Sturzkasserole runde Flecken von dieser Massa auf das Blech aufgestrichen, kühl blaßgelb gebacken, dann erst passend für die obenerwähnte Kasserole beschnitten. Ist die Kasserole mit Butter ausgeschmiert und Mehl ausgesäht, so muß man 1 Blatt mit der glänzenden Seite zum Boden der Kasserole legen, mit einer aufgerührten Faumkoch-Massa von 6 Loth fingerdick überstreichen, mit einem 2. Blattel zudecken und so wiederholt verfahren, dann die letzte Lage mit dem 6. Decken, wo es dann ¼ Stunde in Dunst gebacken gestürzt und mit einem Erdbeerensaft übergossen und angerichtet wird. Auch kann Chaudeau darüber gegeben werden.

535. Uebergüße für Mehlspeisen: Chaudeau.

1 Seidel guten Wein, 12 Loth Geruch-Zucker kochend werden lassen, ¼ Stunde vor dem Gebrauche in einem glasirten 3 Halbe-Topf 8 Eierdotter einschlagen, mit einem Sprudler diesen kochend heißen Wein einsprudeln, auf der heißen Platte sprudeln, bis er steigt und dick wird, dann zu seinem Gebrauch nehmen.

536. Wasser-Chocolade-Uebergüsse.

Wenn man ½ Seidel Wasser mit ¼ Pfund Zucker gekocht hat, daß es die Dicke wie Syrup erhält, so werden 2 Tafeln Vaniglie und 1 Tafel doppelt gebrannte Zuckerbäcker-Chocolade damit aufgekochen gelassen und zum Gebrauche genommen.

537. Bittere Mandel-Crême.

Werden 10 Stück süße und 2 Stück bittere Mandeln abgeschält, gestossen, dann mit 1 Großseidel Obers etwas aufkochen gelassen. Durch ein Tuch geseiht 3 Eierdotter und 6 Loth gestossener Zucker hineingegeben, wie die übrigen abgesprudelt und gleich zum Gebrauche genommen.

538. Kaffee-Crême.

1 Seidel guten Obers-Kaffee muß man mit 3 Dottern und ¼ Pfund Zucker am Feuer sprudeln, bis er dick wird, dann gleich über die Speisen gegeben.

539. Früchten-Ueberguß.

Eine verfertigte Marmelade wird mit einigen Löffel voll lauwarmen Wassers einige Minuten vor dem Gebrauche auflösen gelassen und dann verwendet.

540. Ribisel-Kuchen.

Nachdem man 6 Loth Butter recht flaumig gerührt, 4 Dotter, 12 Loth Geruch-Zucker ½ Stunde gerührt und von 4 Klar den Schnee, 6 Löffel voll weißer Bröseln leicht eingemischt hat, wird eine Kaffeetasse abgerebelter Ribiseln mit feingestoßenem Zucker gemischt, mit dieser Massa leicht vermengt, in ein ausgeschmiertes mit Mehl ausgefähtes Tortenplattel eingefüllt, sehr kühl gebacken und kalt angeschniten.

541. Weichsel-Kuchen mit Mehl und Butter.

10 Loth Butter flaumig rühren, selbe mit 6 Dotter und ½ Pfund Limonienzucker durch ½ Stunde rühren, von 6 Klar den Schnee mit ¼ Pfund Mehl leicht einmischen, die Weichseln wie oben auslösen, einmischen und ebenso backen.

542. Kirschen-Kuchen mit Mandeln und Bröseln.

¼ Pfund geschwellte Mandeln werden mit einem Eierklar gestoßen, mit ¼ Pfund Geruch=Zucker und 6 Eierdotter ½ Stunde gerührt, von 5 Klar der Schnee mit 3 Loth weißen Bröseln leicht eingemischt, so wie eine Kaffeetasse von Kernen ausgelöster schwarzer Kirschen; diese Massa eingefüllt und gebacken wie die vorige, dann kalt mit Zucker bestreut.

543. Weintrauben-Kuchen.

Wenn man 4 Loth abgezogene mit Eierklar genetzte feingestoßene Mandeln in ½ Pfund abgetriebene Butter nebst ¼ Pfund Geruch=Zucker 6 Dotter einrührt, und selbes ½ Stunde gerührt, so wie von 3 Klar den Schnee mit 3 Loth Bröseln leicht eingemischt hat, wird auch eine Kaffeetasse voll abgerebelter Weintrauben leicht eingemischt, die Massa eingefüllt und gebacken wie die übrigen.

544. Marillen-Kuchen mit Bisquit-Massa.

Zur Bereitung derselben wird man ½ Pfund Geruch=Zucker mit 8 Dotter ½ Stunde rühren, von 8 Klar den Schnee mit 12 Loth Mehl in selbe leicht einmischen, die Marillen in Scheiben schneiden, dick mit Zucker bestreuen, schwingen, leicht in die Massa einmischen, diese dann einfüllen und backen wie die übrigen.

545. Brot-Torte.

½ Pfund Geruchzucker, ¼ nicht abgezogene gereinigte Mandeln werden fein gestoßen und gefäht, dann ebensoviel abgezogene Mandeln mit Eiweiß gestoßen, mit ½ Pfund Geruch=Zucker und 10 Dotter gemengt, ½ Stunde flaumig gerührt, 4 Loth geriebenes Hausbrod mit einem Löffel voll Rum oder Liqueur genetzt, eine Messerspitze voll Zimmt,

Muskatnuß, Vaniglie, 2 Tafeln geriebener Chocolade eingerührt und von 6 Klar der feste Schnee leicht eingemischt.
Dieses wird in ein Tortenplattel wie oben eingefüllt und
gebacken.

546. Butter-Torte.

Hiezu muß man 10 Dotter in ½ Pfund abgetriebene
Butter nebst 1 Pfund Geruch-Zucker einrühren, selbes ½
Stunde rühren, dann von 10 Klar den Schnee mit 1 Pf.
Mehl leicht einmischen, und das Ganze auf 2 Blätter abtheilen und backen. Ist es dann mit eingesottenen gefüllt und
übereinander gegeben, so wird es mit Marillen-Marmelade
ganz überzogen, in einem Wärmkasten getrocknet, dann mit
einer Wasser-Glasur überzogen und abermals trocknen gelassen.

547. Nuß-Torte.

Zu dieser muß man 8 Loth abgeschälte Nüsse mit einem
Eierklar netzen, sehr fein stossen, ½ Pfund abgetriebene
Butter nebst ½ Pfund Zucker, 4 Dotter, ½ Pfund Mehl
und etwas Zimmt einrühren, dann einfüllen, 3 Stunden
backen und glaciren.

548. Holländer Torte.

In ½ Pfund abgetriebene Butter werden von ½ Limonie der Saft 6 Loth Limonienzucker, und 20 Loth Mehl
löffelweise, dann Zimmt, Gewürznelken und Muskatnuß eingerührt, der Teig auf ein mit Mehl bestaubtes
Brett gegeben und daraus ein Stritzel geformt. Diesen
Stritzel theilt man in 3 Theile, formt daraus Laibchen, und
wallt diese zu gleichen runden Flecken aus, worauf selbe auf
mit Butter geschmierte Tortenplattel gelegt, mit Eiern angestrichen, und in mittlerer Hitze gebacken werden. Zwei dieser Blätter werden mit eingesottenem überzogen, sodann
aufeinander gegeben, mit dem 3. Blatt bedeckt, dann die
ganze Torte glacirt.

549. Chokolade-Torte mit Mandeln.

In 10 Dottern welche man mit ½ Pfund Vaniglie-
Zucker flaumig aufgerührt hat, werden ¼ Pfund ungeschälte

gereinigte feingestoßene und gefähte Mandeln nebst ½ Pfund geriebene Chocolade, von 8 Eierklar der Schnee und 2 Loth Mehl eingemischt, dieses dann eingefüllt, sehr kühl gebacken und beliebig glacirt.

550. Brösel-Torte.

Zu dieser muß man ¼ Pfund abgetriebene Butter, ¾ Pfund Geruch=Zucker nebst dem Saft von einer halben Limonie, 20 Loth angezogene feingestoßene Mandeln, ¾ Pfund Mehl, Zimmt, Gewürznelken und Muskatnuß ein= rühren, von dieser Massa 2 Blätter machen, das eine mit Eingesottenem bestreichen und das 2. darauf legen und mit Eiern anstreichen. Von dem noch übrigen Teig wird ein Gitter über das obere geflochten, mit Eiern bestrichen, lang= sam gebacken und mit Zucker bestaubt angerichtet.

551. Bisquit-Torte.

Wenn man ½ Pfund Geruch=Zucker mit 8 Dotter ½ Stunde gerührt, in selbe von 8 Eierklar den Schnee und 10 Loth Bisquit=Mehl leicht eingemischt hat, wird selbes eingefüllt, kühl gebacken und beliebig glacirt. Kann auch, wenn sie gebacken ist, in Blätter geschnitten oder gleich in Blätter gebacken werden, wo dann selbe mit Eingesottenem bestrichen, auf einander gelegt und glacirt werden.

552. Linzer-Torte von harten Eierdottern.

Zu selber muß muß man ¼ Pfund abgezogene Man= deln fein stoffen, mit Eiweis etwas dabei netzen, dann wer= den 8 harte, passirte Eierdotter, und ¼ Pfund Butter mit= gestoffen, dieses sodann auf ein Brett gegeben, dazu ½ Pfund Mehl etwas Zimmt, Gewürznelken, von einer halben Limonie der Saft. Diese Massa wird hierauf zu einem Teige bearbeitet, fingerdick ausgewalkt, daraus eine Platte in der Größe eines Torten=Plattels ausgeschnitten und auf ein Tortenplattel gelegt. Hat man dann den Rand mit Eiern bestrichen und die Mitte mit Eingesottenem gefüllt, so wer= den selbe wie obige mit einem Gitter belegt und gebacken.

553. Englische Zuckerteig-Torte.

Wenn man 3 harte passirte Eierdotter in ½ Pfund

abgetriebene Butter nebst ¼ Pfund Limonie-Zucker und ¾ Pfund Mehl eingerührt und diesen Teig auf ein Brett herausgegeben hat, so wird daraus ein Stritzel geformt, dieser kleinfingerdick ausgewallt, davon ein rundes Blatt ausgeschnitten und sonst wie die Linzer-Teig-Torte verfertigt.

554. Spanische Wind-Torte.

Wenn man in den Schnee von 7 Eierklar ½ Pfund feingesähte Vaniglie-Zucker leicht eingemischt hat, werden von Papier 8—10 Fingerbreite Reifen in der Größe eines ½ Pfund Tortenplattels geschnitten, und zwar jeder um etwas kleiner als das unterste. Diese werden mit heißer klärifirter Butter bestrichen, mit der angestrichenen Seite auf ein Backblech gelegt, die Windmasse in eine dazu bestimmte Spritze eingefüllt und auf die Papier-Reife anschließend in gleicher Größe Tupfen aufdressirt und mit feinen Zucker dicht bestreut. Dann wird ein eben so großes Papierblatt als der unterste Reifen ist, geschnitten, mit klärifirter Butter bestrichen, die verbliebene Massa auf diesen so wie auf die Reife aufdressirt und dessen Mitte blos mit der Massa bestrichen, und Alles in einer abgekühlten Röhre blos getrocknet, wornach das Papier behutsam abgelöst wird. Das Bodenblatt nun wird auf ein Tortenplattel, die andern Reifen verlierend auf einander gegeben, mit Eierglasur befestigt, die letzten 3 oder 4 ohne diese blos auf einander gelegt, sodann die Mitte mit beliebigem Obers-Schaume oder Gefrornen gefüllt, die letztern Reife angelegt und angerichtet.

555. Limonien Eis.

Sehr fein gesähter Zucker wird in einem Weidling mit etwas Limonien-Saft und Wasser gerührt, daß es die Dicke haben muß, den verkehrten Löffel zu decken. Für eine Marmelade-Glasur muß es mit etwas Wasser verdünnt werden.

556. Conserve-Glasur.

Dazu muß man in eine Zuckerpfanne 1 Pfund gestoffenen feinen Zucker, darauf ½ Seidel reines kaltes Wasser geben selbes kochen lassen, daß es sich wie Fäden ziehen läßt, dann sammt der Pfanne in ein Eiswasser setzen. Wenn es etwas überkühlt ist, wird von 1 Limonie der Saft und 2

Eßlöffel voll Wasser hineingeben, fleißig gerührt damit sie keine Kruste bekommt. Ferner bekommt die Conserve nach der Substanz welche eingemischt wird, den Namen. Wenn von groben Orangen die Schalen auf einem feinen Reibeisen abgerieben, der Saft ausgedrückt und die Conserve eingemischt wird, so ist es eine Orangen-Conserve, so auch wird Maraschino, Rhum, Himbeeren, Erdbeeren, Ribisel oder Weichselsaft eingemacht. Wird aber Kaffee-Essenz oder Carmelzucker eingemengt, so bleibt der Limoniensaft gänzlich weg.

557. Orangen-Eis.

Hiezu wird feingefähter Zucker mit Orangensaft und dem ausgepreßten Orangenschalen-Saft abgerührt, daß es den verkehrten Löffel deckt und wie die Conserve gemischt.

558. Eier-Glasur.

Zuerst durch eine Trommel 12 Loth fein gefähten, feinen Zucker mit einem großen Eierklar und einigen Tropfen Limoniensaft durch eine Stunde rühren und selbe dann zum Gebrauche nehmen. Zu Verzierungen der Torten oder kleinen Gebäcke erhält sie durch die Beimischung des Orangenschalen-Saftes eine gelbe, vom Alkermessaft eine rothe, von geriebener Chocolade oder Carmelzucker eine braune, vom Spinattopfen eine grüne und von Veilchensaft eine blaue Farbe.

Kleine Bäckerei.

559. Mandel-Krapfen.

6 Loth abgetriebene Butter, ¼ Pfund mit einem Eierklar gestoffenen Mandeln, ¼ Pfund Limonienzucker, 1 ganzes Ei, und 2 Dotter ¼ Pfund Mehl, etwas Muskatnuß müssen nacheinander eingerührt, und 2 Stunden kalt gestellt werden, worauf es auf einen mit Mehl bestaubten Brett zu einem Striezel geformt, selbe kleinfingerdick ausgewalkt mit

einem Krapfenstecher ausgestochen, mit geklopften Eiern angestrichen, und mit Mandeln und Grobzucker bestreut wird. Wenn sie sehr kühl blaßgelb gebacken sind, werden sie mit einem größern Ausstecher ausgestochen, die Böden mit Eingesottenen bestrichen, und zu zweien aufeinander mit der gefüllten Seite gegeben. Da selbe beim Backen auseinander fließen, so würden sie nicht gleich zusammenpassen, wenn sie nicht nachgestochen würden.

560. Karlsbader Ringel.

Zur Bereitung derselben werden in 10 Loth abgetriebene Butter 10 Loth Geruchzucker, 8 hartgekochte passirte Eier, 20 Loth Mehl, Zimmt, Gewürznelken und Muskatnuß eingerührt, auf ein mit Mehl bestaubtes Brett herausgegeben, und kleinfingerdick ausgewalkt. Hierauf werden sie mit einem etwas kleineren Ausstecher ausgestochen, so daß es ein Ringel formt, diese Ringe werden mit aufgeklopften Eiern angestrichen, mit Grobzucker bestreut und sehr kühl gebacken.

561. Vaniglie-Bretzen.

16 Loth Mehl, 8 Loth Butter und 18 Loth Vanigliezucker mit einem Walker gut abdrücken, mit einem Dotter zu einem Teige ausmachen, diesen in einem Stritzel formen, davon nußgroße Stückchen abscheiden, daraus bleistiftendicke Stangeln und aus diesen Bretzen formen, welche mit aufgeklopften Eierdottern bestrichen, mit Grobzucker bestreut und sehr kühl gebacken werden.

562. Mandel-Waffeln.

½ Pfund abgezogene mit einem Eiweiß gestoßene Mandeln in ¼ Pfund Geruchzucker und 6 Eierdotter flaumig einrühren, von 6 Klar den Schnee und 3 Loth Mehl leicht einmischen und backen.

563. Butter-Waffeln.

In 3 Loth klärisirte abgetriebene Butter 3 ganze Eier, 4 Loth abgezogene gestoßene Mandeln, 8 Loth Limonien-Zucker, 6 Loth Mehl einrühren und backen.

564. Thee-Stangeln.

Zuerst muß man 1 Seidel Obers mit 6 Loth Butter kochen, darein ½ Pfund Mehl einkochen, rühren, bis er sich von der Kafferole löst, dann auskühlen, 3 ganze Eier, 3 Dotter feingeschnittene Limonienschalen hineingegeben. Dann fingerdicke und bleistiftenlange Stangeln gemacht; auf ein geschmiertes Blech gelegt, mit Eiern bestrichen, mit Mandeln und Grobzucker bestreut, dann langsam gebacken.

565. Torteletten vom harten Linzerteig.

Der schon früher angeführte Linzerteig wird messer= rückendick ausgewalkt, und beliebig groß ausgestochen. Der Außenrand mit Eiern bestrichen, die Mitte mit beliebigem Eingesottenen gefüllt, darüber ein Gitter geflochten, dieses aber mit einem Reischen befestigt, mit Eiern bestrichen, langsam gebacken und mit Zucker bestreut.

566. Annis-Bretzen.

In 6 Loth Butter muß man 6 Loth Limonienzucker, 4 Eierdotter, ½ Pfund Mehl einrühren, etwas steif werden laffen, daraus Bretzen formen, diese auf ein Blech legen mit Schnee anstreichen, mit Grobzucker und Annis besähen, dann gelb backen.

567. Chocolade-Zelteln.

Die Chocolade wird wie oben in einem Stritzel bear= beitet, von diesem nußgroße Kügelchen in beiden Händen ge= dreht, diese dann auf ein warm gemachtes Blech jedes ein= zeln gelegt, wo sie sodann durch die Wärme in eine Zeltel= form übergehen, dann werden sie schnell mit Kügerlzucker bestreut und kalt gestellt.

568. Vaniglie-Biskotten.

½ Pfd. feingesähten Vanigliezucker muß man mit 10 Dotter ½ Stunde rühren, ½ Pfd. Bisquitmehl, und von 8 Klar den Schnee leicht einmischen, so wie die obigen auf= dreffiren, und bestauben, dann blasgelb backen und mittelst eines Messers vom Papier sogleich ablösen, da selbe sonst zerspringen.

569. Indianer-Krapfen.

Zur Bereitung derselben muß man ¼ Pfund Geruch-
zucker mit 5 Dotter ½ Stunde rühren, von 4 Klar den
Schnee mit ¼ Pfund Bisquitmehl leicht einmischen, thaler-
große Krapfen dressiren, und backen wie die obigen. Von
der Hälfte wird der obere Theil ausgehöhlt, mit Obersschaum
gefüllt, mit der 2. Hälfte, wenn die Böden ausgehöhlt sind,
gedeckt, jeder dieser Krapfen mit einer dreizackigen Gabel
beim Boden oder von Unten aufgefaßt, durch eine Chocolade-
Glasur schnell durchgefahren, auf einen weißen Bogen Papier
gegeben und sodann trocknen gelassen.

570. Bischof-Brot.

Zu demselben werden 12 Loth Geruchzucker mit 4 Dotter ½ Stunde gerührt, 12 Loth feines Mehl mit dem Schnee
von 3 Eierklar eingemischt, dann 4 Loth abgezogene Pistazien,
9 Loth ausgelöste große Rosinen, 6 Loth abgezogene Mandeln, 2 Loth nublig geschnittene Citronade und 2 Loth Weinbeeren eingerührt, worauf es wie das vorige eingefüllt, gebacken, und am 2. Tage in messerrückendicke Stücke geschnitten wird.

571. Harter Zwieback.

Zu diesem wird ¼ Pfund Vaniglie-Zucker mit 3 ganzen
Eiern 1 Stunde gerührt, in eine ausgeschmierte, mit Mehl
ausgefähte Mandelnbogenform eingefüllt, mit Eiern bestrichen, langsam gebacken, am 2. Tage in messerrückendünne
Blätter geschnitten, und auf weißem Papier gebäht.

572. Spanische Windbäckerei.

10 Loth Vaniglie-Zucker wird man in den Schnee von
3 Klar leicht einmischen, auf ein mit Wachs geschmiertes
Blech durch eine Spritze diese Massa entweder in Reifchen
Kipfeln, Bretzen oder Häufchen u. s. w. aufdressiren, mit
Grobzucker und Mandeln bestreuen, sehr blaß in einem überkühlten Ofen backen so daß, wenn man auf das Backblech
klopft, sie sich von selbst loslösen.

573. Schnee-Bäckerei.

Zuerst muß man 1 Pfund feinsten Zuckers sehr fein

stoßen, sähen, in den sehr festen Schnee von 5 Eierklar leicht einmischen, in eine Zuckerbäcker-Spritze einfüllen, auf ein mit Wachs geschmiertes Blech in beliebiger Form kleine Dessins aufdressiren und selbe sodann in einem sehr über= kühlten Ofen trocknen. Diese obige Massa kann auch in verschiedenen Farben vorkommen, wo es dann durch Beimi= schung des Orangenschalensaftes eine gelbe, des Kochenill eine rothe, von doppelt gebrannter Chocolade, Karmelzucker oder Kaffee=Essenz eine braune Farbe bekommt.

574. Hohlhippen.

9 Loth feingestoßenen Zucker ½ Pfund Mehl, 1 halbe Obers, 3 Dotter und 2 ganze Eier, etwas Zimmt, Mus= katnuß zusammen sehr fein abrühren. Hat man das dazu bestimmte Hohlhippen=Eisen heiß werden gelassen und etwas mit Wachs überzogen, so wird 1 Löffel voll von dieser Masse immer eingefüllt, die Form zugemacht, auf beiden Seiten braun gebacken, ringsherum gleich beschnitten, auf eine fingerdicke Rolle aufgerollt, sodann abgenommen und so fort bis zu Ende verfahren.

575. Marcipan-Bäckerei.

In ½ Pfund Marzipanteig wird man Zimmt, Ge= würznelken, Muskatnuß, 1 Löffel voll feingeschnittene verzu= ckerte Orangenschalen, eben so viel Citronade, ½ Pfund feinstgestoßenen Zucker und von 3 Eierklar den Schnee nebst so viel Mehl einrühren, daß man es zu einem leichten Teig kneten kann, welcher dann messerrückendick ausgewalkt, in be= liebige Stücke oder Formen geschnitten oder ausgestochen, mit Eiweis bestrichen, mit Grobzucker bestreut, mit einem dünnen Blättchen Citronade belegt und in einer abgekühlten Röhre gelb gebacken wird.

576. Crême in Becherln.

Auf ein gewöhnliches Crême=Becherl Obers wird ein Löffel voll Vanigliezucker und 2 Eierdotter eingesprudelt, das Becherl voll aufgefüllt, in kaltem Wasser zugestellt und so ¼ Stunde zugedeckt in Dunst sehr langsam gesotten, dann ausgekühlt. Erst dann wird es auf's Eis gestellt, damit es vollkommen kalt wird worauf man es sammt dem Becherl zu Tische gibt. Das obige Quantum Obers kann auch mit

Chocolade, Kaffee, gestoßenen Hasel= und gewöhnlichen Nüssen
bittern Mandeln, früher aber aufgekocht und durchgeseiht,
dann wie oben mit 2 Eierdottern und gewöhnlichem Zucker
abgesprudelt und verfertiget werden. Dann führt die Crême
nach der Beimischung z. B. von Chocolade, Kaffee u. s. w.
den Namen.

577. Vaniglie-Reis mit Erdbeeren.

Hierzu muß man ¼ Pfund Reis mehrmals heiß aus=
waschen, selben nebst einem Stangel Vaniglie in 3 Seidel
kochendes Obers einkochen und sehr dick ankochen lassen, dann
die Vaniglie herausnehmen und den Reis auf eine genetzte
Reißform einfüllen, worauf es ausgekühlt auf die dazu be=
stimmte Schüssel gestürzt wird. Nun wird auf 1 Seidel
passirte Erdbeeren ¾ Pfund fein gestoßener Zucker genom=
men, beides in eine Gefrierbüchse, welche am Eis eingesetzt
ist, eingefüllt, welches man dann ½ Stunde am Eis rührt,
und in die Mitte des vorbenannten Reifens anrichtet und
servirt.

578. Maraschino mit Tutti-Frutti.

Man gibt 1 Loth aufgelöster abgeseihter Hausenblase
mit 12 Loth Zucker in einem Weidling, rührt 1 Kaffee=
becherl Maraschino nebst 1 Seidel Schlag=Obersschaum ein,
darein 1 Kaffeetasse voll würflig geschnittener schwer in
Zucker gesottener Früchte eingemischt, sodann wie die andern
eingefüllt.

579. Mandelmilch Blanc-manger.

1 Pfund Mandeln, worunter 20 bittere sind, muß man
24 Stunden im Wasser weichen, abziehen, sehr fein stoßen,
mit Wasser etwas netzen, mit 3 Seidel Wasser durcheinan=
der rühren, und durch ein Tuch durchpressen; dann ¼ Pf.
fein gestoßenen Zucker, 2 Loth aufgelöster Hausenblase gut
einrühren, wie gewöhnlich einfüllen, sulzen und stürzen.

580. Früchtensaft-Sulz.

Auf eine halbe Maßform ½ Pfund Zucker wie oben
kochen, 2 Loth aufgelöster Hausenblasen, von einer Limonie
den Saft wie früher dareingeben, gut durchmischen, abseits

stellen, dann eine Seidel Bouteille beliebigen Früchtensaftes
nebst einigen Tropfen Alkernersaft einmischen, und wie be=
kannt verfertigen.

———

Fische.

581. Karpf in brauner Sauce.

Das Blut des abgeschlagenen Fisches wird gesammelt,
mit Essig herausgewaschen und für die Sauce bewahrt.

Die geschuppten und gereinigten Stücke bleiben mit
Salz bestreut eine Weile liegen. Dann gibt man in eine
Rein oder Kasserole Butter und kleingeschnittene Zwiebel,
darauf die Karpfenstücke, etwas Weinessig, Pfeffer, Gewürz=
nelken, Citronenschalen und Lorbeerblätter darein, läßt den
Karpf dünsten, wendet die Stücke um, und wenn sie bald
ausgedünstet, macht man mit Schmalz, Zucker und Mehl
eine gewöhnliche Einbrenn, gibt dieselbe zum Fische, läßt es
noch ein wenig aufkochen, gießt vor dem Anrichten das
Karpfenblut daran, läßt es noch einmal damit aufwallen,
richtet den Fisch auf die Schüssel, und gibt die Sauce durch
ein Sieb darüber.

582. Karpf in böhmischer Sauce.

Man röste auf einen Fisch von 3 Pfunden eine Ein=
brenn von 3 Eßlöffeln voll Mehl in 8 Loth Schmalz sehr
langsam hochbraun, rühre sie dann mit einer Maß starkem
Bier und etwas Weinessig zur dünnflüssigen Sauce ab, be=
lege sie mit 2 spanischen Zwiebeln, 2 gelben Rüben, 2 Wür=
zelchen Petersilie, 1 Kopfe Sellerie, würze sie mit 2 Lor=
beerblättern, Thimian, $\frac{1}{4}$ Gliedchen Knoblauch, der Schale
einer Limonie, mit Salz, Pfeffer, Muskatnuß und Muskat=
blüthen, einigen Gewürznelken und etwas Zimmt, lege 3
ausgeschälte Nüsse, und von einer auch die Schalen bei, süße
und färbe sie mit 6 Löffeln voll schwarzgebranntem Honig,
und lasse es so anderthalb Stunden kochen, dann setze man
den abgeschuppten, aufgemachten, rein gewaschenen und auf
dreifingerbreite Stücke geschnittenen Karpf hinein, koche Alles

mittelst starkem Feuer eine halbe Stunde, nehme ihn endlich, nachdem er eine Weile abgekühlt hat, aus der Sauce heraus, und richte ihn in eine schöne Rein oder Kasserole an. Die durch ein Sieb geseihte Sauce dickt man unter fleißigem Rühren ein, und gibt sie über den Fisch.

Statt des Honigs zur Sauce kann man auch geriebenen Pfefferkuchen (schwarzen Lebzelten) mit Bier verkochen.

583. Geselchter Karpf.

Der in Stücke geschnittene Fisch wird in gesalzenem Wasser abgesotten, abgeseiht, gehäutet, und in eine Schüssel gelegt.

Dann rührt man in einem Häferl ein oder zwei Löffel voll Mehl mit einem guten Theil Rahm schön klar ab, schüttet so viel siedende Erbsensuppe darein, daß es in der Dicke recht wird, legt ein Stückchen Butter daran, ein wenig Salz, etwas Safran, klein geschnittene Limonienschalen, auch ein wenig Limoniensaft, läßt die Sauce gut sieden, richtet sie auf den Fisch, und läßt das Ganze noch etwas aufkochen.

584. Gebackene Fische.

Die geschuppten, geputzten und beliebig in Stücke getheilten Fische salze man ein, und lasse sie eine Zeit lang im Salze liegen; kehre dann jedes Stück in Mehl um, tauche es schnell in frisches Wasser, und bestreue es dann mit feinen Semmelbröseln. Endlich backe man die Stücke rasch schön hellbraun aus ganz heiß gemachtem Schmalze und garnire sie, wenn sie auf den Tisch kommen, mit grüner Petersilie.

585. Marinirte Fische.

Die Fische werden gebacken, dann mit Schalotten, Zwiebeln, Thimian und Lorbeerblättern belegt, mit kochendem Weinessig begossen, und an einem kühlen Orte aufbewahrt.

Je länger sie in dieser Brühe, die sich nach längerer Zeit fast sulzt, bleiben, desto besser werden sie; ja, man kann sie an sehr kühlen Orten Monate lang aufheben.

586. Gebackene Schneiderfischchen.

Grundeln, Kressen und überhaupt ganz kleine Fische

12

werden ohne Aufmachen rein gewaschen, mit Salz bestäubt, in Mehl und Semmelbröseln, welche zu gleichen Theilen gemischt worden, umgekehrt, und recht schnell aus heißem Schmalze goldbraun gebacken. Dieses darf jedoch nicht über 2 Minuten betragen, indem sie sonst zu trocken werden. Sollten sie von etwas größerer Gattung sein, so wird jedes Fischchen auf dem Bauche geöffnet und ausgeweidet; übrigens aber wie die andern behandelt.

587. Heißabgesottener Hecht.

Ein großer Hecht muß, wenn er abgeschlagen, geputzt und ausgeweidet ist, im Sommer einen, im Winter aber mehrere Tage mürbe liegen. Dann wird er entweder ganz oder in Stücke geschnitten, auf dieselbe Weise wie der Karpf gekocht; doch muß bemerkt werden, daß er kürzere Zeit zu kochen braucht. Eine Gabel, welche in den Fisch gestochen, und leicht wieder herausgezogen wird, kann zum Beweise des Garkochens dienen. Er wird dann vom Feuer genommen, auf eine Schüssel gerichtet und mit frischer grüner Petersilie geziert.

Essig und Oel pflegt man besonders dazu zu geben.

588. Hecht mit Sardellen.

Man schneidet einen geschuppten und rein geputzten Hecht beliebig in Stücke, und läßt ihn im Salzwasser einmal aufwallen, nimmt dann die Stücke vorsichtig mit dem Fischlöffel heraus, und legt sie in eine andere Kasserole, gießt halb Wein, halb Wasser darauf und gibt Butter, geriebene Semmel, Pfeffer, Muskat, Citronenschale und gewässerte, gespaltene, entgrätete Sardellen dazu, um das Ganze ohne Salz weich kochen zu lassen.

Auf andere Art nimmt man vom gereinigten Hecht die Rückgräte heraus, und schneidet das Fleisch in kleinfingerdicke und lange Streifen; den Kopf aber läßt man ganz.

Nun macht man Butter in einer Kasserole über Kohlen heiß, gibt gewaschene, von Gräten und Schuppen gereinigte und fein gehackte Sardellen darein, dann den Hecht, etwas fein gestoßene Muskatblüthe, von einer halben Citrone den Saft dazu, und läßt es, recht gut bedeckt, langsam dünsten.

Nach einiger Zeit wird der Deckel weggenommen, der Fisch umgekehrt, wieder Citronensaft darauf gedrückt, nochmal bedeckt und fertig gekocht. Beim Anrichten wird der Kopf in die Mitte der Schüssel gestellt, der übrige Fisch im Kranze herumgegeben, und mit Citronenschalen und Scheiben zierlich aufgeputzt.

589. Hecht mit Kaviar.

Man koche einen geschuppten und gereinigten Hecht entweder zerschnitten oder im Ganzen mit heißem Wasser nebst Zwiebeln, Pfeffer und Salz, richte ihn auf einer Schüssel an, und lasse ihn einige Augenblicke stehen, damit er auskühle. Vorher aber hacke man Kaviar recht fein, verrühre ihn sodann in einer Schüssel mit gestoßenem Pfeffer, Citronensaft und feinem Oel, und gebe dieses über den Fisch, bevor er aufgetragen wird.

590. Abgeschmalzter Hecht.

Einem geschuppten und ausgenommenen Hecht koche man in gesalzenem Wasser mit einigen Gewürznelken, Neugewürz, und Lorbeerblättern, lege ihn dann behutsam auf eine Schüssel, bestreue ihn mit hart gekochten und fein gehackten Eiern und eben solcher Petersilie, und begieße ihn mit heißem Butter.

591. Blau gekochte Lachsfische.

Der Lachs, die Forelle, der Salbling (Salmling, Saibling,) der Asch u. s. w. werden am liebsten im ganzen Zustande blau gesotten.

Dazu schlage man den Fisch ab, lasse ihn eine Weile liegen, bis er ganz todt ist, salze ihn auch nicht ein, und schuppe ihn nicht ab, mache indessen den Essig heiß, salze dann erst den Fisch ein, lege ihn in den Essig, Flußpapier darauf und lasse ihn zugedeckt so heiß stehen, daß er aber ja nicht aufsiede, denn wie der Essig aufwallt, zerspringt der Fisch; lege auch ein wenig Pori, Limonienschalen und Lorbeerblätter dazu, lasse ihn noch eine Weile heiß stehen, und siede ihn vorsichtig weich.

Kleine Forellen und Salblinge siedet man auch, wenn sie ausgeweidet und gesalzen sind, frisch im Essig, nachdem früher Zwiebel, Lorbeerblätter und einige Nußkerne hineingegeben worden, und läßt sie dann im Sude abkühlen.

Aufgetischt werden diese blau gesottenen Fische blos mit einer zierlichen Einfassung von grüner abgezupfter Petersilie.

Vom frischen Lachs legt man auch die geschnittenen Scheiben in Brunnenwasser, bis sie sich gekrümmt haben, gibt sie dann mit Wein, Wasser und Essig zu gleichen Theilen, einem Stückchen Butter, einigen Zwiebeln, Lorbeer= blättern, Rosmarin, einem Stückchen Ingwer, Pfefferkör= nern, Gewürznelken und Muskatblüthe in eine Kasserole, und läßt sie, etwas gesalzen, aufkochen. Wenn der Fisch zum Kochen anfängt, wird er über sehr schwache Glut gestellt, und gar ausgezogen.

Er wird dann auf eine Schüssel gelegt, mit Citronen= saft oder gutem Essig bespritzt, und mit Petersilie geziert zur Tafel gegeben. Man kann auch halbe Citronen beilegen.

Forellen werden auch im rothem Wein gekocht. Ausge= weidet, gereiniget und gesalzen läßt man sie ein Weilchen liegen, dann trocknet man sie ab; setzt dann Rothwein mit Zwiebel, Citronenscheiben, Zucker, Nelken, Muskatblüh und Butter auf, läßt es verdeckt durchkochen und legt nun die Forellen hinein, um sie gehörig gar zu dämpfen.

592. Gekochter Hausen.

Man läßt Zwiebeln, Lorbeerblätter und Salz mit Was= ser kochend werden, legt dann den in Stücke zertheilten Hausen darein, und läßt ihn wohl bedeckt kochen. Wenn er weich genug ist, wird etwas frischer Essig dazu gegeben.

Man richtet ihn auf eine Schüssel, und gibt geriebenen frischen Kren, oder klein gehackte grüne Petersilie mit Essig oder Citronensaft dazu.

Es muß besonders darauf gesehen werden, daß der Fisch nicht zu weich wird.

593. Frisch abgesottener Schill.

Dieser Fisch wird ausgenommen, in gesalzenem Wasser gekocht, und ihm dann die Haut abgezogen. Nun wird $\frac{1}{4}$ Pfund Butter in eine Kasserole heiß gemacht, etwas fein gehackte grüne Petersilie, nebst einigen ebenfalls gehackten

Sardellen darein gethan, und nachdem es etwas gedünstet, über den auf eine Schüssel zierlich gelegten Schill gegeben.

594. Neunaugen (Bricken) mit Wein.

Nachdem man sie rein gewaschen, schneidet man ihnen die Köpfe ab, läßt das Blut in etwas Essig laufen, und reibt sie dann mit Salz im warmen Wasser rein ab, bis alles Schleimige weg ist. Nun läßt man sie mit rothem Wein, etwas Butter, Lorbeerblättern, Citronenschalen und einer mit Gewürznelken besteckten Zwiebel $\frac{1}{4}$ Stunde lang stark kochen. Man kann auch Mehl im Butter braun werden lassen und in die Brühe geben.

Zuletzt wird das Blut mit der Brühe gemischt, und diese durch ein Sieb über die angerichteten Fische gegeben.

595. Gesottener Aal.

Man schlägt den Aal ab, schneidet den Kopf und den Schweif weg, zieht die Haut ab, macht ihn auf und nimmt die Galle heraus, schneidet ihn in Stücke und salzt ihn ein.

Nachdem er eine Weile im Salze gelegen, läßt man ihn in einem Häfen mit halb Wein und halb Essig, Lorbeerblättern, Rosmarin, Limonienschalen und einer zerschnittenen Limonie genug sieden, richtet ihn dann mit etwas weniger Sauce an, und ziert ihn mit grünem Petersilkraut.

596. Gebratener Aal.

Man klopft den abgezogenen Fisch, salzt ihn, in fingerlange Stücke geschnitten und gereiniget, gut ein, läßt ihn eine Weile im Salze stehen, steckt ihn dann an den Spieß, begießt ihn mit Limoniensaft und Butter, und bratet ihn nicht gar zu geschwind; säet hernach ein wenig Semmelbröseln daran, begießt ihn mit Butter, gibt ihn, nachdem er noch eine Weile gebraten, zierlich in die Schüssel, und Limonienschalen, Butter und Limoniensaft darüber.

597. Ruten mit Sardellensauce.

Man nimmt von diesen Fischen die Eingeweide aus, streicht sie ab, und wälzt sie in Eiern, besäet sie mit Mehl und Semmelbröseln, backt sie geschwind aus dem Schmalz, und röstet 2 oder 3 Löffel voll Semmelbröseln in Butter;

gibt dann 4 oder 5 ausgewaschene, klein geschnittene Sardellen dazu, ein wenig Erbsenbrühe, von einer Limonie den Saft, 3 oder 4 Löffel voll Milchrahm, etwas Safran, ein wenig Muskatblüthe, läßt es gut sieden, daß die Sauce aber nicht zu dick wird, gibt den Fisch in eine Schüssel, und richtet die Sauce darüber an.

598. Gebratene Häringe.

Man schneidet von jedem Häring den Kopf und ein Stückchen vom Schwanze weg, bestreichet zu jedem Stück einen halben Bogen Papier recht dick mit Butter legt denselben darauf, überschlägt den obern und untern Theil des Papieres und wickelt denselben recht gut ein. — Das Papier bestreicht man nun außen ebenfalls mit Butter, und legt es über glühende Kohlen auf einen Rost.

599. Stockfisch zum Gemüse.

Den gehörig ausgewässerten Stockfisch schneidet man in Stücke, rollt sie zusammen, daß die Haut außen kommt, umwindet jedes Stück mit Bindfaden und stellt ihn in einem Geschirre mit reinem Wasser in die Nähe des Feuers, wo er ein paar Stunden stehen bleibt; doch muß er zuletzt kochend heiß werden, so daß das Wasser vorn, wo es beim Feuer steht, weißen Schaum ansetzt. Nun wird er in einen Durchschlag gelegt, damit das Wasser rein ablaufe; dann wird ein Stück Butter heiß gemacht, der Stockfisch, nachdem die Gräten herausgenommen worden, hineingelegt, etwas gesalzen, und nachdem das Wasser, welches sich auf dem Feuer herausgezogen hat, abgeseiht worden, zu Erbsen, Rüben oder Sauerkraut gegeben.

600. Abgeschmalzter Stockfisch.

Dieser wird gut ausgewässert, gesalzen und zugedeckt weich gekocht, gehäutet, mit Semmelbröseln bestreut, und mit Butter, worin etwas Zwiebel ausgeröstet worden, abgeschmalzt. — Man pflegt noch Semmelkren oder Senf dazu zu geben.

Man kann ihn statt abzuschmalzen auch mit einer von weißer, mit der Kochsuppe vergossener Einbrenn bereiteten Sauce begießen, und mit Butter abgeriebene Sardellen, oder

auch einen gewässerten, abgehäuteten und abgegräteten Hä=
ring in Stückchen mit etwas Muskathblüh darauf geben,
und damit das Ganze leicht aufkochen.

601. Gebackener Stockfisch.

Gewässerte, gereinigte und abgehäutete Stücke davon
läßt man eingesalzen eine Stunde liegen, trocknet sie dann
ab, taucht sie in Mehl, zerklopft Eier und geriebene Sem=
mel, und bäckt sie schön gelb.

Man pflegt den Stockfisch in dieser Form auf Gemüse
zu geben.

Amphibien und Schalthiere.

602. Gebackene Frösche.

Man salzt die geputzten und rein gewaschenen Frösche
ein, läßt sie fast eine Stunde liegen, trocknet sie dann etwas
ab, taucht und wälzt sie erst in Mehl, dann in zerklopften
Eiern, und schließlich in geriebener Semmel, bäckt sie schön
gelb aus dem Schmalze und trägt sie auf. Gewöhnlich gibt
man Feld= oder Häupelsalat dazu. Man kann sie auch auf
Sauerkraut geben.

603. Schlampete Schnecken.

Diese werden in heißem Wasser ganz so, wie die harten
Eier gesotten, und nebst Essigkren aufgetischt. Man holt sie
mit der Gabel aus dem Gehäuse, schneidet etwas von dem
harten Vordertheil und den Stein weg, und taucht sie in
den Kren.

604. Gefüllte Schnecken.

Sie werden wie die obigen gesotten, ausgehäuset und
gereiniget, dann salzt man sie etwas ein, schneidet ausgelöste
Sardellen mit Limonienschalen und etlichen Schnecken klein
zusammen, treibt einen Vierting Butter schön flaumig ab,
und gibt die geschnittenen Sardellen hinein. Die Gehäuse
müssen rein gewaschen und gestürzt werden, daß sie austrock=
nen: dann füllt man die Schnecken mit dem abgetriebenen
Butter in dieselben ein, nämlich in ein jedes Gehäuse zuvor
ein Bröckel Butter, dann die Schnecke, und verstreicht die
Oeffnung wieder gut mit Butter.

Zuletzt gießt man in eine Rein etwas Wasser, setzt die Schnecken hinein, doch so, daß das Wasser nicht darüber steht, gibt unten und oben Glut, daß sie etwas aufdünsten, und bringt sie auf einer Schüssel schnell zur Tafel.

605. Gekochte Krebse.

Diese werden gut gewaschen, in gesalzenem Wasser, dem auch etwas Essig beigesetzt werden kann, wie harte Eier gesotten, zierlich auf eine Schüssel gelegt, und mit Petersil= kraut geziert. Man kann sie auch mit Buttersauce etwas ab= schmalzen.

Man schlägt auch in einen kleinen Topf 2 bis 3 Ei= dotter, gibt 1 Kochlöffel voll feines Mehl, ein Stück Butter dazu, rührt es mit ½ Seidel guten, süßen Rahm ab, gibt ein Stückchen gestoßenen Zucker hinein, gießt etwas Suppe, worin die Krebse gekocht haben, dazu, quirlt es ab, und läßt die Sauce aufkochen, um sie über die Krebse zu geben.

606. Krebse mit Rahm.

In eine Rein oder Kasserole gibt man ein großes Sei= tel Rahm nebst einem Stückchen Butter, etwas Kümmel, Salz und einige Löffel voll Wein. Sobald es zum Kochen anfängt, werden bis 30 mittelgroße Krebse hineingegeben, und wohl bedeckt ¼ Stunde lang gedünstet, dann zierlich auf eine Schüssel gerichtet, und die Sauce darüber gegeben.

607. Krebsragout.

Man löst von großen Krebsen die Scheeren und Schweife aus, röstet Mehl mit Butter gelb, gibt klein geschnittene Schalotten mit ein paar Löffeln voll ganz kleiner, mit ein wenig Butter abgedämpfter Schampions dazu, füllt dieses mit etwas Wein und Fleischbrühe auf würzt die Sauce mit Muskatnuß und läßt sie kurz einkochen, gibt dann die Krebs= schweife und Scheeren darein, läßt sie aber nicht mehr kochen, sondern nur heiß werden, und trägt sie schnell auf.

608. Gebratene Austern.

Man setzt die Austern, nachdem eine Schale beseitiget worden, auf einen Rost über frische Glut, gibt etwas gesto= ßenen Pfeffer, Muskatblüh, fein gehacktes Petersilkraut, dann Citronensaft und frischen Butter oder Provenzer=Oel dazu, und bestreut sie mit fein geriebenen Semmelbröseln. Während des Bratens muß man Acht haben, daß sich die Austern nicht an die Schalen anlegen, sonst springen sie. Sie können auch auf einer Platte im Ofen gebacken werden.

Gewöhnlich läßt man den Citronensaft weg, und tischt entzwei geschnittene Limonien dazu auf, damit jeder Gast beim Speisen selbst nach belieben Saft darauf drücken kann.

609. Gedünstete Muscherln.

Man nimmt gewöhnliche Muscherln, wischt sie rein ab, wäscht sie mit etwas Wein, gibt sie mit ein wenig Butter, einigen Löffeln voll Wein und etwas Muskatblüh in eine Kasserole und läßt sie zugedeckt dünsten, bis sich zu öffnen anfangen. Man kann sie dann blos in diesem Safte zu Tische geben, und Limonienscheiben dazu, oder gießt mehr Wein darein, gibt ein wenig goldgelb in Butter geröstete Semmelbröseln dazu, etwas Limonienschalen, Muskatblüh und Limoniensaft.

Eine Gattung großer schwarzer Muscheln wird wie die Austern behandelt.

610. Gebratene Flußmuscheln.

Die in vielen Flüssen und Bächen vorkommenden größeren und kleineren Muscheln werden ganz so gebraten, wie die Austern, nur muß man sie gut pfeffern, und Sardellenbutter statt Öl oder gewöhnlichen Butter dazu nehmen.

611. Gebackene Schildkröten.

Die Schildkröten werden auf die bei den Vorbereitungen angegebene Art vorgerichtet und zertheilt, in einer Pfanne mit Kräutel und Butter gut anpassirt, gesalzen, mit 1 Paar Anrichtlöffeln voll weißer Sauce, und einer Liäson von 6 Eidottern auf dem Feuer fest gebunden, dann vollkommen ausgekühlt, stückweis in rohen abgeschlagenen Eiern eingewälzt, mit geriebenen Semmelbröseln panirt, und aus dem Rindschmalze resch ausgebacken.

186

Fastengeflügel und Säugethiere.

612. Abgesottene Rohrhendeln.

Man salze die rein gepußten und gewaschenen Rohrhen-
deln gut ein, schneide sie in 4 Theile, gebe in eine Rein einen
Theil Essig, einen Theil Wasser, einen Theil Wein, Zwiebel,
Beizkräutel, Petersiliewürzel und Sellerie, lasse die Rohrhen-
deln darin dünsten, bis sie mürb sind, richte sie dann auf eine
Schüssel, gebe ein wenig von dem Sud und geriebenen Kren
darüber, und trage sie gleich auf.

613. Duck-Enten gedünstet.

Man senge die gerupften Duck-Enten ein wenig ab,
salze sie, nachdem sie ausgeweidet und gewaschen worden, gut
ein, lasse sie allenfalls auch beizen; spicke sie dann mit Limonienschalen, brate sie auf dem Spieß recht semmelfarb, begieße
sie aber öfters mit der Beiz mit ein wenig Rahm vermischt,
gebe dann in ein Reindl ein Stück Butter, lasse ihn zergehen, staube auf 4 Duck-Enten 2 Löffel voll Mehl daran,
gebe die Leber der 4 Enten klein geschnitten hinein und lasse
sie dünsten, gieße ein wenig von der Beize daran, das von
den Enten Herabgetropfte, ein paar Löffel voll Rahm und
ein wenig Kapri dazu, lege die Enten in eine Schüssel und
gieße die Sauce darüber.

Eingemachtes.

Eingemachtes Fleisch.

Erste Gattung. Rindenes.

614. Ochsenhirn mit Austern.

Ein frisches, ausgewässertes Ochsenhirn wird in ein
Tuch gebunden, eine Viertelstunde gesotten, dann ausgehäutet
und mit einem Faden in fingerdicke Schnitten getheilt. Hernach wird Sardellenbutter von einigen Sardellen gemacht.
Dann bestreiche man eine schöne Porzellanschüssel mit Butter,
worin etwas Mehl abgedrückt worden, drücke Citronensaft
darauf, gebe dann eine Lage Hirn, etwas Sardellenbutter,

eine Lage aus den Schalen genommener und gereinigter Austern, wieder etwas Citronensaft und Butter, dann wieder eine Lage Hirn. Auf diese Art wird fortgefahren, bis Alles verbraucht ist, dann wird es über Glut gesetzt und zugedeckt nur so lange gekocht, bis die Austern nicht mehr roth sind.

Das Gericht muß schnell aufgetragen werden.

615. Rindszunge in polnischer Sauce.

Man schneidet eine gekochte und abgehäutete Rindszunge in Scheiben, röstet etwas Mehl in Butter braun ab, gießt Rindsuppe und Weinessig daran, gibt ein Stückchen braun gerösteten und ein Stückchen weißen Zucker daran, läßt es aufkochen, seihet es auf die Zunge durch, gibt kleine und große Rosinen, geschälte Mandeln, Limonienschalen, Gewürznelken dazu; läßt es noch ein wenig aufkochen und gibt das Gericht auf die Tafel.

616. Rindfleisch auf Hasenart.

Man spicke einen abgezogenen Lendbraten wie einen Hasen, salze und würze ihn mit wenig Essig, und brate ihn in einer Reine auf beiden Seiten recht gut; gieße zuletzt sauern Rahm darüber, und lasse den Braten kurz, aber hinlänglich einkochen. Beim Anrichten wird die Sauce über den Braten gegossen.

617. Speckflecke.

Die gereinigte und ausgewässerten Flecke siede man weich schneide sie so dünn als möglich, wie die Nudeln, weiche auf 2 Pfund Flecke eine kleine Semmel in der Milch, drücke sie aus, und schneide sie mit ½ Vierting Speck, 1 Zwiebelhäuppel nnd Limonienschalen fein zusammen; gebe die Fleck und das Geschnittene in ein Maßhäfen, gieße 3 Seidel gute Rindsuppe darauf, ein wenig Ingwer, Pfeffer und Salz; lasse es eine halbe Stunde gut kochen, rühre es öfters um, daß die Sauce schön klar wird, und die Speise ist fertig.

618. Ochsenfuß in Sardellensauce.

Weich gesottene Ochsenfüße schneide man in dünne Blättchen, gebe in ein Reindl ein Stück Butter, 2 Löffel voll

Semmelbröseln, ein Zwiebelhäuppel fein geschnitten, und einige
ausgelöste klein geschnittene Sardellen, gebe die Ochsenfüße
hinein, uub lasse sie eine Weile gut rösten; lege geschnittenes
Petersiliekräutel und Limonienschalen dazu, gieße ein wenig
Rindsuppe und Rahm daran, auch etwas Limoniensaft oder
Weinessig, und lasse das Ganze noch einmal aufsieden.

Zweite Gattung. Kälbernes.

619. Gewöhnliches Eingemachtes.

Man läßt in einer Rein oder Kasserole Butter heiß
werden, gibt das in Stücke gehauene Kalbfleisch mit etwas
fein gehackter Petersilie darein, und läßt es wohl bedeckt
weich dünsten; wenn der Saft zu viel verdampft, so gießt
man nur zeitweilig etwas fette Fleischbrühe dazu. Dann
stäubt man ein paar Löffel voll Mehl daran, läßt es an=
laufen, gießt gute Fleischbrühe darauf, und läßt sie wohl
damit verkochen. In dieses Kalbfleisch kann man nun nach
Belieben entweder in dünne Blättchen geschnittene Scham=
pions, welche etwas in Butter gedünstet werden, oder kleine
Semmelbröseln geben. — Auf 1 Pfund Kalbfleisch kann man
auch 2 Seidel grüne Erbsen in Butter weich dünsten, und
dann mit dem Eingemachten aufkochen lassen.

620. Eingemachter Kalbskopf.

Der gereinigte Kalbskopf wird in gesalzenem Wasser
weich gekocht, das Fleisch abgelöst und in warme Fleisch=
suppe gelegt. Inzwischen mache man Butter heiß, gebe einen
Kochlöffel voll Mehl, 4 fein gehackte Sardellen, grüne Pe=
tersilie und Schalotten darein, gieße ein Seidel Rahm und
etwas Fleischbrühe darauf, lasse es aufkochen, drücke von
einer Citrone den Saft daran, und gebe die Sauce über das
auf eine Schüssel gelegte Kalbfleisch. — Man kann dieselbe
auch vor dem Anrichten mit einigen Eidottern absprudeln,
darf es aber nicht mehr aufkochen lassen.

621. Kalbsragout mit Pilzen.

Man läßt das Kalbfleisch in Rindsuppe weich sieden,
schneidet es in kleine Würfel, dünstet es in einer Kasserole
mit fein gehackter Petersilie und blattweis geschnittenen Pil=

zen mit Butter, stäubt dann etwas feines Mehl daran, gießt von der Brühe, worin das Fleisch gekocht hat, dazu, und läßt es gut aufsieden.

622. Eingemachtes Kalbsgekröse.

Das Gekröse wird rein gewaschen, mit Salz und Mehl bestäubt, gut abgerieben und nochmals ausgewaschen. Dann wird es mit etwas Essig, Fleischbrühe, Zwiebel und Citronenschalen weich gekocht; inzwischen Mehl in Butter gestäubt, mit der Brühe aufgegossen, und gut verkocht. Das Gekröse wird endlich in Stückchen geschnitten, nach weggenommenem, überflüssigem Fett in die Brühe gegeben, und mit etwas Pfeffer und Muskatblüthe noch einmal aufgesotten.

623. Eingemachte Kalbsbriese.

Man lasse die gewaschenen Briese in Rindsuppe halbweich kochen, schneide sie in runde Blatteln, besäe sie ein wenig mit Salz und Mehl, gebe in ein Reindl ein Stück Krebsbutter, lasse ihn zerschleichen, lege die Briese hinein, und lasse sie gut anlaufen; schütte dann die Suppe, worin die Briese gesotten haben, darüber, lege auch Limonienschalen und etwas Muskatblüthe dazu, und lasse sie gut aufsieden.

624. Kräuterschnitzel.

Man schneide mürbes Kalbfleisch mit etwas geweichter Semmel, Pfeffer und Salz, Speck, feinen Kräutern, Limonienschalen und Schampions zusammen; gebe in eine Kafferole Sardellenbutter, lege die Schnitzeln darauf, und lasse sie zugedeckt dünsten; lege sie dann auf einen Rost, daß sie an beiden Seiten gebräunt werden, gebe sie endlich in die Schüssel, und die Sauce aus der Kafferole mit etwas Limoniensaft darüber.

Dritte Gattung. Schöpfenes.

625. Gedünstetes Schöpfenes.

Das Fleisch wird mit Möhren, Zeller, Peterfiliewurzel, Thimian, Zwiebel, Lorbeerblättern, einigen Gewürznelken und Pfefferkörnern, Wasser und Essig weich gedünstet, dann aus dem Sude gehoben, die Brühe herabgegossen, und das

Fett wieder auf die Wurzeln herabgeschöpft, welche damit schön braun gedünstet, mit Mehl bestäubt, und mit der Brühe wieder aufgegossen werden; dieselbe wird dann durch einen Durchschlag getrieben, das Fleisch darein gelegt, und mit dazu gegebenen kleinen Erdäpfeln aufgesotten.

426. Schöpsenes in saurem Rahm.

Man spickt ein schönes Schöpsenstück mit frischen Salbeiblättern, läßt es in einer Kasserole auf einer schwachen Glut langsam dünsten, gießt immer Suppe darüber, damit es recht weich wird, gießt dann gleich ein wenig Wasser darunter, und wenn es hübsch braun gedünstet ist, noch 3 Theile Suppe und einen Theil Essig dazu, und läßt es gar kochen. Sodann macht man eine braune Einbrenn, gießt noch einen Theil sauern Rahm dazu, quirlt es recht ab, und seihet es auf das Fleisch durch, gibt klein geschnittene Limonienschalen, Kapern und etwas Neugewürz darein, und läßt das Ganze vor dem Anrichten noch etwas aufkochen.

Ein übrig gebliebener Schöpsenbraten kann auf dieselbe Art zugerichtet werden.

627. Schöpsene Karbonaden in Sauce.

Die mürb geklopften Karbonadstücke salze man ein, und besäe sie mit gestoßenem Beizkräutel, gebe in eine Kasserole gewürfelt geschnittenen Speck, Zwiebelhäuppel, Sellerie, Petersiliewurzel und gelbe Rüben; besprenge die Karbonaden ein wenig mit Weinessig, gebe sie in die Kasserole, und lasse sie schön mürb dünsten; wenn die Karbonaden zu wenig Saft haben, gießt man ein wenig Rindsuppe daran, nimmt die Stücke heraus, stäubt etwas Mehl in die Kasserole, gießt Rindsuppe und Rahm daran, seihet die Sauce durch ein Sieb und läßt die Karbonaden in derselben noch eine habe Stunde dünsten. Dann legt man sie zierlich auf eine Schüssel und gibt die Sauce darüber.

628. Schöpsenes in schwarzer Sauce.

Man salze das in Stücke zerhackte Fleisch gut ein, und gebe es in eine Rein, Beizkräutel, Limonienschalen und ein Zwiebelhäupel dazu, auch ein wenig Essig und Wasser, ein Stück Sellerie und Petersiliewurzel, und lasse es so lange dünften, bis es weich ist; gebe dann in ein Reindl ein Stück Butter, lasse ihn zergehen, stäube 2 Löffel voll Mehl daran, röste es, bis es schön braun wird, reibe eine Rinde von einem Hausbrod, lasse es mitrösten, gebe so viel von dem Sud dazu, daß die Sauce die rechte Dicke bekommt, und lasse es aufsieden.

Vierte Gattung. Lämmernes.

629. Lämmernes Eingemachtes mit Schampions.

Man wasche das zerstückte Fleisch gut aus, und brühe es mit heißem Wasser ab, daß es weiß wird; gebe dann in ein Reindl ein Stück Butter, lasse die Schampions, wenn sie geputzt sind, darin dünsten, gebe klein geschnittenes Petersiliekräutel dazu, säe 2 Löffel voll Mehl daran, gieße so viel Rindsuppe darauf, als nöthig ist, lege das ausgedrückte Fleisch in die Sauce, und lasse es mürb dünsten.

Noch besser wird das Gericht, wenn man gedünstete grüne Erbsen dazu gibt, oder diese gleich mitdünstet.

630. Lämmerne Briese mit Morcheln.

Etwa drei Briese werden eine Weile in frisches Wasser gelegt, dann in einer mit Speck belegten Rein oder Kasserole mit einer in Streifen geschnittenen Zwiebel, einer in Scheiben geschnittenen Petersiliewurzel, Sellerie, einer gelben Rübe und einem Stückchen Butter gut zugedeckt und weich gedünstet. Dann lasse man ein Stück Butter heiß werden, gebe etwas fein geschnittene Petersilie und recht rein gewaschene Mauraschen darein, und wenn sie weich sind, 3 Löffel voll Mehl dazu, mit welchem sie noch etwas dünsten müssen. Nun seihe man den Saft von den Briesen dazu, drücke von einer Citrone den Saft darein, gebe die Briese ebenfalls dazu und lasse sie zum Schluße noch einmal aufsieden.

631. Lämmernes Bänschel.

Man siede das Bäuschel in gesalzenem Wasser, schneide es fein nudelförmig, gebe in ein Reindl ein Stück Butter, ein klein geschnittenes Zwiebelhäuppel, dann das geschnittene Bäuschel hinein, und lasse es gut rösten; stäube dann 1 Kochlöffel voll Mehl daran, schütte 1 Löffel voll Rindsuppe und

ein wenig Weineffig dazu, gebe klein geschnittene Limonien=
schalen und etwas Safran hinein, und laffe Alles gut
auffochen.

632. Lämmernes mit Krebsfauce.

Man gebe das zerftückte, gewaschene und eingefalzene
Fleisch in eine Kafferole, ein Stück Butter, ein wenig Rind=
fuppe und Limonienschalen dazu, laffe es schön mürb dünften,
stäube 2 Löffel voll Mehl daran, laffe es ein wenig röften,
stoffe 6 oder 8 gefottene Krebfen, aber ohne die Galle fein
zusammen, gebe fie in ein Töpfchen, schütte eine gute Rindfuppe
darauf, laffe fie ein paar Mal auffieden, gebe ausgelöfte
Krebfe, gedünftete Schampions, in Salzwaffer überfottenen
Spargel und Karviol dazu, und siede es vor dem Anrichten
nochmals auf, damit die Sauce einen guten Geschmack bekommt.

Fünfte Gattung. Schweinenes.

633. Klachelfleisch.

Jungschweinenes, mit etwas Speck verfehenes Fleisch
wird beliebig zerftückt, eingefalzen, mit Zwiebel, Lorbeer=
blättern, Thimian und etwas Pfeffer in eine Kafferole oder
Rein gethan, mit gewäffertem Weineffig begoffen, gut auf=
gekocht, bis das Fleisch mürb ift; zuletzt wird etwas faurer
Rahm dazu gegeben und die Brühe durch ein Sieb über das
in eine Schüffel gelegte Fleisch angerichtet.

Man kann statt des Letzteren eine bloße Einbrenn ma=
chen, oder etwas Mehl an das Fleisch ftäuben.

634. Heißgefottener Schweinskopf.

Der gereinigte und der Länge nach gefpaltene Schweins=
kopf wird in fiedendem Waffer $\frac{1}{2}$ Viertelftunde abgebrüht,
und mit frischem Waffer abgeschreckt. Dann nimmt man das
Hirn heraus, schneidet es in 2fingerbreite Stückchen, reiniget
diefe wieder forgfältig, legt fie in eine Kafferole, gibt in
letztere eine spanische Zwiebel, die mit 4 Gewürznelken ge=
fpickt ift, 4 Lorbeerblätter, 1 starkes Büschel Bertram, $\frac{1}{2}$
Gliedchen Knoblauch, hinreichendes Salz und Pfeffer, 1 Sei=
bel Weineffig, und kocht fo das Ganze schnell über starkem

Feuer, bis der Sud auf den achten Theil als Saft eingekocht ist; dann ist das Fleisch auch kernig weich; man legt
es zierlich auf eine Schüssel, gibt den Saft darüber, und
bestreut es mit fein geschnittenem Bertram oder Schnittlauch.

635. Schweinfleisch mit Wildpretsauce.

Man kocht das zertheilte und gut ausgewaschene Fleisch
in gesalzenem Wasser mit einer Zwiebel beinahe weich. Sodann röstet man geriebenes Brot in Butter oder geschnittenem Speck, gibt es in die Brühe und läßt es mit Essig,
Citronenschale, einigen Wachholderbeeren, Pfeffer, Ingwer,
Nelken und englischem Gewürz noch eine ½ Stunde kochen.

Sechste Gattung. Vierfüßiges Wildpret.

636. Eingemachtes Wildpret überhaupt.

Man reinige ein Stück Wildpret, nachdem es mit
Wachholderbeeren eingerieben worden und mürbe gelegen,
mit Wasser; lasse es, wenn es von einem jungen Wild ist,
blos dünsten, gebe es nämlich in eine Kasserole, darunter
ein Stück Butter, eine in Scheiben geschnittene Zwiebel,
etwas Pfefferkörner, Ingwer, Neugewürz, lasse es dünsten,
gieße dann Suppe und Weinessig daran, lasse es weich kochen, brenne es mit brauner Einbrenn ein, gieße sauern
Rahm daran, und seihe die Sauce durch. Soll die Sauce
eine dunkle Farbe haben, so gebe man statt saurem Rahm
gerösteten Zucker und auch etwas Kapern dazu. Das Gericht
kann mit einen Kranz von Butterteig oder mit Limonien
umgeben werden.

Altes Wildpret muß vor dem Dünsten mit Essig,
Wasser und dem angegebenen Gewürz abgekocht werden.

637. Wildpret-Ragout.

Hat man Abfälle oder übrig gebliebene Stückchen von
Hirschen, Hasen, Rehen, u. dgl. so werden diese in dünne
Scheiben geschnitten, in Butter etwas überdünstet, dann mit
Mehl bestäubt, braun geröstet, gute Fleischbrühe dazu gegos-
sen, der Saft von einer Citrone daran gedrückt, und mit
ein paar Löffel voll Milchrahm gut aufgekocht. Wenn man

13

es anrichtet, wird es gewöhnlich mit kleinen Butterpastetchen garnirt.

638. Vorderhase (das Junge) braun eingemacht.

Man zerhackt den Vorderhasen in Stücke und wäscht ihn rein, gibt in eine Kasserole ein Stück Butter, ein Stück in kleine Würfeln geschnittenen Speck, eine klein geschnittene Zwiebel, einige Thimianblättchen und ein klein geschnittenes Lorbeerblatt, legt den zerschnittenen Vorderhasen hinein, salzt ihn, gibt einen Löffel Wasser oder Rindsuppe daran, deckt ihn wohl zu, und läßt ihn weich dünsten, bis sich die Suppe ganz eindünstet und die Zwiebel braun wird. Nun gießt man 1½ Seidel Rindsuppe und ½ Seidel guten Weinessig daran.

Auch kann etwas rother Wein dazu kommen. Der weich gekochte Hase wird braun und mit etwas Zucker eingebrennt mit Limonienschalen, Neugewürz oder Nelken noch etwas aufgekocht und angerichtet, dann ebenfalls mit Butterteig garnirt.

639. Wildschweinenes in Kranabet- (Wachholder-) Sauce.

Das Fleisch wird auf schon erwähnte Weise gereinigt, in Stücke gehauen und weich gekocht. Dann macht man Butter oder reines Fett heiß, läßt Mehl darin braun werden, gibt Zwiebeln und gute Fleischbrühe daran, und läßt es mit etwas fein gestoßenen Wachholderbeeren, Salz, Weinessig, Zucker und einigen Gewürznelken kochen. Zuletzt wird das Fleisch hineingegeben und darin nochmals gut aufgesotten.

640. Braun eingemachter Rehrücken.
Für 14 Personen.

Das Fleisch wird aus den Rückenbeinen herausgelöst, in runde Stücke geschnitten, diese klopft man etwas, bestreut sie mit Salz, taucht sie in zerlassene Butter und legt sie in eine flache Kasserole; dann schneidet man eine Gansleber in gleich runder Form, wie das Rehfleisch, salzt und taucht sie ebenfalls in Butter und legt sie in eine andere flache Kasserole. ¼ Stunde vor dem Anrichten bratet man beide schnell ab, seiht die Butter ab, legt das Rehfleisch sammt der Gansleber in eine tiefe Kasserole und läßt sie im Dunst.

Hierauf bereitet man die dazu gehörige

641. Sauce.

In einer mit Butter ausgeschmierten Kasserole läßt man vor allem das Wurzelwerk braun werden, dann gibt man die ausgelösten Rehrückenbeine, die klein zusammengehackt werden müssen, und 2 Maß Wasser darauf, und läßt man die Flüssigkeit, die fleißig vom Faume gereinigt werden muß, bis auf eine Maß einkochen, eine braune Einbrenn von 6 Loth Butter und ein Glas Bordeaux läßt man mit dieser Sauce aufkochen, passiert sie durch ein Sieb und läßt sie an der Wärme.

Zum Aufputz der Speise macht man einen

642. Teig-Reif.

Dazu nimmt man 1 Pfund Mehl, etwas Salz, 2 ganze Eier, 4 Loth Butter und knetet auf dem Brete mit warmen Wasser einen festen Teig, diesen walkt man dann rund aus, macht von der Hälfte des Teiges einen tellerförmigen Boden, von der anderen Hälfte einen drei Finger hohen Reif bestreicht ihn mit Eiweis, und klebt ihn damit als Einfassung um den Teigboden herum, zwickt mit den Pasteten-zwicker eine Verzierung hinein und läßt das ganze gut backen. Hierauf legt man das rund geschnittene Rehfleisch (Rehfilet) und die Gansleber reihenweise in den Teigreif, gießt die braune Sauce darüber und bringt die Speise heiß zur Tafel.

643. Weißes Eingemachtes von Hühnerbrust mit Ragout.

Für 14 Personen.

Von 8 bis 10 jungen Hühnern werden die Brüste ausgelöst, dieselben in eine flache Casserolle gelegt, in die man 5 Loth Butter gibt. Nun bestreicht man die Hühnerbrüste mit Eierweiß bestreut sie mit ganz fein geschnittenen Trüffeln oder Pöckelzungen und läßt sie schnell braten. ½ Pfund gedünsteter Reis wird in eine mit Butter gut ausgeschmierte Reifform eingedrückt und dann auf eine

13*

Schüffel geftürzt und in diefen Reisreif werden die Hühner-
brüfte fammt Trüffeln zierlich eingelegt.

644. Ragout.

Von den übrig gebliebenen Rückentheilen der Hühner
fiedet man eine gute, weiße Suppe, macht eine weiße Einbrenn und verkocht diefe mit der Hühnerfuppe forgfältig.

645. Tauben auf Rebhühner-Art.

Man putzt und falzt einige Tauben, und beizt fie 24
Stunden ein. Dann fpickt man fie mit fein gefchnittenem
Speck, bratet fie langfam, und begießt fie mit Beize und
faurem Rahm. Die Sauce dazu macht man von ½ Seidel
Rahm mit Mehl abgerührt, etwas Beize, dem herabgetropf-
ten von den Tauben und länglich gefchnittenen Citronenfchalen.

Nachdem alles nochmals aufgefotten hat, werden die
Tauben auf eine Schüffel und die Sauce darüber gegeben.

646. Kapaun mit Müfcherln.

Nachdem man von Butter und Mehl eine gelbbraune
Einbrenn gemacht, läßt man Semmelbröfeln ein wenig darin
röften, gibt fein gehackte grüne Peterfilie, Citronenfchalen,
Sardellen und Zwiebeln darein, gießt gute Fleifchbrühe und
Wein darauf, und läßt es mit einem fchön braun gebratenen
Kapaun wohl aufkochen. Die Müfcheln werden rein ausge-
wafchen von einer Seite die Schalen abgelöfet, und dann
ebenfalls dazu gegeben. Beim Anrichten gibt man die Sauce
über den Kapaun; follte derfelbe jedoch nicht fchön genug
ausfehen, fo gibt man ihn zierlich zerlegt in die Schüffel.

Man kann auch junge Hühner oder Poularde auf diefe
Art, oder auch mit Saucen zurichten.

647. Junge Gans mit Aepfeln.

Man kocht das Junge der Gans in gefalzenem Waffer
weich, röftet Mehl in Butter braun, gießt von der Brühe
daran, legt die gefchälten und zerfchnittenen Aepfel nebft Citronenfchalen, kleinen Rofinen und gefchnittenen Mandeln
hinein, läßt die Aepfel weich kochen, und thut dann die
junge Gans hinzu, damit es noch einmal gut auffiede.

In schwarzer Sauce macht man das Gans-Junge auf folgende Art: Man richtet die gesottenen Stücke in eine Kasserole, gibt Zwiebel, Limonienschalen, Beizkräutel, ein wenig Essig und Rindsuppe daran, läßt es dünsten, bis es mürb wird, gibt in ein Reindl ein Stück Butter, läßt ihn zergehen, 2 Löffel voll Mehl daran, 2 Löffel voll schwarze Brotbröseln, läßt es braun rösten, rührt es mit der Suppe von der Gans klar ab, läßt es noch ein wenig dünsten, und bringt es auf den Tisch.

648. Gansleber in der Sauce.

Man spickt die gesalzene Leber mit Limonienschalen, gibt in ein Reindl ein Stück Butter, klein geschnittene Zwiebel, ein wenig Kuttelkraut, dann die Leber hinein, und läßt sie eine Weile dünsten, säet ein wenig Mehl daran, läßt sie noch etwas rösten, gibt Rindsuppe und Rahm dazu, etliche Tropfen Weinessig ein wenig Pfeffer, und läßt sie nur einen Sud aufthun, damit die Leber nicht hart wird.

Auch die Kapaun- und Indianleber kann man auf dieselbe Art zurichten.

Achte Gattung. Wildgeflügel.

649. Gedämpfte Schnepfen.

Nachdem sie geputzt, ausgenommen und rein gewaschen sind, reibt man sie mit Salz und gestoßenem Pfeffer ein, und dämpfet sie eine halbe Stunde lang in halb Wein halb Wasser. Während dieser Zeit hackt man das Eingeweide mit den gereinigten und von der Haut befreiten Mägen klein, schwitzet es mit geriebenem Schwarzbrod in Butter ab, gibt es zu den Schnepfen, würzt es mit Pfeffer und Muskat, gibt Citronensaft hinzu, und läßt es gar dämpfen. Beim Anrichten werden geschnittene Citronenschalen darüber gestreut.

650. Rebhühner mit Schampions.

Nachdem die Rebhühner sauber gereiniget, gewaschen, gespickt und mit Pfeffer und Salz inwendig ausgerieben worden, dämpft man sie in 2 Theilen Wasser und 1 Theil Wein fast weich; röstet dann Mehl in Butter braun, mischt es nebst gereinigten Schampions und Citronenscheiben an die

Brühe, läßt damit die Hühner vollends weich und die Sauce langsam kochen.

651. Vögel mit Weintrauben.

Man schwitzt die gut gereinigten, ausgenommenen Vögel in Butter ab, thut halb Wein, halb Wasser, Zucker, Zimmt und Muskat hinzu, und läßt sie dämpfen. Zuletzt gibt man Weinbeeren hinein, und läßt sie noch einige Minuten mit durchkochen.

Dies wird eine angenehme Weingartenspeise im Herbst.

652. Wildenten in schwarzer Sauce.

Man hackt die reingeputzten und zertheilten Enten in Stücke, gibt sie in eine Kasserole, Salz, Essig, Wein und Rindsuppe, auch ein Zwiebelhäupel mit Nelken besteckt, Lorbeerblätter, Limonienschalen, Kuttelkraut und Basilikum dazu, und läßt sie schön mürb dünsten; läßt dann in einem Reindl ein Stück Butter zergehen, säet 1 Löffel voll Mehl und 2 Löffel voll geriebene schwarze Brotbröseln daran, röstet es gut, gibt es zu der Ente, rührt es unter einander, läßt es gut sieden, gießt zuletzt ein wenig Rahm darunter, und richtet das ganze gleich an. Man kann es auch in eine Pastete geben.

653. Wildtauben in brauner Sauce.

Man schneidet die reingeputzten Wildtauben in 4 Theile, gibt sie in eine Kasserole, gießt Essig, Rindsuppe und ein wenig Wein darauf, Limonienschalen, ein Zwiebelhäupel mit Nelken besteckt, 2 Stückchen Knoblauch und 2 Lorbeerblätter, und läßt sie recht mürb dünsten; gibt dann in eine Pfanne ein Stück Butter und geriebene schwarze Brotbröseln, röstet sie schön lichtbraun, und rührt sie unter die Tauben; läßt sie recht gut dünsten, daß die Sauce schön klar wird, und nimmt vor dem Anrichten Lorbeerblätter und Zwiebel wieder heraus.

2. Ordnung.

Eingemachte Faſtenſpeiſen.

Erſte Gattung. Fiſche.

654. Hecht in Butterſauce.

Den vollkommen gereinigten Fiſch ſchneidet man auf dreifingerbreite Stücke, beſtäubt ihn ſtark mit Salz, würzt ihn mit einer geſpaltenen Zwiebel, 6 Gewürznelken, 6 Lor=beerblättern und etwas Thimian, begießt ihn mit kochendem Waſſer und ſetzt ihn ans Feuer, ſo daß das Waſſer äußerſt wenig kocht. Hat der Fiſch 20 Minuten gekocht, ſo ſetzt man den Topf vom Feuer, bereitet während dieſer Zeit nach der ſchon bekannten Vorſchrift eine Butterſauce, und hebt ſie ſtark mit Limonienſaft. Endlich hebt man den Fiſch aus dem Waſſer über ein reines Tuch, richtet ihn in eine über eine Schüſſel zuſammengeſchlagene Serviette an, beſtreut ihn mit Peterſilieblättern, und ſetzt die Sauce, wenn man ſie nicht darübergießen will, in einer Schale beſonders bei.

Dieſer Fiſch kann auch ganz gekocht, und der Länge nach angerichtet werden.

655. Gedünſtete Forellen.

Man reiniget die Fiſche gehörig, gibt in eine Kaſſerole Butter, klein geſchnittenen Zwiebel, Peterſiliewurzel, Sellerie, gelbe Rüben, Lorbeer, Limonienſchalen und Beizkräutel, legt die Fiſche hinein, läßt ſie auf jeder Seite gut dünſten, und gibt ſie dann auf eine Schüſſel. Darauf legt man noch ein Stück Butter und 2 oder 3 Eßlöffel voll Semmelbröſeln dazu, gießt Erbſenbrühe und Rahm nach, ſetzt auch ein wenig gebrannten Zucker bei, damit die Sauce braun wird, läßt es noch eine Weile ſieden, und ſeiht die Sauce über die Forellen.

656. Grundeln in blauer Sauce.

Man gibt in eine Pfanne halb Eſſig halb Waſſer, Salz, Lorbeerblätter und 1 Zwiebelhäupel, läßt es ſieden, wäſcht die Grundeln aus, wiſcht ſie mit einem Tuche ab, gibt ſie in den ſiedenden Eſſig, läßt ſie nur ein paar Mal aufſieden, schüttet ein wenig kalten Essig darüber, und läßt sie zugedeckt eine Weile stehen, damit sie recht kernig werden, schmiert eine Schüssel mit Butter, begießt sie mit Milchrahm und besäet sie mit gestoffenen Gewürznelken; seihet die Grundeln ab, gibt sie auf die Schüssel, ein wenig Rahm und Butter darüber, besäet sie mit fein geriebenen Semmelbröseln, und läßt sie zuletzt noch gut aufbünsten.

657. Ruten in der Lebersauce.

Man siede den gehörig gereinigten Fisch in gesalzenem Wasser ab, schneide seine Leber in kleine Stücke, und lasse sie in einem Reindl mit einem Stück Butter anlaufen, säet einen Kochlöffel voll Mehl daran, und lasse es etwas rösten; gebe ein wenig Rahm und von dem Sud, worin das Fleisch gesotten worden ist, etwas dazu, daß die Sauce die rechte Dicke bekommt, auch etwas Limoniensaft und Limonienschalen, gebe die Ruten auf eine Schüssel und die Sauce darüber.

658. Schill in Limoniensauce.

Man wäscht den gut abgeschuppten Schill rein aus, schneidet ihn zu Stücken, und siedet ihn in einer gesalzenen Erbsenbrühe ab; gibt in ein Reindl ein Stück Butter, läßt ihn zergehen, stäubt einen Löffel voll Mehl hinein, daß die Sauce die rechte Dicke bekömmt, drückt Limoniensaft und gibt Limonienschalen hinein, auch etwas Safran und Gewürz dazu, und legt den Fisch hinein, um ihn noch einmal aufzukochen.

Man kann zuletzt auch ausgelöste Krebsen, gekochten Spargel oder Maurachen dazu geben.

659. Schwanberger-Fisch.

Der Fisch wird in halb Essig und Wasser gesotten, in die Anrichtschüssel gegeben, dann werden ein paar Eidotter, etwas Limoniensaft, Essig, Salz und Suppe auf dem Herde so lange gesprudelt, bis es dicklich ist; dann wird es über den Fisch gegeben.

660. Stockfisch in der Milchrahmsauce.

Man dünstet den rein gehäuteten und gesalzenen Stockfifch mit etwas Butter, bis es recht kernig wird, gibt dann in ein Reindl ein Stück Butter, ein paar Löffel voll fein geriebene Semmelbröseln, auf 2 Pfund Stockfisch ½ Seidel Rahm, ein wenig klein geschnittenes Peterfiliekräutel, Limonienschalen, etwas Muskatblüthe und Safran; läßt es unter einander gut auffieden, richtet den Stockfisch in eine Schüssel und gibt die Sauce darüber.

Zweite Gattung. Amphibien und Schalthiere.

661. Heißabgesottene Frösche.

Man gibt in eine Pfanne halb Effig halb Wasser, einen Theil Wein, Salz, Lorbeerblätter und Kuttelkraut, läßt es gut fieden, gibt die Frösche hinein, und läßt sie auffieden, richtet sie in eine Schüssel, gießt von dem Sude etwas darauf, besäet sie mit Semmelbröseln und brennt sie mit Schmalz und Zwiebel ab.

662. Schildkröten in Limoniensauce.

Man richtet die Schildkröten auf die bekannte Art vor, gibt in ein Reindl ein Stück Butter und klein geschnittenes Peterfiliekräutel, legt die Biegeln von der Schildkröte hinein, salzt sie und läßt sie gut dünsten; staubt 1 oder 2 Löffel voll Mehl daran, läßt sie noch ein wenig dünsten, gibt etwas Brühe dazu, worin die Schildkröte gesotten hat, auch Limoniensaft und Schalen, ein wenig Safran und Gewürz, und läßt sie noch einen Sud machen.

Zur wälschen Sauce backt man sie geschwind aus dem Schmalz, nimmt halb Wein halb Erbsenbrühe, gibt ½ Löffel voll in Schmalz geröstete Semmelbröseln und Gewürz dazu, auch Limonienschalen und etwas Safran; läßt sie gut dünsten, bis die Sauce klar wird, legt dann die Biegeln in eine Schüssel und gießt die Sauce darüber.

663. Austern mit Kutenleber.

Man schneidet die Leber blättrig, läßt sie mit den Austern im Butter etwas anlaufen, gibt 1 oder 2 Löffel voll klein geriebene Semmelbröseln, klein geschnittene Limonienschalen, Limoniensaft und ein wenig Erbsenbrühe daran, und läßt sie etwas aufdünsten; gibt ein wenig Muskatblüthe dazu, und wenn sie angerichtet sind, lang geschnittene Limonienschalen darauf.

Dritte Gattung. Faſtengeflügel und Säugethiere.

664. Duck-Enten in ſchwarzer Sauce.

Dieſe werden gehörig vorbereitet, geſalzen, auf eine Zeit in Milch gelegt und dann rein ausgewaſchen. Darauf legt man ſie in ein Reindl, gibt Eſſig und Waſſer, Limonienſchalen, Zwiebel und Beizkräutel dazu, uud läßt ſie mürb dünſten; gibt dann in ein Reindl ein Stück Butter, läßt ihn zergehen, nimmt einen Löffel voll Mehl dazu und einen Löffel voll geriebene Bröſel von Hausbrot, welche aber von einer Rinde ſein müſſen; röſtet es ſo lange, bis es braun iſt, rührt es mit dem Sud von den Duck-Enten ab, und läßt Alles noch eine Weile dünſten.

665. Fiſchotter in der Sauce.

Man laſſe das vorgerichtete Fleiſch mit Wein, Eſſig, Kräutern, Lorbeerblättern, Gewürz, Limonienſchalen und Salz weich dünſten, röſte 3 oder 4 Löffel voll geriebenes ſchwarzes Brot in Butter, gebe auch 1 Löffel voll Mehl dazu, laſſe es bräunlich werden, rühre es mit dem Sud ſchön klar ab, ſiede es gut, gebe den Schlegel auf eine Schüſſel, und ſeihe die Sauce durch ein Sieb darüber.

666. Hauſenfleckeln.

Dazu werden die Fleckeln wie zu den Schinkenfleckeln gemacht und abgeſotten, dann in Butter etwas geröſtet; ſtatt des Schweinfleiſches aber ein Stück Hauſen geſotten und dünnblättrig geſchnitten. Darauf wird beides wie die Schinkenfleckeln eingelegt, Butter Semmelbröſeln und Rahm darüber gegeben und mit Unter- und Ueberglut gebacken.

667. Fleiſch-Meridon.

Man brate Rebhendeln, bereite aus 1 Pfund gebratenen kälbernen Schnitzeln eine Faſch, mache ein Eingerührtes von 4 Eiern, ſchneide es mit geweichter Semmelſchmollen und etwas Mark recht fein zuſammen, und gebe Salz und Muskatblüthe dazu; rühre ſodann die Faſch mit ½ Seidel Milchrahm ab, ſchmiere einen Melonmodel mit Butter, beſäe ihn mit Semmelbröſeln, belege ihn mit Speck, ſtreiche die halbe Faſch hinein, lege die gebratenen Rebhendeln darauf, dann die übrige Fasch und lasse das Ganze in der Tortenpfanne eine Viertelstunde backen.

668. Krebs-Meridon.

Von 30 im Petersiliewasser gekochten Krebsen löset man die Schweife und Scheeren aus, macht von dem Uebrigen ½ Pfund Krebsbutter, verrührt ihn, wenn er ausgekühlt, recht flaumig mit 4 ganzen Eiern und 6 Dottern, gibt 5 kleine abgeriebene, in Milch geweichte und wieder gut ausgedrückte Semmeln, nachdem man sie vorher klein gehackt, darein, schneidet die ausgelösten Schweife und Scheeren klein würflig, und gibt sie ebenfalls darunter. Nun bestreichet man eine flache Kasserole oder Form mit Krebsbutter, füttert selbe mit dem Teige aus, gibt weißes Ragout mit grünen Erbsen oder Spargel darein, füllt den Teig darauf, und backt ihn langsam in einer Röhre.

Er muß aus dem Ofen gleich auf die Tafel kommen.

669. Hühner-Meridon.

Man kocht eine alte Henne, von der man das Blut aufgehoben, recht weich, läßt abgerindete Semmel in Rahm anziehen, stößt diese mit dem Fleisch von der Henne zusammen, treibt es durch ein Sieb, und rührt 4 Eierdotter und etwas Salz mit dem Blut der Henne hinein. Dann schneidet man wieder ½ Semmel gewürfelt, befeuchtet sie mit Rahm, schneidet auch ½ Pfund frischen Speck gewürfelt, läßt ihn ein wenig zerschleichen, gibt die Semmel, etwas Majoran und das Blut dazu, und läßt es anlaufen.

Zuletzt mischt man beide Theile schichtenweise, und läßt das Ganze langsam backen.

Braten.

Vorbereitung.

Bei Behandlung der Braten ist Folgendes zu bemerken:
Die größeren Bratenstücke brauchen eine verhältnißmäßig größere Hitze und längere Zeit.

Das Feuer wird in einem halben Kreis herum gerichtet, die Flamme muß nur sparsam auflodern, die Glut aber um so stärker sein, die man immer mit Hilfe des Schürhakens in gleichem Grade der Hitze zu erhalten trachten muß.

Alles, was gebraten wird, es mag nun auf offenem Herde, oder in den Sparherdröhren geschehen, muß fleißig begossen werden, theils mit Fett, Schmalz oder Butter, oder mit einer eigens dazu verfertigten Marionade, das Wildpret mit seine Beize, und zuletzt auch mit Milchrahm.

Die jungen Wildpret=Gattungen, besonders das Geflügelwildpret, haben keine Beize nöthig, und werden gespickt, oder mit Speckplatten bedeckt, oder auch nur mit Fett oder Butter begossen, gebraten.

Was auf dem Spieße gebraten werden soll, muß man besonders gut anstecken und aufbinden, damit es beim Braten nicht rutscht.

Der dickere Theil muß immer an die Mitte des Feuers zu stehen kommen.

Kleinere Braten, wie Kapauner, Poularde, junge Hühner, Rebhühner, lämmerne Biegel, junge Hasen und die übrigen in kleineren Stücken gebratenen Fleischgattungen gebrauchen viel weniger Zeit, längstens $3/4$ Stunden, oder auch nur $1/2$ Stunde, um vollkommen ausgebraten zu sein. Sie fordern ein lebhaftes, nach und nach näher rückendes Feuer und fleißiges Begießen, dazu ist auch die richtige Beurtheilung nöthig, um den Moment bestimmt zu treffen, in welchem die Wirkung der Hitze nachlassen muß, damit das Bratstück gut, nicht zu trocken, und in seinem gehörigen Safte erhalten werde.

Schnepfen, Wachteln u. dgl. werden immer mit Speckplatten überbunden. Bei kleineren Vögeln wird der Speck mit Semmelscheiben an der Seite beigefügt, oder mit den kleinen Spießchen durchstochen. Diese Vögel werden sammt ihren Eingeweiden in einer Viertelstunde gäh gebraten.

Alles zum Braten Bestimmte soll jung, fett und mürb sein. Die zum Füllen geeigneten Braten, sowohl vom Geflügel als von andern Fleischstücken, wie da sind: Kalbs= oder lämmerne Brust, kleine junge Hühnchen, Tauben, werden erst behutsam untergriffen, dann mit der allgemeinen Bratenfülle gefüllt.

Diese Bratenfülle wird auf folgende Art verfertiget:

Man treibt einen Vierting Butter mit 4 Eidottern ab, schneidet eine Mundsemmel, nachdem ihre Rinde abgerieben worden, würflig, befeuchtet sie mit süßem Rahm, vermengt damit das Abgetriebene, gibt ein Büschchen fein geschnittene Petersilie, etwas Salz, Gewürz und Muskatnuß dazu, und zuletzt noch einen fest geschlagenen Schnee von 2 Eiklaren. Dies Alles wird gut durch einander gerührt.

Ist das Stück gefüllt, so näht man die Oeffnung fest zu, dressirt und bratet es. Die Fülle darf nicht zu weich sein, und muß einer Leber gleich geschnitten werden können.

670. Kalbsschlegel.

Dieser wird gewaschen, allenfalls ein paar Stunden in lauwarme Milch gelegt, eingesalzen, noch etwas liegen gelassen, und am Spieß oder in einer Röhre langsam gebraten. Ein großer Schlegel braucht 2 Stunden und darüber zum Garbraten. Man kann ihn nach Geschmack auch mit ausgelösten Sardellen und Rindermark spicken. Während des Bratens wird er mit Rahm und Butter, oder auch nur mit fetter Fleischsuppe begossen. Mit Sardellen gespickt muß er auch, wenigstens zuletzt, mit Sardellenbutter begossen werden.

671. Gebeizter Kalbsschlegel.

Man klopft den Schlegel, salzt ihn, reibt ihn mit gestoßenem Beizkräutel, klein geschnittenen Limonienschalen und Kranabetbeeren gut ein, läßt ihn 1 oder 2 Stunden in Salz stehen; macht eine Beiz darüber von Essig, Wein, Wasser und Zwiebelhäupel mit Gewürznelken besteckt, brennt den Schlegel damit ab, und läßt ihn 1 oder 2 Tage beizen; dann schneide man das Häutige davon weg, spickt ihn mit einer gesottenen geselchten Zunge schön durch, oder auch mit ein wenig groß geschnittenem Speck; bratet ihn, begießt ihn öfters mit Beiz und Rahm, und macht dazu eine Sauce aus einer lichten Einbrenn mit ausgelösten Sardellen, Kapri, etwas Rahm und Beiz, und gibt solche in einer Schale zu dem mit Kapri und Limonienschalen zierlich bestreuten Braten.

672. Nierenbraten.

Dieser wird ganz so wie der Schlegel behandelt. Er braucht aber nur die Hälfte der Zeit zum Braten, wird mit Butter und Fleischsuppe begossen, und erhält beim Anrichten auch etwas von dieser Brühe.

673. Gefüllte Kalbsbrust.

Die Brust wird gereiniget, eingesalzen, untergriffen, mit der oberwähnten allgemeinen Fülle gefüllt und gut zugespießt. Gebraten wird sie auf dieselbe Art, wie der Nierenbraten.

674. Kalbsschlegel mit Sardellen.

Wenn der Schlegel schön dressirt und eingesalzen ist, macht man mit einem dünnen Messer Löcher daein, und spickt ihn mit vier länglich geschnittenen Sardellen und 2 Zeherln Knoblauch, welcher so dünn wie möglich geschnitten wird, und läßt ihn dann eine Stunde liegen. Der Schlegel auf diese Art zugerichtet, muß bei anhaltender Hitze eine halbe Stunde länger wie gewöhnlich, unter fleißigem Begießen mit Butter, gebraten werden. Eine halbe Stunde vor dem Anrichten begießt man diesen noch mit sechs bis acht Löffelvoll Milchrahm, und gibt dann, nachdem der Schlegel gehörig auf die Schüssel geordnet ist, die Sauce darunter.

675. Schöpfenschlegel.

Dieser wird gut gehäutet, geklopft, mit Speck durchzogen, am Spieße mit Rahm begossen, so wie der Kalbsschlegel gebraten. Es ist jedoch darauf zu sehen, daß derselbe ja nicht austrockne, sondern schön saftig bleibe. Man kann den Rahm, welcher in die Bratpfanne getropft, in braune Sauce geben, sie etwas damit aufkochen lassen, und dann entweder über den Schlegel oder in eigener Schale dazu geben.

Will man den Schlegel sauer haben, so wird er vor dem Braten einmarinirt, und während dessen mit dieser Marionade begossen. Die abgelaufene Brühe wird mit einem Anrichtlöffel voll guter Schü vermengt, durch ein Haarsieb geseiht, und über den auf die Schüssel angerichteten Schlegel gegeben. Das Uebrige kann in einer Sauceschale beigegeben werden.

Man kann den Schöpfenschlögel, bevor er ganz ausgebraten ist, auch mit Sardellenbutter bestreichen, und beim Anrichten auch ein Stück Sardellenbutter unter denselben legen.

676. Lammsbraten mit Aepfeln.

Man klopft und salzt ein schönes Lammviertel, gibt Citronenschalen und ein Lorbeerblatt dazu, und bratet es mit nicht zu vieler Sauce. Ist solches schön braun und beinahe fertig, so legt man es heraus, gießt die Sauce ab, schält 25 Maschanzkeräpfel, thut sie in die Bratpfanne, gießt das Fett von der Sauce darüber, und legt den Braten darauf. Er muß so lange braten, bis die Aepfel weich sind.

677. Lammsschlägel mit Birnen.

Ein fetter gut geklopfter Lammschlegel wird eingesalzen, und mit Beigabe von Zwiebel und Citronenschalen schön gebraten. Indessen kocht man gute saftige Birnen in einer Kasserole braun ein; wenn nun der Braten weich ist, so nimmt man das Fett davon ab, thut zu der Sauce, welche nicht zu viel sein darf, die gekochten Birnen, legt den Braten darauf, betropft diesen mit Fett, bestreut ihn mit geriebenem schwarzen Brote, mit Lebkuchen gemischt, und läßt ihn braun werden.

678. Gefülltes Lammsbiegel.

Man schneidet etliche ausgelöste Sardellen würflig, dazu auch in Milch geweichte und ausgedrückte Semmel mit einem Zwiebelhäupel, grüner Petersilie und ein wenig Leber klein zusammen, gibt es in ein Töpfchen sammt den Sardellen; schlägt 3 Eier daran, gibt ein wenig Butter, 1 Löffel voll Rahm und Salz dazu, rührt es unter einander, füllt es in das Biegel, bratet dasselbe, begießt es öfters mit Sardellenbutter, und belegt es in der Schüssel mit Petersilienkräutel. Auch kann noch etwas Sardellenbutter beigegeben werden.

679. Lämmerner Hase.

Der Rücken sammt beiden Biegeln (der Hase) wird gehäutet, gewaschen, 2 Stunden in süße Milch gelegt, dann eingesalzen und gebraten. Inzwischen gibt man in eine Rein einen halben Vierting Butter und 2 Kochlöffel voll Mehl dazu, rührt es mit Rahm gut ab, setzt es auf die Glut, bis es etwas dicklich wird, wobei aber beständig gerührt werden muß; bestreiche dann damit den Hasen während dem Braten 4 oder 5 Mal bei starkem Feuer, damit der Hase resch bleibt. Ist selber gebraten, so wird er mit süßem Salat zur Tafel gegeben.

680. Die Lammsbrust

wird ganz auf dieselbe Weise wie die Kalbsbrust gefüllt, langsam gebraten, und mit guter Fleischsuppe und Butter begossen.

681. Schweinsrücken.

Man legt diesen gut gewaschen und gesalzen in eine Bratpfanne mit etwas Wasser, läßt ihn so lange in dem Ofen, bis die Haut anfängt spröde zu werden, schneidet sie dann der Länge und Quere nach klein fingertief würflig ein, und bratet ihn unter öfterem Umdrehen gar. Die Haut muß spröde und glasartig erscheinen, sonst hat der Braten kein schönes Ansehen. Man kann auch jedes andere Stück eines jungen Schweines (Brühlings), welchem sein dünner Speck gelassen wird, auf diese Art braten. — Die Haut wird immer gitterartig angeschnitten.

Ein abgezogener Schweinsrücken wird gut ausgewaschen, mit Salz und Kümmel bestreut, in eine Kasserole gelegt, und ein paar Löffel Fleischbrühe und eben so viel guter Weinessig darangegeben. Dann wird er gedünstet, bis er mürb ist: endlich gibt man auch oben Glut, daß er sich schön bräunt. Gar gebraten wird er auf eine Schüssel gelegt, das Fett abgeschöpft, und der Saft darüber gegossen.

682. Spanferkel (Spanfadel).

Das rein geputzte, ausgenommene und gewaschene Spanferkel wird von außen und innen stark mit Salz eingerieben, und der Bauch mit Semmel oder gekochten und geschälten Kartoffeln ausgefüllt. Dann bindet man es der Länge nach am Spieße fest, dressirt (speilt) die Füße auseinander, und bratet es schnell.

Wenn es schwitzt, wäscht man es mit einem Tuche ab, bestreicht es einigemal mit Speck, wäscht es endlich wiederholt mit Bier, und trocknet es immer wieder ab. Bilden sich Blasen auf der Haut, so müssen selbe sogleich wieder aufgestochen werden. Bratet man ein Spanferkel in der Röhre, so ist der Vorgang derselbe, d. h. man muß es auch dort schnell braten, dabei nicht umwenden, da der Rücken immer oben bleiben muß. Auch muß man das Braten zu einer solchen Zeit wählen, daß das Ferkel sogleich auf die Tafel gegeben werden kann, da es sonst einschrumpft.

Auch wenn es in der Röhre gebraten wird, muß man es einige Mal mit Speck bestreichen. — Wenn man gleich nach dem Braten ein Seidel kaltes Wasser über den Rücken schüttet, wird die Haut noch rescher.

683. Kapaun- oder Poulard-Braten.

Kapaunen oder Poularde sollen nach dem Abstechen wenigstens einige Tage abliegen. Nachdem das Stück sauber gerupft ist und die Gedärme herausgenommen sind, wird rückwärts am Halse ein Loch gemacht, der Kropf sammt der Schlundröhre herausgenommen, daß Brustbein eingedrückt und die untern Füße abgehauen. Nun wird es nach reinem Auswaschen gesalzen, und entweder mit fein gehackten Sardellen gut ausgerieben, oder grüne Petersilie hineingesteckt.

Hierauf werden die Schenkel hinaufgeschoben, und mittelst eines durchgesteckten Speiles befestigt; dann wird ein Spieß durchgezogen, der Braten am Halse und bei den Füßen mit Bindfäden fest gebunden, und anfangs bei gelindem, dann bei stärkerem Feuer, mit Butter begossen, gebraten. Die Flügel können abgehackt oder zurückgebogen werden.

Beim Anrichten wird der Speil herausgezogen, und der Braten nach abgelösten Bindfäden mit etwas frischem, oder einen Augenblick in heißer Butter oder Schmalz gebackenem grünen Petersilie geziert. — Statt der Sardellen kann man den Bauch auch mit Pfeffer und Salz einreiben, und vor dem Zunähen desselben Citronenscheiben mit Petersilie hineingeben.

684. Gebratener Indian.

Dazu wählt man ein halb ausgewachsenes Stück.

14

Der Indian wird gleich einem Kapaun gesengt, aufge=
macht, gesalzen, an den Spieß gesteckt und während des
Bratens mit Butter begossen. Doch fordert derselbe anfangs
weniger Hitze, weil er gewöhnlich um mehr als die Hälfte
größer als ein Kapaun ist, und daher viel längere Zeit zum
Garbraten braucht. Man kann denselben auch mit Papier,
welches mit Butter bestrichen wird, überbinden, dieses erst
$\frac{1}{2}$ Stunde vor dem Anrichten wegnehmen, und helleres Feuer
geben, damit er eine schöne gelbbraune Farbe bekommt.

Gewöhnlich wird der Kropf des Indians gefüllt. Zu
diesem Behufe schneidet man die Kropfhaut rückwärts über
dem Halse auf, und nachdem man den Kropf aufgelöset,
schneidet man auch die Kropfhaut bei den Roßhaarbüschen
ab, löset sodann den Hals selbst zwischen den Flügeln ab,
und fasset von da die Haut in großen Stichen rund herum
mit Bindfäden ein. Die übrige Dressur ist wie bei dem ge=
bratenen Kapaune.

Als Fülle dient entweder die allgemeine, oder die fol=
gende Fülle;

Mit 3 Eiern wird ein Stück flaumig abgetriebener But=
ter gut verrührt; dann werden 2 kleine in Milch geweichte
und wieder gut ausgedrückte Semmeln, nebst $\frac{1}{4}$ Pfund Ro=
sinen, eben so vielen Weinbeeren und in Streifchen geschnit=
tenen Mandeln darein gegeben, wohl damit verrührt, die
Kropfhaut eines auf die obige Art hergerichteten Indians
damit gefüllt, mit Bindfaden wohl zugebunden, und derselbe
dann noch etwas langsamer als jener ohne Fülle gebraten.
Man nimmt auch statt den Rosinen, Weinbeeren, Mandeln
und gebratene Kastanien, dann müssen jedoch 6 Loth klein
würflig geschnittenes Mark beigesetzt werden, weil sonst die
Fülle zu trocken sein würde. Zuletzt wird der Bindfaden
ausgezogen und der Indian mit etwas braunen Saft heiß
aufgetragen.

685. Gebratene Hendeln (Hühner).

Die Hendeln werden, wenn sie 6 bis 10 Wochen alt
und fett sind, mit heißem Wasser geputzt, auswendig mit
Salz, inwendig mit Pfeffer und Salz eingerieben und etwas
liegen gelassen. Hierauf gibt man in das Innere des Hen=
dels ein Stück Butter, etwas Petersiliekraut und eine Scheibe

Citrone, steckt es an den Spieß, und bratet es unter beständigem Begießen mit zerlassener Butter gelb und saftig.

Man kann die fertigen Hendeln auch noch einmal mit heißem Butter begießen, sie mit Semmelbröseln bestreuen, diese auf starker Glut schnell Farbe nehmen lassen, und dann den Braten mit grüner Petersilie garnirt auf den Tisch geben.

Dieselbe Behandlung hat Statt, wenn sie im Rohr gebraten werden.

Man pflegt sie auch mit einer gewöhnlichen Fülle zu füllen.

Am besten ist es, wenn man in Milch geweichte und wieder gut ausgedrückte Semmel mit Butter, in welchem man fein geschnittenen grünen Petersilie anlaufen läßt, begießt, ein paar Eier daran schlägt, mit Salz und Safran würzt, und mittelst einer Spritze in die vom Halse aus wohl untergriffenen Hühner füllt, diese dann zugebunden, und gleich den gebratenen dressirt (doch darf kein Speil durchgesteckt werden) an einen Spieß steckt, und mit Butter begossen bratet. Die Flügelchen werden bei dieser, wie bei jeder andern Gattung, ausgebogen, und Leber und Magen dazwischen gesteckt. Man nimmt zu diesem Gebrauche gewöhnlich ganz junge, 6 bis 8 Wochen alte Hühnchen, sollten sie jedoch älter sein, so müssen sie wenigstens einen Tag vorher abgestochen und trocken gerupft werden, indem sie sonst nicht mürb genug sind.

686. Gebratene Tauben.

Dazu müssen junge Tauben gewählt werden.

Nachdem sie gerupft und überhaupt auf die nämliche Weise, wie die jungen Hendeln zugerichtet worden, werden sie mit nudelförmig geschnittenem Speck zierlich gespickt an Spießchen gesteckt, mit Bindfaden befestigt, und bei hellem Feuer mit Rahm, Butter und guter Fleischbrühe begossen, oder auch in der Pfanne gebraten.

Auch gefüllt werden sie auf dieselbe Art, wie die Hendeln, nur nicht so fest, weil die Haut leicht aufspringt.

687. Enten- oder Gans-Braten.

Dazu dürfen keine alten Stücke gewählt werden.

14*

Die zum Braten vorgerichtete Gans oder Ente reibt man von innen und außen mit Salz, Pfeffer, Majoran und etlichen zerdrückten Wachholderbeeren tüchtig ein, und bringt sie in einer niedern Rein in die Bratröhre. Während des Bratens muß man das Fett immerwährend abschöpfen, wodurch die Gans oder Ente rascher und schöner sich bratet. Wenn man sie aufträgt, so muß die Brust aufwärts stehen. Die Sauce wird immer darunter gegeben. Man kann den Bauch auch mit gebratenen Kastanien oder mit Erdäpfeln ausfüllen und dann die tranchirten Stücke damit garniren.

688. Gans-Braten mit Kitten.

Während die Gans bratet, schält man Kitten, schneidet sie in 8 Theile, wendet solche im Mehl um, und backt sie im heißen Schmalze schön braun. Dann legt man die gebratene Gans in eine Bratpfanne, gießt etwas Wein und Wasser hinzu, würzt es mit Zimmt, Nelken, Citronenschalen und Zucker, thut die gebackenen Kitten dazu, läßt das Ganze aufkochen, und gibt den Braten zierlich auf die Tafel.

689. Hühner mit Majonaise und Aspik
für 12 bis 14 Personen.

6 junge Hühner werden, nachdem sie rein ausgewaschen sind, mit einer dünnen Schnur umbunden (dressirt) nebst Wurzelwerk in eine Kasserole gegeben und mit weißer Suppe übergossen, auch etwas Citronensaft und Salz dazu gegeben, damit sie weiß bleiben und weich gedünstet. Sodann läßt man sie auskühlen, schneidet sie in schöne Stücke und richtet diese auf einer runden Schüssel in Piramidenform auf. Leber und Magen, blättrig geschnitten, gibt man gleichfalls dazu. Den von den Hühnern zurückgebliebenen Saft stellt man ins Eis und verwendet ihn zur

690. Majonaise.

3 Eierdotter und 1 Messerspitze voll Salz werden in einem kleinen Weidling flaumig abgerührt, nach einer Minute gibt man 6 Tropfen gutes Tafelöl, wieder nach einer Minute 6 Tropfen Weinessig dazu, und wiederholt genau in den angegebenen Zwischenräumen die Tour, bis ¼ Pf. Oehl in die Masse ist und stellt diese ins Eis. Dann gibt

man den einstweilen kalt gewordenen Hühnersaft, auch etwas Muskatnuß darunter, stellt die Majonaise wieder auf das Eis, bis sie fest wird. Mittelst eines Löffels übergießt man dann die bereits angerichteten Hühner mit der Majonaise, dekorirt sie geschmackvoll mit Aspik und gibt sie schnell zur Tafel.

Wildbraten.

691. Hirschziemer.

Dieser muß weiß und gut abgelegen sein. Das Schluß-bein wird davon abgehackt. Man kocht ihn, gut eingesalzen, zuerst gewöhnlich in Wasser mit etwas Essig, Lorbeerblättern, ganzem Pfeffer und Zwiebeln, die mit Gewürznelken besteckt sind, bis er weich ist.

Während dieser Zeit reibt man schwarzes und weißes Brot unter einander auf, mischt Zucker, gestoßenen Zimmt und fein geschnittene Citronenschalen darunter, nimmt den Ziemer heiß aus der Brühe, legt ihn in eine Bratpfanne, zieht die dünne Haut ab, bestreicht ihn mit zerquirlten Eiern und drückt dann das aufgeriebene Brot so fest und dick, als es hält, auf die obere Seite des Ziemers, bestreicht es wie-der mit Eiern, gieße ein wenig von der Ziemerbrühe darunter, und stellt dann das Wildpret so lange in den Backofen, bis es schön gelb wird.

Zu diesem Gerichte pflegt man auch eine süße Sauce zu geben.

692. Hirschziemer,
für 14 Personen.

Das Bein des Hirschziemers wird ausgelöst und das Wildpret in rothem Wein zur Hälfte mit Wasser verdünnt und mit Wurzelwerk gesotten, dann röstet man in ¼ Pfund Butter 1 Seidel Semmelbrösel, gibt 2 Eierdotter und etwas Zucker dazu und vermengt Alles gut unter einander.

Ist der Hirschziemer weich gesotten, so nimmt man ihn aus dem Wein, tranchirt ihn nach Portionen und bestreicht

ihn oben mit den gerösteten Semmelbröseln. Der Hirschzie=
mer wird heiß und gewöhnlich mit einer Ribiselsalse servirt.

693. Ribisel-Salse.

Ein Viertelpfund Ribisel werden in Zucker und ¼ Sei=
del des Weinabsudes gut abgekocht und dann in einer Sau=
ciere zum Braten servirt.

694. Rehziemer (Schlegel).

Dieser wird entweder ganz auf Art des Hirschziemers
bereitet, oder auch einfach in der Röhre gebraten, öfter be=
gossen und umgedreht. Man gibt gewöhnlich Kapernsauce
dazu. Der Rehziemer wird auch häufig gespickt, und wenn
er gebraten ist, mit einer Rahmsauce begossen.

695. Rehrücken.

Der Rehrücken wird wie der Schlegel vorbereitet, und,
wenn man will, eingebeizt; dann zieht man ihm die Haut
ab, klopft das Fleisch von den Rippen ein wenig zurück, spickt
den Rücken gut mit Speck, überwindet ihn mit Papier, bratet
ihn recht langsam, und begießt ihn einigemal mit Beize und
Rahm. In der Schüssel wird er mit Limonienschalen und
Kapern geziert.

696. Jungfernbratel vom Hirsch.

Von einem mehr jungen Hirsch darf der Jungfernbraten
nur ein paar Stunden in der Beize liegen, damit es von
dem Essig den Geruch bekommt, dann spickt man es recht
zierlich mit Speck, bratet es schön langsam, und begießt es
öfters mit Rahm und Beize; wenn es gut ausgebraten ist,
macht man von der Beize eine Kapernsauce, richtet das gebra=
tene Fleisch in eine Schüssel, gießt ein wenig von dem herab=
geschöpften Saft darüber, ziert es mit Limonienschalen und
Kapern, und gibt die Sauce in einer Schale dazu.

697. Gebratener Hase.

Ein junger Hase braucht nicht gebeizt zu werden; bei
einem alten aber ist es nothwendig. Er wird rein hergerich=
tet, gehäutet, gewaschen, und der Rücken unter der dritten
Rippe abgehackt. Den so hergerichteten Braten spickt man

mit länglich geschnittenen Speckstückchen salzt und begießt ihn mehrmals mit heißem Essig. Hierauf legt man ihn in eine flache Bratpfanne, gibt dazu Essig, Fett und Zwiebeln, und bratet ihn langsam in der Röhre. Wenn er auf den Tisch getragen wird, beträufelt man ihn entweder blos mit saurem Rahm oder Essig, oder mit einer Rahmsauce und Kapern.

Man pflegt den gebratenen Hasen auch mit Citronen-scheiben und Kapern zu belegen, und die Brühe in der Schale dazu zu geben.

698. Gemsschlegel.

Rein gehäutet und gespickt wird derselbe mit kochenden saurer Brühe, welche von Essig, Wein und Wasser zu glei-chen Theilen bereitet wird, begossen, Zwiebel, Thimian, Lorbeerblätter und Gewürznelken darein gegeben, und so 4 bis 5 Tage stehen gelassen — übrigens ganz wie ein Reh-ziemer (Schlegel) behandelt.

699. Gebratener Auerhahn.

Dieser wird, wenn er noch ganz jung ist, blos recht fein mit Speck gespickt, oder in denselben eingebunden, und einem Fasanne gleich gebraten. Ist er jedoch älter, so wird er gleich dem Hasen mit saurer Brühe begossen, worin er 2 bis 3, auch wenn er zähe sein sollte, wohl 8 Tage liegen bleibt. Die übrige Behandlung ist wie beim Hasen.

Eben so wird der Birkhahn und der Schildhahn zuge-richtet. Man pflegt bei diesen dieselbe Brühe zu machen, wie beim Gemsschlegel.

700. Gebratener Fasan.

Den gehörig zubereiteten Fasan wäscht man mit Wein aus, reibt ihn in- und auswendig mit Salz, Nelken und ein wenig Pfeffer ein, und steckt in die Oeffnung ein paar Ci-tronenscheiben; bindet die Brust zuvor mit Speckscheiben, und dann den ganzen Fasan in einen mit Butter bestriche-nen Papierbogen ein, und bratet ihn am Spieße oder in der Rein, indem man ihn abwechselnd mit Butter und Citronen-saft besprengt.

Zuletzt wird das Papier entfernt, der Speck aber auf der Brust gelassen, und die Sauce durch ein Sieb darüber gegeben. Bevor man den Fasan auf den Tisch gibt, nimmt man den ungerupften Kopf, der deßhalb stets aufbewahrt wurde, steckt ihn an ein Hölzchen, und paßt ihn an den gebratenen Fasan an. Das Ganze wird mit Citronen garnirt.

701. Gebratene Haselhühner.

Bei den gerupften, aufgemachten und gut ausgewasche= nen Haselhühnern wird die Brusthaut los gelöst, und eine Scheibe Speck dazwischen gesteckt, dann werden sie gespickt, und fleißig mit Butter begossen, gebraten. Nun lasse man einige Austern, Citronensaft, etwas Muskatblüthe, Citronen= schalen, und, wenn man sie haben kann, einige Trüffeln in einer Kasserole mit einem Stück Butter wohl dünsten, und lege die gar gebratenen Hühner auf die Schüssel, um sie mit der Sauce zu begießen.

Sie können auch gespickt, wie die Hasen gebeizt, und mit Rahm und Butter begossen, gebraten werden.

702. Schnepfen und Rebhühner

werden gerupft, aufgemacht, gewaschen, mit Speck gespickt, und übrigens wie die Hendeln oder Kapaunen gebraten. — Die Schnepfen werden geschwinder gar.

703. Gebratene Wildtauben.

Nachdem man die Tauben rein geputzt, gewaschen, ein= gesalzen, eine Beize von Essig, Wein, Zwiebel, Knoblauch, Lorbeerblättern und Limonienschalen darüber gemacht, läßt man solche, besonders wenn sie alt sind, 4 oder 5 Tage in der Beize liegen, spickt sie dann mit Speck oder Knoblauch, bratet sie langsam, und begießt sie öfters mit Beize und Rahm; gibt dann in ein Reindl ein Stück Butter, ein wenig klein geschnittene Zwiebel, einige geschnittene Sardellen, ein wenig fein geriebenes Kuttelkraut und Basilikum, läßt es gut anlaufen, säet 1 oder 2 Löffel voll Mehl daran, läßt es noch ein wenig rösten, gießt so viel von der Beize dazu, daß die Sauce in der Dicke recht wird, gibt das Herabgetropfte von den Tauben dazu, wie auch ein wenig Rahm, und läßt es gut aufsieden.

Gut ausgebraten, werden die Tauben in die Schüssel und die Sauce darüber gegeben.

Faſten-Braten.

704. Gebratener Karpfe.

Nachdem der Fiſch geſchuppt und gewaſchen worden, ſchneidet man ihn oben am Rücken ſo auf, daß der Bauch beiſammen bleibt. Hierauf ſondert man die Galle von dem Eingeweide ab beſtreuet den Fiſch außen mit Salz, und legt ihn ausgebreitet ſo in die Bratpfanne, daß der innere Theil über ſich, der äußere aber auf den Boden der Pfanne zu lie= gen kommt. Nun beſtreut man den Karpfen auch von dieſer Seite mit Salz und Pfeffer, und gibt etliche kleine, zerſchnit= tene und geſchälte Zwiebeln dazu.

Man kann von dem am Rücken geöffneten Karpfen auch das Fleiſch auslöſen, von den Gräten befreien, mit den ge= reinigten Eingeweiden zuſammenhacken, dann mit einer belie= bigen Fülle miſchen, dieſe in die Haut einnähen, und auf dieſe Art mit Parmeſankäs beſtreut backen. Vor dem Anrichten zieht man die Fäden aus, und gibt den Fiſch mit einer Sauce zu Tiſche.

705. Gebratener Hecht.

Eine mit Butter beſtrichene Bratpfanne wird mit in Scheiben geſchnittenenen Zwiebeln belegt, und ein abgeſchupp= ter, aufgemachter, gewaſchener, mit Salz beſtäubter, und mit Sardellen geſpickter Hecht darauf gelegt. Nun werden Sar= dellen klein gehackt, mit Butter vermiſcht, und der Fiſch da= mit belegt, in eine Röhre geſtellt und langſam gebraten. Von Zeit zu Zeit wird friſche Sardellenbutter nachgegeben.

Wenn der Fiſch gargebraten iſt, wird gar behutſam auf eine Schüſſel gehoben, mit in Streifen geſchnittenen Citronen= ſchalen geziert, und mit klarer Sardellenſauce aufgetragen.

706. Gebratener Hauſen.

Dieſer wird, mit Salz beſtäubt, etwas liegen gelaſſen, dann abgetrocknet, mit Butter beſtrichen, und auf dem Roſte über friſcher Glut langſam gebraten. Er wird mit Semmel= bröſeln beſtreut, mit heißem Butter begoſſen und mit halben Citronen aufgetiſcht.

707. Gebratene Barben.

Nachdem diese geschuppt, ausgenommen und gewaschen worden, macht man auf beiden Seiten kleine Schnittchen der Quere nach darein, bestreut sie mit Salz, kehrt sie in zerlassener Butter um, und brätet sie auf dem Roste.

Nun läßt man ein Stückchen Butter in einer Kasserole heiß werden, gibt etwas Mehl, und wenn dasselbe braun ist, 2 klein gehackte Sardellen, eben solche Zwiebeln und Citronenschalen, Pfeffer und Muskatnuß dazu. Nachdem es etwas angelaufen, gibt man einen Schöpflöffel voll Wasser und etwas Weinessig dazu, läßt es aufkochen, und gibt diese Sauce über die Fische.

708. Bratfische.

Schöne große Weißfische werden rein geschuppt, ausgenommen, auf beiden Seiten einigemal nicht zu tief eingeschnitten, gesalzen und gut mit Mehl bestäubt. Dann wird in einer Bratpfanne Butter heiß gemacht, die Fische kommen darein, werden schön braun gebraten, auf eine Schüssel gegeben und auskühlen gelassen. Nun werden Schalotten, Zwiebeln, Kapern und blattweise geschnittene gelbe Rüben dazu gelegt, auch ganzes Neugewürz, Gewürznelken und Pfeffer darauf gestreut, und zuletzt guter Weinessig mit Öl darüber gegeben.

709. Judenbraten.

Man schneidet das ausgelöste Fleisch von 2 Pfund Karpfen klein zusammen, macht von 4 Eiern ein Eingerührtes, weicht eine kleine Semmel in der Milch, drückt sie aus und schneidet beides unter das Fleisch; treibt dann anderthalb Vierting Butter flaumig ab, schlägt 4 Eier daran, und gibt noch 3 Löffel voll Rahm dazu; rührt das Fleisch darunter, gibt von einer halben Limonie klein geschnittene Schalen, etwas Petersiliekraut, klein geschnittene Schalotten oder Zwiebel, Salz und etwas Pfeffer dazu, rührt es gut unter einander, besäet ein Schneidebrett mit Semmelbröseln, gibt das Abgerührte darauf, formirt einen Hasenrücken, bringt ihn auf ein mit Butter bestrichenes Papier, belegt denselben mit länglich geschnittenen Sardellen, begießt ihn mit Butter und etwas Rahm, gibt oben auch Papier, und läßt den Braten in einer Pfanne langsam im Rohr braten, nehme dann das Papier weg, und bringe ihn mit Sardellen- oder Kapernsauce auf die Tafel.

710. Gebratene Rohrhühner.

Die Rohrhühner werden enthäutet, eine Stunde im Wasser und wenigstens einen Tag in saurer Brühe, wie sie beim Hasen angegeben worden, liegen gelassen. Dann bratet man sie unter öfterem Begießen mit Rahm, Suppe und Beize, gibt sie in eine Schüssel, und die Sauce darüber.

711. Gebratene Duck-Enten.

Man rupft, sengt, spickt und bratet sie im Saft wie die Tauben. Beim Braten darf man sie blos mit Butter begießen.

712. Biberbraten.

Man wählt dazu den Schlegel. Er muß 6 Tage in einer guten Beize oder Marionade liegen, gut gesalzen, und mehrmalen umgewendet und geschwert werden. Nach Verlauf dieser Zeit bindet man den Schlegel auf den Spieß, oder gibt ihn in eine Bratpfanne für das Rohr, bestreicht ihn mit Butter, bratet ihn unter öfterem Begießen mit der Beize oder Marionade, und gibt diese zuletzt über den ange- richteten Braten.

Salat.
Süßer Salat.
713. Gefüllte Aepfel.

Man schält die Aepfel (vorzüglich Maschanzger oder Tafet- äpfel) fein, schneidet oben eine Platte herab, sticht das Gehäuse (den Botzen) heraus, füllt Weichsel, Ribiseln u. dgl. mit Zucker, oder sonst ein Eingesottenes hinein, setzt die Platte wieder darauf, und dünstet die Aepfel mit Wein und Zucker.

Die gefüllten Aepfel kann man auch mit Eiweiß be=
streichen, mit Semmelbröseln bestreuen, und aus Schmalz
backen.

714. Gesulzte Maschanzker.

Man läßt die geschälten Aepfel mit Wein, Wasser,
einem Stückchen Zimmt, Citronenschalen und Zucker weich
dünsten, legt sie dann heraus, besteckt sie mit in Streifen
geschnittenen Mandeln, läßt den Saft mit mehrerem Zucker
noch eine gute Viertelstunde kochen, seihet ihn dann durch
ein feines Haarsieb über die Aepfel, und läßt sie an einem
kühlen Orte sulzen. Auch die gefüllten Aepfel können auf
diese Art gesulzt werden.

715. Aepfelkompot.

Man schält mehrere Aepfel, sticht unten das Gehäuse
heraus, doch so, daß der Stängel noch am Apfel bleibt,
und dünstet sie mit Wein, Zucker, Citronenschalen, Zimmt
und Rosinen in einer Kasserole. Sind sie weich, so richtet
man selbe auf die Schüssel, bedeckt sie mit länglich geschnit=
tenen Mandeln, gießt die Sauce darüber, und läßt sie kalt
werden.

716. Aepfelmus.

Man schält und schneidet die Aepfel, beseitigt das Ge=
häuse, dünstet sie mit Wasser und Wein weich, rührt selbe
mit dem Kochlöffel klein, thut am Zucker abgeriebene Citro=
nenschalen und kleine Rosinen dazu, läßt dieses damit aufko=
chen, bis es steif wird, gibt es auf die Schüssel und streuet
Zimmt darüber.

717. Aepfelmarmelade.

Diese ist nichts anders als ein Aepfelmus mit viel
Zucker eingekocht, und durch ein Sieb getrieben. Man kann
auch aus Birnen, Zwetschken, Marillen u. s. w. Marmelade
machen.

718. Birnenkompot.

Man sticht das Kernhaus von den geschälten Birnen
heraus, so daß der Stängel daran bleibt, steckt in jede eine

Gewürznelke, legt sie in die Kasserole, thut ein Stück Zucker, Zimmt, zwei Theile Wein und einen Theil Wasser hinzu, daß die Brühe über die Birnen geht, und läßt diese so lange kochen, bis sie weich sind. Hierauf legt man die Birnen in eine Kompotschale, bestreut sie mit klein geschnittenen Citronenschalen und Zucker, kocht die Brühe noch mehr ein, und gibt sie zuletzt darüber.

719. Gedünstete Birnen.

Man läßt in einer Kasserole 1 Eßlöffel voll Zucker mit etwas Butter lichtbraun werden, gibt dann gute geschälte Birnen hinein, und läßt sie so lange rösten, bis sie schön dunkelbraun sind. Dann schüttet man ein wenig Wein und Wasser daran, thut 3 oder 4 gestoßene Gewürznelken mit etwas gestoßenem Zimmt und länglich geschnittenen Limonienschalen dazu, läßt sie schön weich dünsten, richtet sie dann auf eine Schüssel, schüttet den Saft darüber und gibt sie auf den Tisch.

720. Kittenkompot.

Man schneidet die geschälten Kitten, befreit sie von ihren steinigen Bestandtheilen, überkocht selbe ein paar Mal mit siedendem Wasser, macht dann in einer Kasserole rothen Wein mit Zucker, ganzen Zimmt und Nelken siedend, legt die abgelaufenen Kitten darein, und kocht sie zugedeckt, bis sie weich sind. Dann legt man sie zuerst auf eine Platte, bis sie abgelaufen sind, und darauf in die dazu bestimmte Anrichtschüssel; kocht die zurückgebliebene Sauce kurz ein, und gibt diese durch ein Sieb über die Kitten.

Die ganze Arbeit dürfte über 2 Stunden dauern.

721. Windische Powideln.

Gib entkernte schöne reife Zwetschken in große Töpfe auf eine heiße Platte und lasse sie zerkochen; wenn sie zerkocht sind, seihe den Saft durch einen Durchschlag in eine große Kasserole; das Uebrige gib wieder in die Töpfe, fülle sie hierauf mit frischen Zwetschken und laß es kochen, rühre es aber öfters um, so auch den Saft. Dieses kann, während Du das Mittagsmahl bereitest, auf der Platte geschehen; Nachmittags kann man es, damit nicht deßhalb Holz verbrennt und die Zeit in der Küche verloren geht, auskühlen

laſſen, und erſt den zweiten Tag das Einſieden vollenden.
Wenn der Saft ſchon dicklich zu werden beginnt, ſo gib etwa
auf 2 Maß Saft eines Handvoll geſtoßenen Zuckers dazu,
rühre beſtändig, daß es nicht verbrennt, und laß es recht dick
einſieden; hierauf laß den Saft ein wenig auskühlen, und
übergieße ihn in einem Geſchirre mit Schmalz. Die andern
Powideln laß auch unter beſtändigem Rühren ſo viel als mög=
lich dick einſieden, fülle ſie ebenfalls in ein Geſchirr, übergieße
ſie, wenn ſie ganz kalt geworden, ebenfalls mit Schmalz,
und bewahre ſie wie den Saft.

722. Marillenkompot.

Die Marillen werden mit ſiedendem Waſſer begoſſen,
gehäutet und entkernet. Dann läutert man Zucker mit Wein,
legt, wenn er rein verſchäumt hat, die Marillen (Aprikoſen)
darein, überkocht und bringt ſie auf eine Schüſſel; drückt
alsdann in den Zucker den Saft einer halben Citrone, läßt
ſolchen dick einkochen, und gibt ihn über das Kompot. Man
kann auch die Kerne öffnen, ſchälen, und länglich geſchnitten
darüber ſtreuen.

723. Kirſchenkompot.

Man ſchneidet von den Kirſchen die halben Stängel ab,
ſetzt ſie mit etwas Wein, Zucker, Zimmt und Citronenſchalen
zum Feuer, und läßt ſie nur ein einziges Mal aufwallen.
Nun thut man ſelbe in einen Durchſchlag, damit ſie rein
abtropfen, kocht die Sauce ſo lange ein, bis ſie dicklicht
wird, und gießt ſie nachher über die Kirſchen.

724. Weichſelkompot.

Die Weichſeln richtet man auf dieſelbe Art vor, wie
die Kirſchen. Die Kerne können allenfalls mit einem Feder=
kiel ausgelöſt werden. Dann ſetzt man ſie mit geſtoſſenem
Zucker, Zimmt und klein geſchnittenen Citronenſchalen auf
Kohlen, laßt ſie ſo in ihrer eigenen Sauce einkochen, richtet
ſie auf eine Schüſſel an, und gibt ſie kalt zu Tiſche.
Das Gericht kann auch mit fingerbreiten Stückchen ge=
röſteter Semmel belegt und mit länglich geſchnittenen Piſta=
zien beſtreut werden.

725. Limonienſalat.

Man nimmt von etlichen Limonien die gelbe Schale
ab, ſchneidet das Innere in dünne Scheiben, legt ſie auf
einen Teller, und beſtreut ſie dick mit Zucker; dann ſchneidet man die zuerſt abgeſchnittene gelbe Schale in fingerlange
und ſehr ſchmale Streifen, zerläßt ein Stück Zucker, gibt die
Limonienſchalen hinein, läßt ſie eine Viertelſtunde darin kochen, nimmt ſie darauf heraus, legt ſie auf den Limonien-
ſcheiben herum, und ſervirt den Salat zu gebratenem Geflügel.

726. Pomeranzenſalat.

Man ſchneidet mittelgroße Pomeranzen blattweiſe, legt
ſie zierlich auf eine Schüſſel, gibt auf jedes Blättchen einen
halben Kaffeelöffel voll mit Zucker eingekochte Ribiſeln oder
eine eingelegte Kirſche, beſtreut ſie recht gut mit Zucker, und
gibt guten Wein darüber.

727. Grüner (roher) Salat.

Dieſer wird faſt immer mit Oel und Eſſig, dem manchmal auch etwas Pfeffer beigefügt werden kann, abgemacht,
ſeltener mit heißer Butter oder halbzerlaſſenem gewürfelten
Speck abgebrüht.

Beim Ausklauben und Waſchen der Blätter muß beſonders vorſichtig und genau zu Werke gegangen werden,
weil ſich gewöhnlich viel Staub, Unreinigkeiten, ja oft Wür-
mer und Inſekten darin befinden.

Nach wiederholten Waſchen ſchlägt man ihn gut aus
oder läßt ihn zwiſchen zwei Schüſſeln ausſinken.

728. Häupel- (Kopf-) Salat.

Die Häupel werden von den groben Blättern befreit,
in vier Theile geſchnitten gut ausgewaſchen und ausgeſchlun-
gen. Man gibt dann, wenn der Salat geſalzen worden, gutes
Oel darauf, und miſcht es etwas unter, dann ſcharfen Eſſig,
und miſcht ihn vollſtändig ab, um ihn gleich auf die Tafel
zu geben. Manche miſchen auch gleiche Menge Eſſig und Oel
mit dem nöthigen Salz in einer Flaſche, und geben das Ge-
miſch auf den Salat. Man pflegt ihn gewöhnlich mit ausgelöſten harten, in 8 Theile zerſchnittenen Eiern zu belegen.

729. Endivienſalat.

Dieſer wird gereiniget, abgeſchnitten und einige Zeit im
Waſſer liegen gelaſſen, damit ſich das Bittere mehr verliere.
Uebrigens wird er auf dieſelbe Art bereitet, wie der Häupel=
ſalat, und gewöhnlich gepfeffert.

730. Bund-, gekraußter Salat, Brunnkreſe,

ſo wie alle übrigen Arten von grünen Salat werden auf die
nämliche Art bereitet. Der Brunnkreßſalat darf erſt abge=
macht werden, unmittelbar bevor er aufgetragen wird. Ueber=
haupt darf kein Salat abgemacht lange ſtehen.

731. Krautſalat.

Man ſchneidet das Kraut recht fein, ſalzt es und drückt
es feſt an. Wenn es eine Stunde geſtanden hat, drückt man
es feſt aus, zupft es auseinander, und macht es mit Eſſig,
Oel, Pfeffer und etwas Kümmel an. Will man den Kraut=
ſalat warm, ſo wird er auch auf die nämliche Art ausge=
brückt; man nimmt Speck, ſchneidet ihn würflig, läßt ihn
in einem Pfandel gelb werden, gibt ein wenig von dem aus
gedrückten Salat hinein, damit er nicht ſo ſehr ſpritze, gießt,
wenn er erkaltet iſt, den nöthigen Eſſig daran, läßt es mit
dieſem ſiedend werden, ſchüttet es über den Salat, macht ihn
recht durch einander, und gibt ihn warm auf den Tiſch.

Auf die nämliche Art kann auch anderer grüner Salat
abgemacht werden.

732. Gurkenſalat.

Die geſchälten Gurken werden in feine Blättchen ge=
ſchnitten, geſalzen, eine halbe Stunde im Salze gelaſſen,
dann das Waſſer abgeſeiht, dieſelben mit Eſſig und Oel be=
goſſen, und mit Pfeffer beſtreut. Noch ſchmackhafter ſind ſie,
wenn man ſie friſch geſchnitten gleich ſalzt, und mit Oel und
Eſſig abmacht.

733. Kartoffelſalat.

Weich geſottene und geſchälte, nicht ſehr mehlige Kar=
toffeln ſchneidet man in dünne Scheiben, gibt fein geſchnittene
Zwiebeln, Salz und Pfeffer hinzu, macht ſie mit Eſſig und

Oel unter einander, läßt sie eine Viertelstunde stehen, und gibt den Salat auf den Tisch.

Auf dieselbe Weise werden gekochte Fisolen, Erbsen, Linsen, Karviol, Spargel, Sellerie u. s. w. als Salat zubereitet.

Der Karviol muß vor dem Abmachen etwas in kaltes Wasser gelegt werden. Man legt ihn, so wie auch den Spargel zierlich in die Schüssel, gießt Oel und Essig darüber und wieder ab, so lange, bis sich alles hinreichend gemischt hat.

Der Sellerie darf nicht zu weich gekocht sein; man pflegt ihn auch mit etwas Kräutel zu verzieren.

734. Rother Rüben-Salat.

Die gekochten rothen Rüben werden schichtenweise mit geschabtem Kren, mit Salz und etwas Pfeffer bestreut, in ein Gefäß eingelegt, blos mit Essig ohne Oel begossen, und nach und nach als Salat verbraucht.

735. Kartoffelsalat mit Sardellen.

Man legt die in Scheiben geschnittenen gekochten Kartoffeln in eine Schüssel; dann schält man ein hart gesottenes Ei, schneidet unten eine Scheibe davon ab, und setzt es in die Mitte der Kartoffeln. Hierauf hackt man folgende Sachen, jede besonders recht klein: Ein hart gesottenes Ei, dann Sardellen, rothe Rüben, Zwiebeln, Brunnenkresse und Kapern, vermischt jedes mit Salz, Pfeffer, Oel und Essig und bildet daraus Kränze um das Ei herum von abwechselnden Farben. Was von Essig und Oel übergeblieben, gibt man zuletzt über das Ganze.

736. Häring- oder Sardellensalat.

Man legt die Häringe oder Sardellen etwas in Wasser, häutet sie rein ab, schneidet sie in Stücke; dann schneidet man geschälte Maschanzeräpfel und Zwiebel würflig, und macht das Gemengsel mit Oel, Essig, Salz und Pfeffer ab. Beim Anrichten reihet man die Stückchen Häringe obenauf. Bei einem Milchner wird die Milch besonders mit Essig und Oel verrührt nnd darunter gegeben.

Man kann auch nach Belieben kalten Braten blätterig geschnitten, dazu mischen.

737. Fleischsalat.

Es kann hiezu alles gekochte oder gebratene Fleisch ver=
wendet werden. Man löst es von den Knochen, schneidet es
nebst einer Zwiebel in kleine Würfel oder Blättchen, mischt
dann Salz, Pfeffer, Essig und Oel daran. Hierzu paßt noch
allerlei, als: saure Gurken, Häringe, Sardellen, Aepfel, Ka=
pern und Weinbeeren, auch abgekochter Sellerie und Ronen.

738. Schneckensalat.

Die leicht gekochten Schnecken werden aus dem Gehäuse
genommen, gereiniget, mit warmen Wasser gewaschen, und
in eine Schale gelegt. Dann schneidet man Schalotten oder
andere Zwiebel recht fein, macht davon um die Schnecken
einen Kranz, und legt kleine Stücke Sardellen dazwischen und
darauf; zuletzt bestreut man sie mit Limonienschalen und
Kapri. Dann sprudelt man Essig, Oel, Pfeffer, und ein we=
nig Salz zusammen, gießt es über die Schnecken und trägt
sie auf.

Man kann auch zu den Schnecken sauber geklaubten und
gewaschenen Brunnkreß, Endivi, klein geschnittene rothe Rü=
ben und Sardellen thun, und dieses mit einander wie ge=
wöhnlichen Salat mit Essig, Oel, Salz und Pfeffer abmachen.

739. Wälscher Salat.

Gekochte, kleine, blättrig geschnittene Erdäpfel, zierlich
geschnittene Ronen, ein Stück Aal, ein reingeputzter Häring,
einige Bricken, gekrauster und Cichorien=Salat werden sämmt=
lich in kleine Spalten geschnitten, mit Essig, Oel und etwas
Salz angemacht, und einige hart gekochte und klein zusam=
mengehackte Eier darunter gegeben. — Die Fische müssen
natürlich von den Gräten befreit sein.

Man kann auch noch mehrere zum Salat geeignete Ge=
genstände, wie große Fisolen u. dgl., dazu mischen.

Torten und feine Bäckereien.

740. Blättertorte.

Man walkt einen Butterteig messerrückendick, schneidet
4 Blätter, so groß als das Tortenplattel ist, daraus, über=
streicht ein jedes Blatt mit einem abgeschlagenen Ei, gibt
dann ein jedes Blatt auf ein Tortenplattel, und läßt es im
Oeferl langsam backen, daß sie aber keine starke Farbe bekom=
men: dann nimmt man sie heraus, überstreicht ein Blatt mit
gesottenen Ribiseln, legt ein Blatt darüber, und überstreicht
selbes mit Marillensalse, legt dann das dritte Blatt darüber
und überstreicht es mit Hetschepetschsalse; endlich das vierte
Blatt, und macht Eis darüber.

Man kann auch beliebige andere Salsen nehmen.

Das Eis wird auf folgende Art gemacht:

Man klopft die Klar von einem frischen Ei zu Schnee,
mischt diesen in einem Weidling mit so viel gestoßenem Zucker,
daß es in der Dicke wie ein dünner Teig wird; rührt es so
lange, bis das Eis schön weiß ist, füllt es dann in eine Spri=
tze, und drückt es zierlich auf die Torte. Wenn man will,
kann man auch das Eis mit Alkermessaft roth machen. Zu=
letzt läßt man die Torte in dem Oeferl trocknen, aber die
Hitze darf nicht gar zu stark sein, damit das Eis schön weiß
bleibt, und gibt sie sammt dem Plattel auf einer Schüssel
zur Tafel.

Das Eis kann man auch noch durch Spinattopfen grün
färben.

Will man dasselbe gelb haben, so reibe man den noch
ungestoßenen Zucker auf Pomeranzen ab. — Schwarz kann
es mit Chokolade gefärbt werden. Statt der Spritze kann
man sich auch eines einfachen Papierstanitzels (Düte), wel=
ches an der Spitze eine feine Oeffnung hat, bedienen.

741. Mandeltorte.

Man mischt ¼ Pfund gehäutete, feingestoßene Man=
deln mit eben so viel gestoßenem und gesiebtem Zucker mit
einem Löffel durch einander, und gibt nach und nach unter
beständigem Umrühren 12 Eidottern darein. Nach ¼ Stunde

15*

fleißigem Rühren wird das Weiße von 10 Eiern zu recht steifem Schnee geschlagen, dazu gegeben, und wieder durch ³/₄ Stunden gerührt.

Während dieser Zeit wird ein sogenannter Tortenreifen, oder eine andere Form, mit zerlassenem Schmalz bestrichen und umgestürzt, damit das überflüssige Fett ablaufe.

Vor dem Einfüllen wird derselbe recht gut mit fein ge= stoßenem Zucker bestäubt, die Masse darein gegeben, und in einem überkühlten Ofen langsam gebacken. Nach ungefähr einer Stunde ist die Torte gebacken, und sie wird, nachdem der Reifen abgelöst worden, mit weißem oder gefärbtem Eise geziert.

742. Mandeltorte mit Chokolade.

Auf 1 Pfund sehr fein geschnittene Mandeln kommen 32 Eier. Nur die Hälfte der Klar wird zu Schnee geschla= gen, und dieser mit 1 Pfund gestoßenem Zucker und den Dottern zusammen in einem Geschirr eine gute Stunde hin= durch abgerührt, und zuletzt 8 Loth geriebene Chokolade, 4 oder auch 5 Hände voll Semmelbröseln, die mit Wein sehr gut angefeuchtet wurden, dann Limonienschalen, Zimmt und Gewürz hineingerührt, und die Torte wie gewöhnlich ge= backen.

743. Linzertorte.

Man treibt einen Vierting Butter flaumig ab, gibt all= mälig 4 Eidotter hinein, stoßt mit 6 Loth Zucker 3 Gelbe von hart gesottenen Eiern und etwas Zimmt im Mörser, mengt ¼ Pfund Mehl und klein geschnittene Citronenschalen mit den übrigen Ingredienzien tüchtig zusammen, arbeitet die Masse auf dem Brete und mit den Händen zu einem recht zarten Teige, füllt damit das ausgeschmierte Tortenblech, und verfährt übrigens wie bei der Mandeltorte.

Auf andere Art treibt man ½ Pfund Butter flaumig ab, rührt von 4 hart gesottenen Eiern die Dotter, klein ge= schnitten, darunter; schält dann einen Vierting Mandeln, schneidet sie mit dem Schneidemesser fein zusammen, rührt sie unter den Butter, wie auch einen Vierting fein gestoßenen Zucker, von einer Limonie fein geschnittene Schalen, und ½ Pfund schönes Mehl; rührt es gut unter einander, streicht den halben Theil von dem Teig auf ein Tortenplattel, füllt es mit eingesottenen Ribiseln, macht von dem übrigen Teig ein Gitter darüber, überstreicht es mit einem abgeschlagenen Ei, läßt es langsam backen, macht Eis darüber, und besäet die Torte mit Zucker und klein gestiftelten Mandeln, und läßt sie im Oeferl noch etwas trocknen.

744. Biskoten-Torte.

Von 6 frischen Eiern schlage man die Klar zu Schnee gebe 12 Eidotter mit ½ Pfund gestoßenem Zucker verrührt dazu, klopfe es mit dem dazu gehörigen Beserl so lange, bis es dick wird, gebe von einer Limonie klein geschnittene Schalen darunter, staube 12 Loth gesiebtes Stärkmehl daran, und rühre es schön subtil darunter; schmiere dann ein Tortenplattel sammt Reif ein wenig mit Butter, fülle das Gerührte darein, lasse es langsam bei einer Stunde backen, mache zuletzt Eis darüber, bestecke die Torte mit stiftlich geschnittenen Pistazien, und lasse sie im Oeferl noch etwas trocknen. .

745. Größere Biskoten-Torte.

Auf 1 Pfund Zucker kommen 32 Eier. Man schlägt die Hälfte von der Klar zu einem sehr festen Schnee, gibt diesen Schnee, den fein gestoßenen Zucker und die Dotter zusammen, und rührt es eine Stunde hindurch sehr gleich ab. Dann rührt man 24 Loth sehr gut getrocknetes Mund= oder Stärkmehl und von einer Limonie die fein geschnittenen Schalen langsam dazu, gibt Alles bis auf zwei Finger hoch in den Model, und backt es 1 Stunde in dem Ofen.

746. Chocolade-Torte.

Man schneidet einen Vierting geschälte Mandeln recht fein mit einem Schneidemesser, gibt sie in einen Weidling, vermischt sie mit einem Vierting ebenfalls recht fein gestoßenem Zucker, schlägt 7 Eidotter und von 3 Eiern das zu Schnee geschlagene Weiße daran, und verrührt es durch drei Viertelstunden recht flaumig. Zuletzt werden 2 fein geriebene Täfelchen Chokolade, gestoßener Zimmt und fein gehackte Citronenschalen dazu gegeben. Alles gut vermischt, in eine mit Butter bestrichne Tortenplatte gefüllt und langsam gebacken; dann beeist oder mit Zucker bestreut.

747. Brottorte.

Einen Vierting fein gestoßenen Zucker vermischt man mit ½ Vierting abgezogenen, ebenfalls fein gestoßenen Mandeln, gibt nach und nach 8 Eidotter und von 4 Eiern das zu Schnee geschlagene Weiße dazu, und verrührt es durch eine Stunde recht gut. Nun gibt man ½ Vierting fein geschnittene, unabgezogene Mandeln, eine Handvoll feine Brotbröseln, 1 Täfelchen geriebene Chokolade, 4 Loth fein geschnittene Citronat und candirte Pomeranzenschalen, und etwas fein gestoßenen Zimmt und Gewürznelken dazu; füllt den Teig in eine mit Butter bestrichene Tortenplatte, und backt es langsam.

Die Zeit des Garbackens läßt sich am besten bei dieser, so wie bei jeder anderen gerührten Torte entnehmen, wenn man eine feine Stricknadel hineinstößt; ist diese beim Herausziehen trocken, so daß ihr nicht im Geringsten Teigartiges anklebt, so ist dieselbe ausgebacken, und muß dann gleich aus dem Ofen genommen, und über ein Sieb gestürzt, abgekühlt werden.

748. Englische Bäckerei
für 14 Personen.

Von 24 Loth Mehl, 16 Loth Butter, 12 Loth fein gesiebten Zucker, 2 Eierdottern und etwas Citronengeschmack, arbeitet man auf einen Brette den Teig, bis er zusammenhält, und läßt ihn dann eine halbe Stunde rasten. Dann walkt man ihn aus, streicht ihn mit Eiweis, bestreut ihn mit gestoßenen Mandeln, und backt ihn dann in allen beliebigen Formen. Durch die einfache und billige Zubereitung sowie durch ihre Schmakhaftigkeit ist diese Bäckerei allgemein sehr beliebt.

749. Brottorte
für 14 Personen.

Man nimmt dazu 6 Eier schwer Butter, 6 Eier schwer fein gestoßenen Zucker, 4 Eier schwer Mehl, 2 Eier schwer fein geriebenes Brot, und einer Zelte fein geriebener Chocolade. Die Butter wird gut abgerührt, Zucker, Brösel, und Mehl und ein von 6 Eierweis fest geschlagener Schnee ebenfalls darunter gerührt.

Der so gut vermengte Teig wird hierauf in eine Tor=
tenform gegeben, das Tortenblatt gut mit Butter bestrichen
und mit Zucker bestaubt und langsam gebacken. — ¼ Pfund
feingestoßenen Zucker löst man in ein Löffel voll Wasser
auf, bestreicht die heiße Torte damit und läßt sie trocknen.

750. Gefrornes.

Zur Bereitung des Gefrornen benöthiget man einer zin=
nernen Büchse, mit genau schließendem Deckel. Zwei oder
höchstens drei Stunden vorher, ehe man das Gefrorne auf
den Tisch bringen will, schüttet man die Masse, von welcher
man das Gefrorne macht, in die Büchse, und macht den
Deckel gut darauf. Dann zerhackt man das Eis in kleine
Stücke, gibt einen Theil von dem zerschlagenen Eis in ein
Schaff, säet ein paar Handvoll geriebenes Salz darüber,
dann wieder Eis, und sofort, bis das Schaff voll ist. In
der Mitte läßt man einen Raum, in welchen man die Büchse
hinein setzt, dreht dann diese Büchse so lange, bis der In=
halt gefroren ist; man muß ihn aber alle halbe Viertelstun=
den von der Seite und dem Boden mit einem Silberlöffel
oder einer Spatel los machen, damit er an der Seite nicht
zu fest und in der Mitte nicht zu weich wird. Gefrornes ist
gut und schön, wenn es zu schneiden ist wie Butter, und
nicht bröcklich. Ist es durch und durch flaumig und fest, so
nimmt man die Büchse heraus, wischt sie mit einem Tuche
sauber ab, damit vom Salz nichts hineintropfen kann, dann
richtet man das Gefrorne mit einem Silberlöffel in die dazu
gehörigen Gläser, setzt die Gläser auf eine Tasse, und gibt
sie zur Tafel; will man es aber auf einer Schüssel zur Ta=
fel geben, so schlägt man ein warmes Tuch um die Büchse,
damit das Gefrorne von der Büchse sich ablöst, stürzet es so=
dann auf die Schüssel heraus, drückt mit dem Löffel eine
beliebige Form darauf, und bringt es schnell auf die Tafel.

Statt des Eisschaffes benützt man wohl auch ein eige=
nes Gefriergefäß, welches unten einen Zapfen hat, zur Ab=
lassung des Eiswassers, wenn es sich zu sehr ansammelt.
Zum Umrühren kann man auch eine hölzerne Spatel nehmen.

Die Gefäße, in welche das Gefrorne gefüllt wird, müs=
sen früher auf Eis gestellt werden.

Recepte für eine Maß fertiges Gefrorenes.

751. Vaniglie-Gefrorenes.

Man nimmt 9 Eierdotter, 18 Loth Zucker, eine halbe Maß Milch und gibt noch ein einen starken Zoll langes Stück von einem Vanigliestangel hinzu. Dieß Alles wird in einen Kessel gethan und über einem Feuer so lange gut gerührt, bis die Mischung sich an den Rührlöffel anhängt, doch darf selbe nicht sieden. Es wird sodann die fertige Mischung durch ein Sieb zum Gefrieren in die Büchse gegossen. Der Gefrierungsproceß wird herbeigeführt, indem man die Büchse mit 4 Hände voll gestoffenen Eises umgibt, welchem eine Hand voll Salz zugesetzt wird.

Bei doppelter Quantität werden auch alle Ingredienzien doppelt gegeben.

752. Kaffee-Gefrorenes.

Eine Maß kochender Milch wird zu einem Pfunde frisch gebrannten Kaffee gegeben und diese Masse ungefähr drei Viertelstunden stehen gelassen, bis sie sich gehörig verdickt hat, worauf das noch Flüssige abgeseiht wird. Nun gibt man 36 Loth Zucker, etwas Vaniglie dazu und rührt dann Alles über einem Feuer gut ab, ohne es sieden zu lassen, bis es sich an den Löffel anhängt. Wie bei dem Vorigen wird dann die Masse in die Büchse durchgesiebt, abgekühlt und zum Gefrieren gebracht.

Statt Obers kann man auch nur kuhwarme Milch zu allen Gattungen von Crême nehmen.

753. Chocolade-Gefrorenes.

Zu einer Maß fertigen Gefrorenen kocht man 13 Loth Chocolade in 3 Seidel Milch, gibt noch 6 Eierdotter und 14 Loth Zucker dazu. Die ganze Masse wird dann gut abgesprudelt und hinsichtlich des Abgießens und Gefrierens wie bei den zwei vorhergehenden Arten mit ihr verfahren.

754. Chocolade-Gefrorenes auf eine zweite Art.

Man kocht 16 Loth Chocolade in 3 Seidel weißen Kaffee, gibt 6 Eierdotter dazu und sprudelt diese Mischung so lange gut ab, bis sie sich wie eine Crèmesauce an den Löffel anhängt, worauf wie oben zum Abkühlen und Gefrieren geschritten wird.

755. Kaffee-Gefrornes.

Die Masse wie früher und Kaffee-Essenz statt Vaniglie beigemischt.

756. Chocolade-Gefrornes.

12 Zeltel Chocolade in ½ Seidel Wasser auflösen und in die obige Masse einmischen.

757. Gefrornes mit Obers und Erdbeeren.

Hierzu wird man 1 Pfund Zucker mit 1 Seidel Wasser kochen, bis es anfängt dick zu werden, wo es dann ausgekühlt, 2 Teller voll passirter Erdbeeren nebst 1 Seidel guten Obers darein eingemischt, sodann mit einer Schneeruthe das Ganze aufgepeitscht und wie bekannt frieren gelassen wird.

758. Früchten-Gefrornes.

Ein Pfund Zucker kochen, wie früher, dann 1 Halbe Früchte, z. B. Erdbeeren, Himbeeren, Ribiseln oder mit den Kernen gestossene passirte Weichseln nebst dem Saft von 2 Limonien einmischen, mit der Schneeruthe aufpeitschen, etwas Alkermessaft darein geben und wie früher frieren lassen.

759. Kaiserthee-Gefrornes.

Man gießt 3 Seidel Milch auf 16 Loth Zucker, gibt 6 Eierdotter und ein Stück Vaniglienstängelchen dazu, worauf die Mischung über einem Feuer gut abgerührt wird, doch darf sie gleichfalls nicht zum Sieden kommen.

Bei der Bereitung dieser Gattung von Gefrorenen auf eine zweite Art wird zur Hälfte Cucuruz-Thee und zur Hälfte Milch genommen.

760. Rosen-Gefrornes.

Auf die Maß Kaiserthee-Gefrornen gießt man während des Gefrierens halb so viel Rosenöhl als ein gewöhnliches Liqueurgläschen fassen kann.

761. Punsch-Gefrornes mit Eierdotter.

Zehn Eierdotter werden mit 24 Loth Zucker abgerührt, und dann noch ¼ Seidel Rum und ebensoviel Vaniglie-Liqueur dazu gegeben. Zu dieser Mischung wird dann so lange Milch gerührt, bis selbe eine volle Maß gibt. Nun wird das Ganze über einem Feuer gut gerührt, bis es sich an den Löffel anhängt, darf aber eben so wenig als bei den vorigen Arten zum Sieden gebracht werden. Nun wird das Ganze zum Abkühlen und Gefrieren gebracht. Man kann auch mit Limonie gelb abgeriebenen Zucker dazu geben.

762. Wein-Chadeau-Gefrornes.

Auf eine Maß dieser Gattung Gefrornes gibt man ein Seidel Wein zu 24 Loth Zucker und 12 Eierdottern und treibt diese Mischung flaumig ab. Nun gießt man so viel Milch hinzu, bis das Ganze eine volle Maß gibt, worauf es über einem Feuer gerührt wird, bis es sich an den Löffel anhängt.

763. Obers-Gefrornes mit Früchtensaft.

Man gibt ein Seidel Früchtensaft auf 17 Loth Zucker und auf 5 Eierdotter. Während des nun erfolgenden Abrührens wird soviel Milch dazu gegossen, bis die Mischung eine volle Maß gibt, worauf selbe, ohne früher zu einem Feuer zu kommen, durch ein Sieb gegossen und zum Gefrieren gebracht wird.

Auf diese Art können viele Gattungen von Obers-Gefrornen mit Früchten gemacht worden.

764. Früchten-Gefrornes mit Wasser.

Auf eine Maß wird ein Seidel Früchtensaft, 18 Loth Zucker, 2 Limonien und 1 Orange gegeben. Zu dem gewonnenen Safte wird so viel Wasser gegossen, bis eine Maß voll ist, worauf zum Abgießen und Gefrieren geschritten wird.

Am besten ist es, gesottenen Zucker nach dem Geschmacke zuzurichten. Auf diese Art macht man alle Gattungen von Früchten-Gefrornem mit Wasser. — Aepfel und Birnen werden früher gestossen, dann durch ein Sieb passirt. Das Gefrorne erhält nach der beigegebenen Frucht den Namen.

765. Limonade-Gefrornes.

Per Maß 6 Stück Limonien, und der Saft von 1 Orange, mit deren Schale der Zucker abgerieben wird. Die Mischung wird mit dazu gegossenem Wasser abgerührt und zum Gefrieren gebracht.

766. Orangen-Gefrornes.

Zu einer Maß fertigen Gefrornen sind 5 Stück Orangen und 2 Stück Limonien erforderlich, welche ausgepreßt und dann mit Zucker und Wasser nach dem Geschmacke zugerichtet werden. Die Mischung wird durch ein Sieb gegossen und zum Gefrieren gebracht.

Aus dem Vorhergehenden kann man auch Tutti-frutti machen und zwar auf folgende Art:

Wenn die Mischung des Orangen-Gefrornen gut ausgefroren ist, werden in Zucker eingelegte Früchte fein geschnitten und darunter gemischt, wodurch der Name Tutti-frutti (Alle Früchte) gerechtfertigt ist.

Man kann es auch mit Alkermessaft roth gesprenkelt machen, wo es dann „Kastanien-Blüthe-Gefrornes" heißt.

767. Punsch-Cremée.

Dieser kann aus Limonien- oder Orangen-Gefrornen auf folgende Art gemacht werden:

Ist eine der vorgenannten Gefrornen-Arten, fest aufgefroren, gibt man auf die Maß ½ Seidel Rum, ebensoviel Vaniglie und ein kleines Glas voll Champagner darunter. Dies Alles zusammen wird gut abgemischt und größtentheils in Gläsern servirt.

Dieser Punsch-Cremée kann auf die vorbeschriebene Art auch aus Marillen- und Pfirsich-Gefrornen bereitet werden.

768. Punsch-Essenz.

(Recept für 4 Maß.)

Auf 2 Seidel fertiger Punsch-Essenz, gibt man 1 Seidel Limoniensaft, zu welchem noch mit Limonienschale abgeriebener Zucker gegeben wird. Nun wird ein Kessel in Bereitschaft gehalten und in denselben 6 Pfund Zucker hineingegeben, dann mit Orangen= und Limonienfaft übergoffen wird. Dann gießt man 1½ Maß ftarken China=Thee darauf, eine Maß guten Rums und 3 Seidel Vaniglie=Liqueur und 3 Seidel Waffer. Nun kommen noch 3 Loth Verdian und 1 Loth Zimmt, ¼ Loth Nelken. Das Ganze läßt man 1½ Stunde kochen, worauf es mit einer Klar geklärt und nachdem es gut abgeschäumt ift, wird die Mischung durch ein Tuch ge= goffen.

Will man die fo bereitete Effenz noch ftärker haben, fo kann man noch etwas Weingeift zugießen, worauf fie dann in kleine Fläschchen eingefüllt wird.

Auf 2 Maß genügt die Hälfte von jeder der oben be= nannten Ingredienzen.

769. Marillen-Dunft-Auflauf.

4 Loth Mehl, 8 Loth Butter, 1 Seidel Milch und 8 Loth Zucker werden in einer tiefen Kafferole, auf dem Feuer fo lange gerührt, bis die Maffe dick wird. Dann gibt man 6 Eierdotter, 4 Eßlöffel feine Brösel, 4 Eßlöffel voll Marillen und den von Eiweiß geschlagenen Schnee da= runter, und füllt die ganze Maffe in eine schöne Form. Die Form dazu muß gut mit Butter ausgeschmiert und mit feinem Zucker geftaubt fein. Eine Stunde vor dem An= richten muß der Auflauf in diefer Form in Dunft kommen und immerwährend kochen, bis er dann auf eine runde Schüffel geftürzt und mit aufgekochten, mit Waffer etwas verdünnten Marillen übergoffen wird.

770. Kipfel-Pudding mit Weichfeln.
Für 10 bis 12 Perfonen.

Zehn Stück altgebackene Kipfeln werden, nachdem die Rinde abgerieben ift, klein würflig geschnitten, in einer tiefen Schüffel mit einem Seidel guten Obers benetzt und mit 4 Loth fein geftoßenen Mandeln, 8 Loth geftoßenem Zucker und 6 Loth Butter flaumig abgetrieben, etwas Citronenge= schmack auf Zucker abgerieben und 6 Eierdotter werden ein= zeln ebenfalls dazu abgerührt. Von dem Eiweiß schlägt man einen feften Schnee, den man langfam daruntermengt. Dann schmirt man eine schöne Form mit Butter aus, und ftaubt

sie mit fein gestoßenen Zucker, füllt etwas von der Pudding=
masse hinein, belegt sie mit gedünsteten Weichseln, füllt wie=
der Puddingmasse darauf, belegt sie dann wieder mit einer
Lage von Weichseln und gibt endlich den Rest der Pudding=
masse darüber. Hierauf gibt man die Form gut zugedeckt,
auf eine Stunde in Dunst, wo der Pudding recht kochen
muß; dann gibt man ihn aus der Form auf eine Schüssel
und begießt ihn mit dicken Weichselsaft.

Sulzen und Compots.

771. Ribisel- (Johannisbeer-) Sulze.
Für 14 Personen.

$\frac{1}{2}$ Maß Ribisel=Saft, 1 Seidel Wasser, $\frac{1}{2}$ Pfund
Zucker werden in einer Kasserole am Feuer aufgekocht und
gut abgefaumt, dann gibt man einige feingeschälte Orangen
und Citronenschalen hinein, deckt die Masse gut zu und
stellt sie vom Feuer weg. Der Saft von 1 Citrone und
2 Orangen wird hineingedrückt. — In ein Seidel schwachen
Zuckerwasser läßt man 3 Loth Hausenblasen bis auf ein
halb Seidel einkochen, gibt dies zur anderen Masse und
seiht sie durch ein reines Tuch. Hierauf wird eine schöne
Form in das Eis gestellt und die Hälfte der durchpassirten
Massa eingefüllt. Ist diese gestockt, so belegt man sie ge=
schmackvoll, mit einer Lage Dunstobst, dem man einige Löf=
fel Sulze gibt, damit dieses an der Massa fest wird, gießt
dann die übriggebliebene Massa darauf, und läßt sie bis zum
Gebrauche am Eise. Um die Sulze aus der Form zu brin=
gen, taucht man diese 2 bis 3mal in lauwarmes Wasser,
gibt eine Schüssel darauf, stürzt die Form sammt der Schüssel um,
schüttelt behutsam ein paarmal die Form, hebt sie langsam
in die Höhe, wodurch die Sulze aus der Form auf der
Schüssel bleibt. Die ausgedrückten Orangen füllt man eben=
falls mit Sulze und benützt sie in dreieckige Formen ge=
schnitten zum Garniren der Schüssel.

772. Ueber Bereitung und Aufbewahrung des Dunstobstes.

Die Bereitung und insbesondere Aufbewahrung des
Dunstobstes ist, obgleich sehr einfach, dennoch bei mancher

unferer Hausfrauen noch eine brennende Frage, die wir hier
ausführlich zu beantworten um so weniger verfäumen wollen,
als die Zeit des Einfiedens der Sommerfrüchte, als: Weich=
fel, Marillen, Ribifel, Himbeeren und Erdbeeren herange=
kommen ist, und unfere auf vieljähriger Erfahrung begrün=
deten Anweifungen vielleicht vielen geehrten Leferinnen gerade
jetzt willkommen fein dürften. Schon beim Einkaufe des zum
Einfieden zu verwendenden Obstes muß man wohl darauf
achten, daß dasselbe nicht überreif und in Folge dessen ma=
kelhaft fei. Hat man sich in den Besitz eines solchen makel=
losen, beinahe noch harten Obstes gebracht, so wasche man
es vor Allem in frischem Wasser recht rein ab. In dem
Verhältniß von 1 Pfund Zucker, zu einer halben Maß Was=
ser läßt man den Zucker so lange kochen, bis sich auf dem
Wasser ein Häutchen bildet, aber nicht länger, füllt die
Dunstgläser mit der betreffenden Obstgattung voll und schüt=
tet vom Zuckerwasser so viel dazu, daß dieses die Frucht im
Glase bedeckt, hierauf verbindet man die Gläser mit Blasen,
umwickelt ein jedes derselben mit Heu, und stellt sie auf Heu
nebeneinander in einem Kessel, diesen füllt man mit kalten
Wasser, und zwar nur bis an den Hals der eingestellten
Einsiedgläser, weil das später kochende Wasser nicht bis zu
den Blasen steigen darf, indem diese sonst leicht zerspringen
könnten; dann deckt man den Kessel gut zu, umgibt den
Rand des Deckels außerdem noch mit einem feinen Fetzen
und läßt nun den Kessel 10 Minuten auf dem Feuer kochen.
Dann stellt man ihn vom Feuer und läßt ihn vollständig
auskühlen, nimmt die Gläser heraus, wischt sie gut ab und
stellt sie an einen trockenen Ort. Beim Verbinden der Glä=
ser ist es von besonderer Wichtigkeit, im Innern derselben
so wenig Luft, als möglich zu lassen, und sie so fest zu ver=
binden, daß auch von Außen keine Luft eindringen kann.

Man hält die Blase mit der linken Hand und drückt
sie mit der Rechten auf das Glas, unwindet knapp unter
dem Glasrande die Blase recht oft mit einer dünnen Schnur,
den übrigen Theil der Blase in der Rundung ab. Daß man
zum Verbinden der Einsied=Gläser sowohl Ochsen= als auch
Schweinsblasen verwenden kann, brauchen wir wohl kaum
zu bemerken. Wir wollen nun zur Beschreibung des Ein=
siedens der einzelnen Fruchtgattungen übergehen und zwar

für dieses Mahl jener welche der Tagesmarkt uns eben bietet.

773. Weichsel oder Kirschen.

Zum Einsieden verwendet man am besten die sogenannten „spanischen Weichseln" und von Kirschen die großen, schwarzen, weil diese am saftigsten sind, doch darf das Obst, wie schon bemerkt, nicht allzu reif sein. Nachdem man sie im reinen Wasser abgespült, schneidet man die Stiele zur Hälfte, füllt die Gläser voll, gibt den geklärten, kalten Zucker darüber, verbindet sie und läßt sie nach angegebener Weise 10 Minuten in Dunst sieden.

774. Marillen.

Die noch ganz festen Marillen werden geschält, in Hälfte geschnitten, und auf einige Minuten in frisches Wasser gelegt, hierauf in Zuckerwasser gekocht, bis sie in die Höhe steigen, dann auf ein Sieb zum Abtrocknen gelegt. Man füllt mit den abgetrockneten Marillen die Einsiedgläser voll, gibt den geklärten kalten Zucker darüber, und siedet sie in der angegebenen Weise aber nur 4 Minuten lang in Dunst.

775. Ribisel- (Johannisbeer) Marmelade.

Recht reife Ribisel läßt man, nachdem sie gereinigt sind, in einer Kasserole gut verkochen, drückt den Saft durch ein Sieb und gibt auf 1 Pfund Saft $\frac{3}{4}$ Pfund Zucker, kocht langsam den Saft, bis er recht dick wird, dann läßt man ihn auskühlen, füllt ihn in Einsiedgläser und verbindet diese sorgfältig mit Papier.

776. Marillen-Marmelade

wird in ganz gleicher Weise behandelt. Nur muß man auf 1 Pfund Marillen die schon geschält und durchpassirt sind, ein Pfund Zucker geben.

777. Eingelegte grüne Fisolen.

Die grünen Fisolen werden rein geputzt und in Salzwasser weich gekocht, und auf einem Siebe abgetrocknet. Hierauf werden sie in einen Weidling mit heißem Essig begossen, eine Stunde in Essig gelassen, dann abgeseiht und

in Einſiedgläſer gefüllt. Guter Weineſſig, zur Hälfte mit
Waſſer verdünnt, mit etwas Salz und Pfefferkörnern, wird
geſotten und dann auskühlen laſſen. Den kalten Weineſſig
füllt man auf die grünen Fiſolen in den Einſiedgläſern,
verbindet dieſe mit Blaſen und ſtellt ſie an einen trockenen
Ort.

778. Grüne Erbſen in Dunſt.

Recht friſche ausgeſuchte grüne Erbſen werden in Einſiedgläſer gefüllt, und in jedes derſelben wird ein Stück Rindſchmalz hineingegeben. Die Gläſer werden dann mit Blaſen
verbunden und auf eine $\frac{1}{4}$ Stunde in Dunſt geſtellt, oder
man ſalzt die grünen Erbſen ein, läßt ſie ſo eine halbe
Stunde ſtehen, worauf man ſie mit feiner Leinwand gut
abtrocknet, füllt ſie dann in Dunſtgläſer ein und gießt aus-
gekühltes Zuckerwaſſer dazu, verbindet die Gläſer mit Blaſen
und läßt ſie in Dunſt ſieden.

779. Sauerampfer in Dunſt.

Die Sauerampferblätter werden in kleinen Dunſtgläſern
voll angefüllt, ein Stück Rindſchmalz in jedes Glas gegeben,
dann mit Blaſen verbunden und in Dunſt gekocht.

780. Aepfel-Compots mit Aepfel-Geléе.

Deutſche Maſchanzger- oder Taffet-Aepfel werden in
2 Stücke geſchnitten, die Kerne ausgeſtochen die Stücke mit
Limonienſaft abgerieben, in Limonienwaſſer, welches mit ſehr
viel Zucker gemiſcht iſt blanchirt, dann herausgenommen und
auf einer Schüſſel zugedeckt, auskühlen gelaſſen.

In den verbliebenen Saft wird $\frac{1}{2}$ Limonienſchale 1
Stückchen ganzer Zimmt gegeben und ſo kurz zuſammen kochen gelaſſen, bis er ſich zu ſetzen anfängt. Dann wird er
auf eine Schüſſel geſeiht, geſulzt, die Aepfel in einen Kranz
auf die dazu beſtimmte Compoteſchüſſel angerichtet, und der
abgelaufene Saft darüber gegeben, damit ſie ein glänzendes
Ausſehen bekommen. Nun wird immer zwiſchen 2 Aepfel
ein Streifen von einem geſchnittenen Geléе gelegt, daß es
wie gewunden ausſieht.

781. Birn-Compote.

Hierzu muß man Kaiſer- oder Virgilis-Birnen wählen,

selbe zertheilen, aushöhlen, schälen und treiben, wie die Aepfel dann blanchiren, den verbliebenen Saft aber kurz dünsten, die Birnen im Kranz anrichten und dann Saft darüber=geben.

782. Pfirsich-Compote.

Pfirsiche werden ebenfalls in 2 Theile zerschnitten, vom Kern befreit mit Limoniensaft und Zucker gekocht und ange=richtet. So auch Marillen und Zwetschken.

783. Gesulzte Aepfel.

Deutsche Maschanzker=Aepfel muß man abschälen, aus=höhlen mit Limoniensaft abreiben, daß selbe weiß werden, dann ½ Pfund Zucker, 1 Seidel Wasser und von einer Li=monie den Saft kochen, den Schaum abnehmen, die Aepfel einlegen etwas weich kochen, sodann auslegen und zugedeckt kalt stellen. Der Zucker wird mit einem Loth aufgelöster Hausenblase geklärt, in ein Geschirr geseiht, ein Theil davon in eine gläserne in Eis eingesetzte Salatiere messerrückendick eingefüllt gesulzt, hierauf die mit hellfärbigen Eingesottenen gefüllten Aepfel fingerbreit von einander nett aufgelegt, mit der übrigen Sulzmasse gedeckt, gesulzt und sammt dieser Sa=latiere zu Tische gegeben.

Eingesottene Compotes.

784. Birnen-Compote.

Die halbreifen Kaiserbirnen muß man in der Mitte durchschneiden, so daß an jeder Hälfte der Stängel daran bleibt, die Kerne aushöhlen, abschälen, mit Limoniensaft ab=reiben, zuerst in reines und dann in kochendes Wasser wer=fen, kochen, bis sie weich zu werden anfangen, worauf man sie mittelst eines Packlöffels herausnimmt, in kaltes Wasser gibt und dann auf einen Sieb ablaufen läßt, 1 Pfund Zu=cker mit 1 Großseidel Wasser bis zur Hälfte einkocht und überkühlt. Sind die Birnen in die dazu bestimmten Dunst=gläser mit einem Silberlöffel bis zum Halse des Glases ein=gelegt, so daß der Stängel aufwärts und die Schnittseite einwärts kommen, so wird von dem gekühlten Zucker so viel darüber gegeben, daß selber darüber zusammen geht, worauf es mit einer geweichten, gut ausgewaschenen, mit eirem Tuche abgetrockneten Harzblase gedeckt, mit Spagat fest verbunden, die Gläser in die dazu bestimmten Leinwandsäckel, oder in Ermanglung dieser in Heu eingesteckt, sodann in einen Kessel gestellt, mit kalten Wasser so weit als die Frucht geht, ausgefüllt und zugedeckt auf die heiße Platte gestellt werden. Wenn es aber zum Kochen anfängt wird blos der Deckel abgenommen, damit die Blase nicht springt, $\frac{1}{4}$ Stunde kochen gelassen und dann zugedeckt bei Seite gestellt. Wenn sie abgekühlt sind, muß man sie herausnehmen, rein abwischen, und an einem sehr luftigen trockenen Ort aufbewahren.

Die Dukaten=, Schmalz= und Muskateller=Birnen werden nicht zertheilt, sonst aber ganz so behandelt wie die obigen.

785. Kirschen und Weichseln.

Beide Gattungen müssen von guter Qualität sein, den Stengel ausziehen, in Dunstgläser geben, auf ein Glas voll Kirschen 3 und auf ein Glas voll Weichsel 6 Löffel voll schwer gekochten Zucker geben und wie die vorigen verfertigen.

Speisen-Zettel.

1. Für 24 Gedecke auf 2 Schüsseln.

1. Braune Suppe mit Hühner-Fasch-Roulard.
2. Wäll'scher Salat.
3. Westphälinger Schinken mit Aspik.
4. Kalte Hühner mit Majonaise.
5. Fricassirte Lamms-Cottelets gebacken mit Papilottes.
6. Gedämpftes Fleisch garnirt mit Gemüse, und glacirte Filets mit Schü-Sauce und Spatrir.
7. Glacirter Hirschziemer mit Ribiselsauce.
8. Weißes Ragout.
9. Salmi von Rebhühnern in Polenta-Reifen.
10. Carfiol mit Buttersauce und Crodons.
11. Trüffel-Pastette mit Aspik.
12. Rehrücken mit gestürztem Compot.
13. Poulard mit Salat.
14. Orangen-Crême mit spanischem Wind.
15. Baniglie und Erdbeerschaum in Bisquit-Kruste.
16. Sulz von Marasquino.
17. Pariser-Stangel.
18. Feines Gebäck.
19. Gefrornes.

2. Für 22 Gedecke, auf 2 Schüsseln.

1. Austern mit Limonie.
2. Braune Suppe mit Obers-Consommée.
3. Sardellenbutter mit Rettig.
4. Kretain-Fasch in Aspik.
5. Ragout-Pastetteln.
6. Fogosch mit Senf-Sauce.
7. Italienisches Rindfleisch, garnirt mit Schwarzwürsten und Reis-Briese und Bisquit-Sauce.
8. Schwarzwild mit Hagebutten-Sauce.
9. Poulard mit Fricassée.

16*

10. Glacirte Rebhühner-Filets mit Trüffel-Sauce.
11. Spargel-Erbsen mit Crobons.
12. Kässouffle in Papier-Kapseln.
13. Fasan, garnirt mit Brunkresse nebst Compote.
14. Indian mit Salat.
15. Regiekoch mit Marillenguß.
16. Sulz von Baniglie.
17. Kleine Bäckerei.

3. Für 20 Gedecke auf 2 Schüsseln.

1. Hühnersuppe mit Crobons.
2. Sardinen mit Limonie.
3. Gedämpfte Gansleber in Aspik.
4. Krestade-Pasteten mit Krebs-Ragout.
5. Rombo mit Holländer-Sauce.
6. Glasirtes Rindfleisch, garnirt mit faschirten Gurken, Sardellen oder kalter Kräuter-Sauce.
7. Soudirte Poulard-Filets mit Trüffel-Sauce und Fasch-Nokerln garnirt.
8. Schnepfen-Salmi mit Crobons.
9. Grüne Erbsen mit Hirn-Filets.
10. Macaroni im Timbal.
11. Rehschlegel mit Compote.
12. Gefüllte Brathühner mit Salat.
13. Harlekinkoch mit Melonenguß.
14. Baniglie-Schaum mit ganzen Erdbeeren, mit Bisquit garnirt.
15. Mandelschnitten mit spanischen Wind.
16. Gefrornes.

4. Für 18 Gedecke auf 2 Schüsseln.

1. Suppe mit Hirnwandeln.
2. Salami.
3. Caviar mit Limonie.
4. Gestürztes Aspik mit eingelegten Lachsschnitten.
5. Schinken-Risolen.
6. Boeuf à la mode mit Macaroni.
7. Poulard mit Austern-Sauce.
8. März-Hasen-Salmi in Reisreifen.
9. Kalte Pastetten.

10. Hirschrücken mit Compote.
11. Gebratene Ganseln mit Häuptel-Salat.
12. Kaiser-Koch mit Chocoladeguß.
13. Orangen-Sulz.
14. Mandel-Krapfen.

5. Für 16 Gedecke auf 2 Schüsseln.

1. Hühner-Fasch-Nockerln in der Suppe.
2. Häring mit Aspik und Kräuter.
3. Glasirtes Kalbshirn mit Beschamele.
4. Kalter Carviol mit kalter Fricassée.
5. Glasirtes Fleisch, garnirt mit Kohl- und Goldrüben.
6. Glasirte Kalbsbrust mit Morcheln.
7. Tauben in Butterreifen.
8. Spargel mit Butter und Semmelbröseln.
9. Erdäpfel-Polenta mit Käse.
10. Rehrücken mit Compote.
11. Limonie-Koch.
12. Kalter gestürzter Reis mit Erdbeerguß.
13. Gefüllte Bisquit-Krapfen.

6. Für 14 Gedecke auf 2 Schüsseln.

1. Braune Suppe mit feinen Pofesen.
2. Rheinlachs mit Caviar.
3. Eingelegte Forellen in Aspik.
4. Vol-au-vent-Pasteten mit weißen Ragout.
5. Gedämpftes Fleisch mit grünen Fisolen und glasirten Rettig.
6. Gespickte glasirte Poulard- mit Fasch-Nockerln und Nieren.
7. Wildenten mit Oliven.
8. Kastanien-Purée mit Crodons.
9. Kapaun mit Salat und Wachteln gebraten.
10. Orangenblüthen-Soufsée mit Salat.
11. Sulz von Ribiseln.
12. Genas-Bäckerei, glasirt.

7. Für 12 Gedecke auf eine Schüssel.

1. Suppe mit Kälberfasch-Consommée.
2. Schwarzwürste mit Kren.

3. Haschée-Pasteten.
4. Rindfleisch, mit Gemüse garnirt.
5. Lämmerne Schulter mit Champignon-Purée.
6. Hühner mit Trüffel-Sauce.
7. Wälsche Brockerln mit Sardellenbutter und Semmelbröseln.
8. Maccaroni mit Beschamele.
9. Rebhühner mit Compote.
10. Chocolade-Koch.
11. Marasquino-Schaum.
12. Glasirte Mandelschnitten.

Fasten-Speisen.

Für 20 Gedecke auf 2 Schüsseln.

1. Kräuter-Suppe.
2. Kalter Hausen mit Fisch-Aspik.
3. Gefüllte Schnecken.
4. Eier-Roulade mit Sardellen.
5. Fisch-Hache-Pasteten.
6. Huchen mit Oel-Sauce.
7. Spargel mit Butter-Sauce.
8. Salzburger-Nockerln.
9. Gebackene Hechte mit Salat.
10. Gebrannte Zucker-Crême in Becherln.
11. Glacirte Früchten-Schnitten.
12. Butterteig.

Für 10 Gedecke.

1. ErbsenPüree-Suppe.
2. Marinirter Aal mit Kräuter.
3. Gesetzte Eier mit Milchrahm.
4. Faschirter Hecht mit Buttersauce.
5. Spinat mit Fisch-Hachee-Pastetten.
6. Baniglie-Crême in Kapseln.
7. Gebratener Lachs mit Salat.
8. Gesulzte Orangen.
9. Mandelkrapfen.

Inhalts-Verzeichniß.

Druck von Ferd. Ullrich u. Sohn in Wien.

MIX

Papier | Fördert
gute Waldnutzung

FSC® C083411

Zeitfracht Medien GmbH
Ferdinand-Jühlke-Straße 7
99095 Erfurt, Deutschland
produktsicherheit@kolibri360.de